Bibliothèque
des Sciences humaines

CHRISTIAN MOREL

L'ENFER DE L'INFORMATION ORDINAIRE

BOUTONS, MODES D'EMPLOI, PICTOGRAMMES, GRAPHISME, INFORMATIONS, VULGARISATION

nrf

GALLIMARD

Pour Valentine.

La langue usuelle est une partie de l'organisme humain et n'est pas moins compliquée que lui.

Ludwig WITTGENSTEIN.
Tractatus logico-philosophicus.

Comment parler de ces « choses communes », comment les traquer plutôt, comment les débusquer, les arracher à la gangue dans laquelle elles restent engluées, comment leur donner un sens, une langue : qu'elles parlent enfin de ce qui est, de ce que nous sommes. [...] Questionnez vos petites cuillers.

Georges PEREC,
L'Infra-ordinaire.

Avant-propos

La matière de cet ouvrage est l'information ordinaire, c'est-à-dire l'information quotidienne de toute nature destinée au grand public : modes d'emploi, notices, signalisation, pictogrammes, tableaux de commande des appareils ménagers, imprimés administratifs, affiches, emballages, graffitis modernes, articles de presse, vulgarisation. L'information professionnelle et spécialisée est exclue de mon champ d'analyse, qui ne concerne que les problèmes spécifiques de l'information grand public. Ainsi ne sont pris en compte que les modes d'emploi relatifs aux produits de grande consommation et les pictogrammes disposés dans les espaces publics, à l'exclusion des pictogrammes professionnels, comme ceux concernant la sécurité du travail.

L'idée centrale de l'ouvrage est que l'information ordinaire est non seulement d'une qualité médiocre, mais qu'elle atteint souvent un niveau de pertinence catastrophique : modes d'emploi incompréhensibles, pictogrammes aux significations énigmatiques, textes illisibles, tableaux de commandes anti-ergonomiques, informations générales tronquées, etc. Je m'efforce d'identifier les dimensions de cette qualité négative et d'en dégager les causes comme les conséquences. La citation de Georges Perec placée en exergue — « Questionnez vos petites cuillers » — exprime clairement mon propos : considérer les détails de la vie quotidienne et les faire parler. Ce ne sont pas exactement des petites cuillers que j'interroge, mais les produits de l'information ordinaire : touches d'un téléphone cellulaire, leviers de la brosse d'un aspirateur, toilettes d'un train à grande vitesse, imprimés administratifs, pictogrammes des espaces publics, récits de téléréalité, informations fournies par les médias sur des sujets qui font régulièrement l'actualité, comme les cyclones. Universellement partagées, ces expériences méritent d'être décryptées pour ce qu'elles nous disent de la société et de ses langages.

L'information ordinaire est écrite et audiovisuelle aussi bien que graphique (signes, touches, schémas, pictogrammes, illustrations, compositions spécifiques, etc.). L'information graphique a ceci d'intéressant qu'elle prétend, grâce au dessin, au statut de langue universelle. Nous verrons que c'est loin d'être le cas. L'information ordinaire comprend à la fois des informations pratiques (tableaux de commande des appareils ménagers et électroniques, modes d'emploi, signalisation, indications diverses) et des informations générales (presse, documentaires, informations de divertissement, vulgarisation). Nous observons dans ces deux types d'informations des caractéristiques identiques, comme l'absence d'argument ou une esthétique conduisant à l'illisibilité, qui amènent à conclure à l'existence d'une problématique spécifique du langage qu'ils utilisent.

Sans prétendre épuiser toutes les dimensions de l'information ordinaire, je l'aborde à travers une démarche — par exemple, lire les boutons comme une langue — ou une idée maîtresse — par exemple, le modèle de l'histoire tronquée —, qui me servent de filtre pour déchiffrer ses structures sous-jacentes et comprendre les raisons de sa qualité problématique.

*

Les ratages de l'information nous plongent dans des abîmes de perplexité. Ils s'accompagnent d'un sentiment de perte et d'une mise en doute de la technologie, qui ne vont pas sans poser une multitude de questions, notamment d'ordre économique. Est-ce pour autant l'enfer ? Est-ce cela l'enfer ? En tout cas, peu de sujets font autant l'unanimité que celui de l'inanité de cette information quotidienne. Il suffit de l'évoquer pour qu'aussitôt chacun, en famille, entre amis, au travail, parle des multiples difficultés qu'il ou elle rencontre dans la compréhension d'un mode d'emploi ou d'un tableau de commande. À la vérité, la question préoccupe en permanence et quotidiennement des millions d'usagers. Pourtant, l'« enfer » de l'information ordinaire reste peu audible. Comme je le soulignerai en conclusion, le *blues* du consommateur s'exprime de façon silencieuse, au point de créer l'illusion que le problème est marginal. J'ai écrit ce livre pour démontrer que ce *blues*, s'il reste discret, n'en est pas moins réel… et proprement infernal.

I

L'enfer des boutons

Je m'intéresse dans ce chapitre à l'interface[1] homme-machine que constituent les boutons ordinaires. Nous verrons qu'elle forme un code et que ce dernier est plus linguistique qu'ergonomique. Il s'ensuit que l'interface homme-machine des boutons ordinaires présente non pas les caractéristiques ergonomiques que nous serions en droit d'en attendre, mais celles que les linguistes attribuent aux langues, lesquelles se distinguent par leur nature arbitraire, leur potentiel de malentendu, leur complexité et leur diversité. Il résulte du caractère linguistique de ces interfaces d'importantes conséquences.

Par rapport aux travaux existants en ergonomie des produits, mon approche se veut singulière à plusieurs égards. D'abord, la recherche actuelle dans ce domaine est fortement axée sur les NTIC, ou nouvelles technologies de l'information et de la communication, alors que ma réflexion porte autant sur les boutons et pictogrammes d'un balai d'aspirateur ou des lavabos d'un train à grande vitesse que sur l'interface graphique de Windows. Ensuite, la réflexion sur l'ergonomie des produits, notamment les travaux de Philippe Mallein, tend à s'intéresser à l'usage des produits — par exemple, les détournements d'usage. L'objet de ce chapitre est d'étudier non l'usage, mais la façon dont nous accédons à tel ou tel usage. Enfin, l'ergonomie des produits y est analysée au moyen de la sémiotique, ou théorie des signes, qui demeure peu ou pas exploitée dans l'étude des interfaces homme-machine ordinaires.

1. Ensemble de dispositifs matériels (touches, leviers, volants, etc.) et logiciels (fenêtres sur écran) permettant à un utilisateur de communiquer avec un appareil.

LES BOUTONS ORDINAIRES

Le Petit Larousse (grand format, édition 1999) définit ainsi un bouton : « Pièce mobile servant à actionner manuellement un mécanisme (serrure, ressort, etc.) ou un appareil électrique. Bouton de porte. Bouton d'ascenseur. » Et, en informatique : « Élément d'une interface graphique sur lequel l'utilisateur peut cliquer pour déclencher une action. » La notion de bouton est prise ici au sens large : elle englobe les systèmes à cartes, leviers petits et grands, manettes, etc. Comme je l'ai précisé en introduction, les boutons ordinaires se situent, dans le contexte de cet ouvrage, hors de l'univers professionnel. Ce sont tous ceux que nous sommes amenés à utiliser dans notre vie quotidienne pour régler l'heure du réveil, obtenir du savon ou de l'eau dans les toilettes d'un avion de ligne ou d'un train, placer le balai d'aspirateur sur la position « moquette », démarrer la voiture, allumer le téléphone portable, arrêter l'ordinateur, armer l'alarme de son domicile, faire chauffer le four, actionner la cafetière, prendre la température d'un enfant fiévreux, mettre en marche le chauffe-serviette de la chambre d'hôtel, sortir la pointe bille du stylo multifonction, etc. Sont donc exclus de ce champ les boutons manipulés par les seuls professionnels, comme ceux du tableau de bord d'un avion ou d'un équipement d'usine. Les boutons des interfaces graphiques des logiciels grand public sont inclus dans cette notion de boutons ordinaires, y compris ceux de certains logiciels bureautiques utilisés couramment à la maison.

Les boutons ordinaires sont d'abord des signes. Appelés « signifiants » en linguistique, ils sont couverts ou accompagnés de pictogrammes, symboles, caractères, voyants, couleurs, etc. Les boutons tirent aussi leur nature de signe de leur forme même, fréquemment protubérante et avec une apparence de mobilité, qui invite à les actionner d'une façon précise. En informatique, les interfaces graphiques cherchent d'ailleurs à accentuer la présence du signe représenté par le bouton virtuel au moyen d'ombres, visant à en reproduire le relief, et de changements de couleur, destinés à simuler l'idée de mobilité.

Parallèlement, en tant que signes, les boutons contiennent un sens, ou « signifié ». Le sens du signe « bouton » est : « actionner cette pièce pour obtenir l'effet indiqué ou suggéré ».

Étant posé que les boutons forment un code, c'est-à-dire des signes (signifiants) contenant un sens (signifié), nous allons voir que ce code est plus linguistique, avec ses caractéristiques d'arbitraire, de potentiel de malentendu, de complexité et de diversité, qu'ergonomique, ce dernier aspect offrant des traits opposés.

CODES LINGUISTIQUES ET CODES ERGONOMIQUES

Les codes de type linguistique

En linguistique [1], l'arbitraire, notion introduite par Ferdinand de Saussure, exprime l'inexistence de relation logique ou de ressemblance entre le signe ou signifiant, d'un côté, et le sens ou signifié, de l'autre. La suite de signes « a r b r e » n'a aucun rapport avec le végétal *arbre* lui-même. Même quand nous croyons percevoir une ressemblance entre le signe et le sens, la confrontation avec les langues étrangères montre que cette ressemblance est toute relative. En français — cet exemple est classique [2] — le chant du coq se dit « cocorico », alors qu'en anglais il se dit « *cock-a-doodle-do* » et en espagnol « *quiquiriqui* ». Cet arbitraire est tel que l'étymologie d'un signifiant peut se trouver en contradiction totale avec le signifié, à l'exemple du signifiant « tuer », qui vient d'un mot latin voulant dire « protéger ».

1. Sur les langues, j'ai notamment consulté Laurent Breton, *Atlas des langues du monde*, Paris, Autrement, 2003 ; Louis-Jean Calvet, *La Sociolinguistique*, Paris, PUF, 1993 ; Jean-François Dortier (dir.), *Le Langage*, Auxerre, Éd. Sciences Humaines, 2001 ; Jean-Marie Klinkenberg, *Précis de sémiotique générale*, Paris, Points, 2000 (première publication De Boeck Université, 1996).

2. Alice Krieg, « Ferdinand de Saussure », *in* J.-F. Dortier (dir.), *Le Langage*, *op. cit.*, p. 23.

Il arrive que des codes ne présentent pas ou présentent peu ce caractère d'arbitraire. Les pictogrammes de l'Égypte et de la Chine anciennes offraient ainsi une ressemblance parfois très grande entre le signe et ce qu'il désignait — certains idéogrammes chinois ont conservé cette ressemblance. Dans ce cas, l'arbitraire est faible ou nul. Nous verrons que l'absence d'arbitraire entre le signe et le sens est une caractéristique essentielle d'un code ergonomique.

Le potentiel de malentendu, deuxième trait caractéristique des langues qui nous intéresse ici, désigne la capacité des signifiants à produire chez la cible des signifiés très différents de ce que voulait dire l'émetteur. En linguistique, cette idée est parfois traduite par le concept de pertinence. La non-pertinence est l'acte de suggérer chez l'interlocuteur un signifié éloigné de l'intention de l'émetteur — en réalité, le concept de pertinence est une notion linguistique complexe [1], considérablement simplifiée ici. Si je dis, en tendant à un ami une tasse de thé, « c'est plus chaud », et que mon interlocuteur comprend que le liquide a été réchauffé, alors que je voulais dire « ce n'est plus chaud », le malentendu est total : la pertinence linguistique de la suite de signes « c ' e s t p l u s c h a u d » est nulle. Si j'écris en revanche « le ciel est gris » et que le lecteur se fait une image assez précise de la situation que je veux décrire, le malentendu n'existe pas ; on dit que la pertinence de cet acte linguistique est élevée. Les langues possèdent un potentiel relativement important de malentendu. Ce potentiel des langues à produire des malentendus est d'ailleurs abondamment exploité par la littérature.

La complexité des langues, quant à elle, renvoie à la difficulté d'acquérir une langue, de la deviner quand il ne s'agit pas de votre langue maternelle et de la retenir quand vous ne la pratiquez pas. Il faut de nombreuses années d'apprentissage pour maîtriser sa langue maternelle. Si les linguistes s'émerveillent de la capacité naturelle des enfants à apprendre à parler, la connaissance d'une langue n'en exige pas moins beaucoup de temps et de pratique, lorsqu'il s'agit de la langue maternelle, et un travail considérable pour une autre langue.

Faut-il insister sur la quatrième caractéristique que je veux sou-

1. Voir Anne Reboul, « Aux sources du malentendu », *in* J.-F. Dortier (dir.), *Le langage*, *op. cit.*, pp. 67-72.

ligner ici : la diversité des langues ? L'usage de l'anglais comme moyen de communication international et la mort progressive de nombreuses langues non écrites peuvent faire oublier cette caractéristique. Pourtant, la diversité reste forte. Les six millions d'habitants de la Nouvelle-Guinée parlent mille quatre-vingt-deux langues vivantes. Les cinquante-cinq nationalités minoritaires de la Chine continentale parlent au moins soixante-quatre langues, dont vingt-six sont écrites et généralement enseignées dans les écoles primaires. Il faut de surcroît tenir compte des variations locales. La langue extérieure slovène, par exemple, en principe comprise par tous les Slovènes, se subdivise en treize langues internes et quarante-neuf dialectes [1].

Les codes de type ergonomique

Les codes de type linguistique, qui sont à la fois arbitraires, sources potentielles de malentendus, complexes et multiples, s'opposent aux codes que j'appelle « ergonomiques » qui sont, à l'inverse, peu arbitraires, sans malentendus possibles, simples et universels [2].

Un exemple de référence d'un tel code est le code de la route. Il est peu arbitraire : la grande majorité des signes qui le composent offre une ressemblance étroite avec le signifié qu'ils contiennent. Par exemple, le pictogramme « Attention école » représente des écoliers, et le signe « Croisement » une croix. En règle générale, il ne souffre pas de malentendus, bien qu'on puisse en trouver quelques-uns ici où là, comme un panneau mal placé générant une ambiguïté. Chacun sait que le feu rouge implique l'obligation de s'arrêter totalement. Quand les automobilistes n'observent pas une règle,

1. Je tire ces exemples statistiques de Roland Breton, *Atlas des langues du monde, une pluralité fragile*, Paris, Autrement, 2003.

2. Sur l'ergonomie, j'ai notamment consulté René Amalberti, *Les Facteurs humains à l'aube de l'an 2000*, Phébus, 1998, pp. 5-12 ; Thomas Baudel, « Nouvelles IHM : comment vaincre l'inertie des standards établis ? », site Internet ; Gaëlle Calvary, « Ingénierie de l'interaction hommes-machines : rétrospective et perspectives », http://iihm.imag.fr ; Maurice de Montmollin, *L'Ergonomie*, Paris, La Découverte, 1996 ; Pierre Falzon (dir.), *Ergonomie*, Paris, PUF, 2004 ; Fabrice Forest, « Des sociologies de la réception à la conception assistée par l'usage des techniques d'information et communication : héritages et enjeux », http://archivesic.ccsd.cnrs.fr, 2002 ; et Ariane Mallender, *ABC de la rédaction technique*, Paris, Dunod, 2002.

ils ne se trompent pas sur son interprétation, mais la transgressent, sciemment ou non.

Le code de la route est relativement simple. Quelques heures de bachotage permettent de le connaître en totalité. On est loin de la difficulté d'apprentissage d'une langue étrangère. Une enquête montre que les échecs de jeunes à l'examen du code sont dus plus au refus d'entrer dans une logique contraignante et modeste qu'à une supposée complexité du code lui-même. Enfin, il est universel. Les contre-exemples classiques des feux tricolores placés au-delà du carrefour aux États-Unis ou du panneau québécois revêtu du pictogramme d'un piéton portant sur son dos un canoë sont des exceptions. Nous pouvons conduire une voiture partout dans le monde et retrouver et comprendre les principaux signes du code de la route.

Il existe d'autres exemples de codes ergonomiques, à commencer par les codes d'information et de circulation que l'on rencontre dans les aéroports. Où que nous nous trouvions à l'étranger, l'emplacement de restitution des bagages à la sortie de l'avion est indiqué par un pictogramme représentant des valises. Ce code est sans ambiguïté, et il est bien rare que des voyageurs se méprennent sur son sens. Dans plusieurs systèmes nationaux de pictogrammes normalisés, celui de la valise est strictement identique.

LES BOUTONS ORDINAIRES : CODE LINGUISTIQUE ET NON ERGONOMIQUE

Ayant établi que les boutons ordinaires constituent un code et ce qu'il faut entendre par code de type linguistique et code de type ergonomique, je peux aborder le cœur de mon propos, qui consiste à démontrer que les boutons ordinaires fonctionnent plus comme un code linguistique que comme un code ergonomique.

L'arbitraire des boutons : l'exemple des inversions de sens

Le bouton Démarrer de l'interface utilisateur de Windows, qu'il faut actionner pour arrêter son ordinateur, fournit un cas classique d'inversion de sens d'un bouton. Ce bouton Démarrer en est venu à incarner à lui seul les nombreux défauts et bogues du système d'exploitation de Microsoft.

En 1998, lors d'un salon informatique, le ComDex, Bill Gates, P-DG de Microsoft, se livra à une comparaison entre l'industrie informatique et l'industrie automobile, qui se concluait de la façon suivante : « Si General Motors avait eu la même progression technologique que l'industrie informatique, nous conduirions aujourd'hui des automobiles qui coûteraient vingt-cinq dollars et qui parcourraient mille miles avec un seul gallon d'essence. » Au cours d'une conférence de presse, General Motors lui apporta, par la voix de son P-DG Jack Welch, une réponse cinglante et pleine d'humour, débutant ainsi : « Si General Motors avait développé sa technologie comme Microsoft, les voitures que nous conduirions aujourd'hui auraient les propriétés suivantes... » Suivait une liste de treize analogies hilarantes entre une automobile et le logiciel Windows, commençant par « votre voiture aurait un accident sans raison compréhensible deux fois par jour » et se terminant par « enfin, il faudrait appuyer sur le bouton Démarrer pour stopper le moteur ».

Qu'elle soit vraie ou controuvée, cette anecdote a suffisamment circulé sur Internet et ailleurs pour qu'il me soit permis de la mettre à profit afin d'illustrer le caractère arbitraire du signifiant que constitue le bouton virtuel Démarrer. Il n'existe aucun rapport logique entre le mot « démarrer » et le sens de l'action déclenchée, qui est d'« arrêter » l'ordinateur. Ce caractère arbitraire confère au bouton virtuel Démarrer le statut d'un code linguistique, par opposition au statut de code ergonomique dans lequel aurait été recherchée une correspondance logique entre le signe et le sens.

Ce bouton représente même une inversion complète de sens, comme on en trouve dans les langues entre les signifiants et les signifiés. Un bon exemple de cette inversion est fourni par le mot français « rien ». Il vient de l'accusatif *rem* du mot latin *res*, qui signifie « chose ». Jusqu'à la fin du XVIe siècle, ce substantif voulait dire « quelque chose ». Par suite de son emploi fréquent avec l'adverbe négatif « ne », il est devenu lui-même au XVIIe siècle un mot négatif[1], finissant par signifier le contraire de son sens d'origine. Ce qui est proprement extraordinaire avec le bouton Démarrer de l'interface Windows, sans doute le plus utilisé au monde, est non seulement qu'il possède un signifiant dont le sens apparent dénonce le contraire de l'action commandée, et ce dans toutes les langues du monde, mais surtout que, de version en version, il est une des rares choses qui n'ait pas été modifiée depuis Windows 1995 jusqu'à Windows Vista. Dans cette dernière version du système d'exploitation de Microsoft, le bouton Démarrer a été remplacé par une icône, et la mention « démarrer » n'apparaît que lorsqu'on place le pointeur sur l'icône. Cette touche Démarrer a renforcé encore sa signification « arrêter » puisqu'elle donne accès désormais à sept façons de stopper l'ordinateur (changer d'utilisateur, fermer la session, verrouiller, redémarrer, mettre en veille, mettre en veille prolongée, arrêter) au lieu de trois. L'obstination de Microsoft à appeler « démarrer » une touche donnant accès à sept façons d'arrêter est un mystère qui en dit long sur la place de l'arbitraire dans le code des interfaces.

De plus, cela pose un nouveau problème : avec la diversité des options d'arrêt proposées, on ne sait pas de quelle façon amener l'ordinateur à s'arrêter. Le travers de la multiplication des fonctions se rencontre à l'identique dans les automobiles. Sur mon véhicule, qui possède un changement de vitesses automatique, un frein de parking automatique et une clé mains libres, les options d'arrêt sont variables : je peux l'arrêter sans que le frein de parking s'enclenche – par exemple, si je laisse tourner le moteur –, en mettant le frein de parking à la main, moteur en fonctionnement, ou de façon automatique, en arrêtant le moteur, tous ces modes pouvant s'effectuer avec le levier de vitesses positionné sur Départ, Neutre ou Parking. Le potentiel de l'électronique a conduit Microsoft et l'industrie automobile à se rejoindre finalement, en multipliant les possibilités d'arrêt et en compliquant de ce fait l'existence

1. Je me suis référé à Emmanuèle BAUMGARTNER et Philippe MÉNARD, *Dictionnaire étymologique et historique de la langue française*, Paris, Librairie générale française, 1996.

des utilisateurs. Une automobiliste est morte en ouvrant la porte de son garage située au bas d'une pente, car elle croyait que son véhicule, garé en haut de la pente, était à l'arrêt, frein automatique enclenché, alors que ce n'était pas le cas (son moteur tournait), et elle s'est fait écraser.

On trouve d'autres exemples de boutons ordinaires comportant ce type d'inversion, comme si le système sémantique de Microsoft avait fait école. Ainsi, dans un autoradio haut de gamme, faut-il appuyer sur le bouton Load — le mot anglais *load* signifie « charger » — pour éjecter le CD audio. On observe également cette inversion sur quantité de téléphones mobiles, tel celui d'une grande marque largement diffusée illustré à la figure 1. Il est équipé, à gauche, d'un bouton sur lequel figure le pictogramme d'un combiné de couleur verte, accompagné du mot « yes » et d'une bulle de bande dessinée. De l'autre côté du combiné, un bouton présente un pictogramme barré de couleur rouge, accompagné du mot « no » et d'un signe faisant penser à un sens interdit. Il faut bien se pénétrer de l'idée que les signes sont arbitraires, car c'est le bouton de droite — combiné rouge, barré, sens interdit, « no » — qu'il faut enclencher pour allumer l'appareil, et non celui de gauche — combiné vert, bulle, « yes ». Autrement dit, pour démarrer, il faut appuyer sur « no ». Microsoft ayant inventé le bouton Démarrer pour arrêter, la « percée » ergonomique de ce téléphone consiste à avoir inventé le bouton Arrêter pour démarrer.

Exemple de l'arbitraire des boutons ordinaires

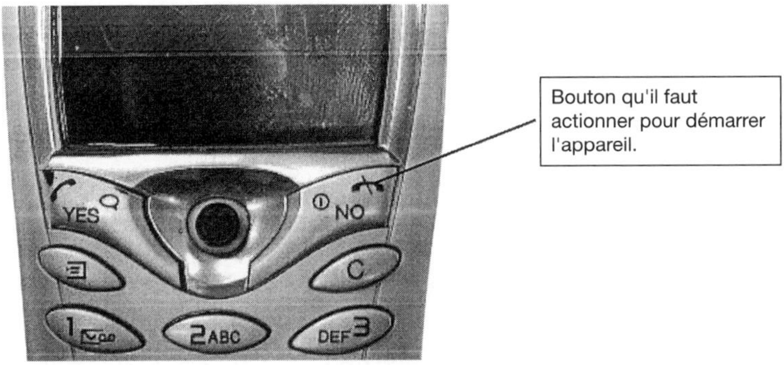

Figure 1. Téléphone portable

Dans un restaurant d'entreprise que je connais, les carafes d'eau sont remplies à une fontaine. Le robinet est un cylindre plein, recouvert d'une flèche verticale, enfoncé dans un cylindre. Le signifiant constitué par la flèche et la forme du bouton invite à appuyer sur le bouton pour obtenir l'eau, mais le geste est sans effet. La manœuvre à effectuer est à l'opposé de celle qui est suggérée par le signe : il faut imprimer au cylindre extérieur une rotation. Les nouveaux usagers se trompent chaque fois, et beaucoup doivent demander aux initiés comment obtenir de l'eau de la fontaine.

L'arbitraire est constaté dans d'innombrables cas voisins. Par exemple, sur un grand nombre de boîtes de vitesses automatiques, la position « route » est située derrière la marche arrière. Il faut donc tirer le levier de commande vers l'arrière pour avancer et le pousser vers l'avant pour reculer. Sur tel *rice-cooker*, ou autocuiseur de riz électrique, il faut pousser le bouton vers le haut pour la cuisson et le tirer vers le bas pour le maintien au chaud. Mais le voyant « maintien au chaud » est situé au-dessus du voyant « cuisson », ce qui conduit à penser, à tort, que le maintien au chaud est obtenu en poussant le levier vers la position haute.

Jusqu'ici, nous avons vu que l'arbitraire du code des boutons s'illustrait par le fait que le signifiant avait un sens opposé au sens apparent. Les exemples suivants montrent que l'arbitraire se manifeste aussi dans des boutons qui n'ont strictement aucun rapport avec leur signifié. Sur un téléphone de bureau, la touche permettant de définir les paramètres, comme le volume du son, est recouverte d'un pictogramme représentant de façon simplifiée le continent américain. Le classique et répandu bouton Entrée des claviers d'ordinateurs est généralement muni d'une flèche courbée vers la gauche qui n'évoque en rien l'idée d'entrée ou de validation. Elle suggère plutôt un retour en arrière pour un système d'écriture de gauche à droite, alors que l'effet de cette touche est d'effectuer un pas en avant et de haut en bas. Elle tient son origine du retour chariot des machines à écrire mécaniques et ne peut avoir ce signifié évident que pour ceux qui ont connu cette technologie.

La touche « dièse » (#) est un autre exemple de l'arbitraire étendu du code des boutons. Selon l'interface qui l'emploie, elle peut être affectée à toutes sortes de signifiés, par exemple la confirmation d'un mot de passe, le changement d'un système d'écriture de SMS ou le saut d'options dans un menu. Pis encore, quand l'automate vocal d'un centre d'appel téléphonique demande invariablement aux correspondants d'appuyer sur la touche « dièse », beaucoup d'entre eux ignorent qu'il s'agit du signe #. La Caisse nationale d'allocations familiales a d'ailleurs dû créer une page spéciale sur son site Web pour l'expliquer aux allocataires.

On retrouve donc bien dans le langage des boutons ordinaires de nombreux exemples d'arbitraire caractérisé entre signifiant et signifié, qui est, comme nous l'avons vu, un trait majeur des codes linguistiques. Dans le code de la route, que j'ai pris comme référence *a contrario*, l'arbitraire est peu présent, et l'arrêt obligatoire n'est pas dicté par un quelconque panneau « démarrer » mais par le mot « stop ».

Les malentendus linguistiques des boutons ordinaires

Les exemples qui suivent visent à montrer que les boutons ordinaires partagent avec les signifiants linguistiques un potentiel élevé de malentendu.

L'aspirateur de marque allemande illustré à la figure 2 est équipé d'un balai avec une position « parquet » — une brosse se déploie sous le balai — et une position « moquette » — la brosse se rétracte. Un fois sur deux, les utilisateurs se trompent de position, car le bouton permettant d'actionner la position « parquet » ou « moquette » est d'une totale ambiguïté. C'est un levier qu'il faut incliner soit sur un pictogramme représentant des poils dressés, soit sur un pictogramme représentant une surface lisse. Il comporte en réalité une double ambiguïté. La première vient de ce que l'on ne peut savoir si le pictogramme des poils dressés symbolise la brosse sous l'aspirateur, auquel cas il désigne la position « parquet », ou s'il illustre la moquette et correspond alors à la position « moquette ». La seconde ambiguïté provient de ce qu'on ne sait pas s'il faut baisser ou relever le levier du côté du pictogramme correspondant à la position voulue.

Exemple de l'ambiguïté, ou « non-pertinence », linguistique des boutons ordinaires

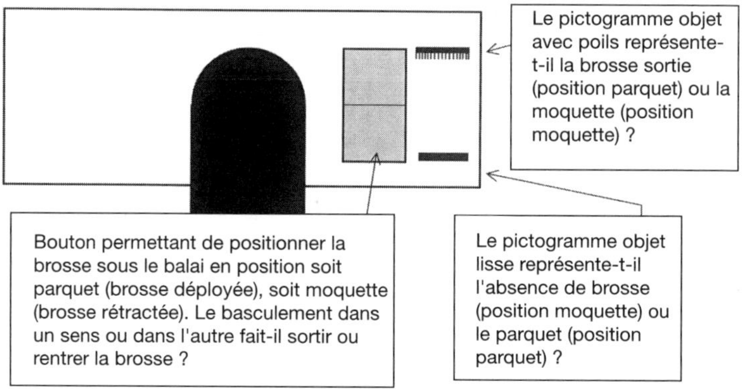

Figure 2. Balai d'aspirateur (vue de dessus)

Chacun a assisté dans un ascenseur à la scène classique du ballet d'un usager qui se présente alors que les portes sont en train de se refermer. Des passagers bienveillants, désireux de faciliter l'accès au retardataire, se précipitent généralement vers les boutons de manœuvre des portes et échouent, car ils hésitent trop longtemps sur le bouton à actionner ou se trompent en refermant les portes au nez de l'usager. L'origine de ce quiproquo vient de l'ambiguïté des pictogrammes qui accompagnent les boutons d'ouverture et de fermeture. L'un d'eux représente des portes ouvertes et l'autre des portes fermées. Le problème vient de ce que l'on ne peut savoir si le dessin des portes ouvertes représente l'ouverture que l'on veut annuler ou celle que l'on veut provoquer.

Nous retrouvons ce dilemme avec les pictogrammes de soleil rouge et de flocon bleu utilisés sur les commandes de climatisation. Le pictogramme du flocon de neige ne dit pas s'il désigne la température désirée — dans ce cas, la manœuvre du côté « flocon » doit provoquer une diminution de la température — ou la température qu'il fait et que l'on souhaite corriger — dans ce cas, la manœuvre du côté « flocon » doit provoquer son élévation.

De même, les signes I (marche), O (arrêt) et celui en forme de sens interdit incliné à 90° (marche-arrêt) sont lourds d'ambiguïté. O vient de zéro (zéro courant électrique) et signifie donc éteint, mais peut aussi être interprété comme l'initiale du mot « ouvert ». I signifie « un » (le courant passe), mais peut aussi évoquer l'idée de « barré ». Il serait intéressant de connaître le nombre d'usagers qui hésitent devant le sens du O — « ouvert » ou « zéro » ? — et du I — « un » ou « barré » ? De plus, le signe « marche-arrêt » (un zéro traversé par une barre) peut aussi bien suggérer l'idée de sens interdit et, par là même, exclure celle de mise en marche.

La complexité des boutons ordinaires : complexité d'écriture, récursivité et faux amis

Le caractère de code linguistique des boutons ordinaires se manifeste en troisième lieu par leur complexité, opposée à la simplicité des codes ergonomiques. Une première dimension de cette complexité est illustrée par la façon même dont le code des boutons est écrit. Un exemple significatif de cette complexité est présenté à la figure 3.

Au cours d'un voyage en TGV Paris-Lille, j'ai fait une étonnante découverte à propos des commandes du lavabo des toilettes. Ces commandes s'accompagnaient de trois pictogrammes, alignés le long de la paroi. Le premier illustrait le savon, le deuxième l'eau et le troisième des mains sous un souffle chaud. Sous le pictogramme du savon, le levier actionnant l'arrivée du savon était à moitié caché par une tablette. Au pied du pictogramme concernant l'eau se trouvait une pédale. Enfin, à côté du pictogramme du séchage, un gros bouton noir jaillissait du plan du lavabo. Un détail apparemment anodin me plongea dans une profonde perplexité : les pictogrammes du savon et de l'eau étaient, en leur centre, « usés jusqu'à la corde ». Le revêtement avait disparu, et le matériau sous-jacent était creusé et brillant. Le pictogramme du séchage, lui, était intact. Il me fallut un moment pour comprendre que les utilisateurs prenaient les pictogrammes pour les boutons eux-mêmes et s'obstinaient à appuyer dessus, au point que l'erreur répétée par des centaines d'utilisateurs avait fini par attaquer et lustrer la matière même sur laquelle ils avaient été peints. Si le pictogramme du séchage était intact, c'est parce que le gros bouton noir protubérant placé juste à côté de lui indiquait sans doute possible ce qu'il fallait faire.

Exemple de la complexité des boutons ordinaires

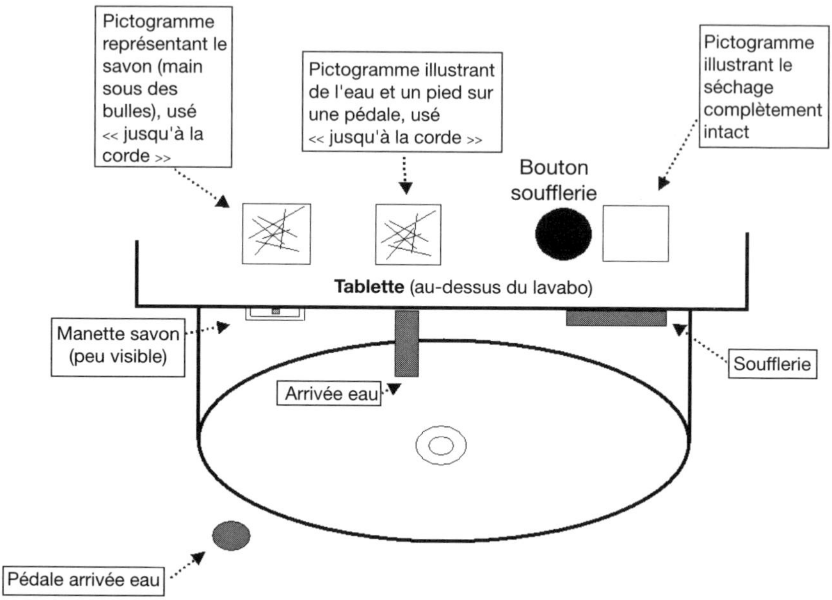

Figure 3. Lavabo du TGV Paris-Lille (vue de dessus)

Cet exemple est un cas d'école en ce qu'il montre avec éloquence que l'interface la plus ordinaire apparaît à la quasi-totalité des utilisateurs comme une langue inconnue, au point que le signifiant (le pictogramme) est pris pour le signifié (le bouton à actionner). Toute proportion gardée, l'usager se retrouve dans la situation du chimpanzé auquel on présente le dessin d'une banane (signifiant) pour lui indiquer où se trouve le fruit réel (signifié) et que l'animal attrape le dessin, croyant saisir le fruit. Devant ces boutons ordinaires, l'usager se comporte comme un enfant cherchant maladroitement à comprendre.

Une autre raison de la complexité des boutons ordinaires vient de la notion de récursivité propre aux langues. La récursivité désigne le fait d'inclure des phrases ou des fragments de phrases dans d'autres phrases. Le discours devient ainsi un système de combinaisons. La récursivité comporte aussi l'idée de production infinie de significations à l'aide des briques que sont les mots, mais je retiens uniquement ici le concept de récursivité dans le sens de système de combinaisons. La phrase « Le chapeau, qui est sur le portemanteau, à moins que je ne me trompe, pourrait être utile, non seulement s'il pleut, mais aussi s'il fait très beau » est un exemple d'un tel système combinatoire. Selon un certain nombre de linguistes, cette récursivité est spécifique du langage humain — pour simplifier : les animaux se parlent mais n'ont pas de grammaire.

On retrouve le même type de récursivité dans les interfaces ordinaires composées de boutons qui donnent accès à des fonctions et à des sous-fonctions par des combinaisons de boutons et des temps d'appui différents sur ces boutons. Les radioréveils, montres, horloges, autoradios, fours, plaques de cuisson, chauffe-serviettes ou mini-stations météo grand public récents fournissent maints exemples de récursivité comparables à ceux des systèmes linguistiques. Ainsi, un appui long sur un bouton donne accès au réglage de l'horloge, tandis que des appuis brefs permettent de passer des heures aux minutes, qu'il est possible de régler à l'aide d'autres boutons, les boutons « plus » et « moins », lesquels, par ailleurs, permettent d'allumer la radio pour peu qu'un autre bouton ait été réglé dans telle position, position qui, à son tour, donne accès au réglage de l'heure du réveil à condition d'appuyer pendant cinq secondes simultanément sur les boutons « plus » et « moins »... La complexité linguistique qui découle d'une telle grammaire est on ne peut mieux illustrée par l'impossibilité dans laquelle nous nous trouvons d'utiliser ces appareils sans un long apprentissage, accompagné de fréquentes relectures et de mémorisations laborieuses du mode d'emploi.

Le code des boutons est d'une telle complexité qu'il va jusqu'à adopter toutes les subtilités d'une langue. Par exemple, sur un réveil, un bouton Mode permet de passer de l'affichage de l'heure du réveil à l'affichage de la date en cours, puis à l'affichage des secondes et, enfin, à l'affichage du nom du jour en cours. Ce processus n'est toutefois pas circulaire, si bien qu'il est impossible avec ce même bouton Mode de revenir à l'affichage de départ de l'heure du réveil. Autrement dit, le signifiant « bouton Mode » renvoie au signifié suivant d'une grande subtilité : « Le bouton Mode déploie différents modes mais ne redonne jamais le mode de départ. »

Un autre exemple de subtilité du code des boutons est fourni par le bouton Load de l'autoradio évoqué précédemment. Ce bouton Load (de l'anglais *load*, « charger ») signifie exactement ceci : « Si vous voulez mettre un disque, appuyez sur ce bouton. Si jamais il y a un autre disque, ne vous faites pas de souci, il sera éjecté afin que vous puissiez introduire le nouveau. » Cette signification s'accompagne d'une connotation : « Si vous voulez simplement éjecter un disque, placez-vous mentalement dans le désir fictif d'insérer un disque. La machine, ne sachant pas qu'en fait vous ne voulez pas mettre de disque, sortira bêtement le disque en place. » D'où le fait que le même signifié « load » signifie aussi bien introduire un disque en sortant le précédent que simplement éjecter un disque.

Les interfaces ordinaires mettent en œuvre un code qui, comme les codes linguistiques, est truffé de faux amis — pièges, doubles sens, euphémismes, etc. Le signe « bouton Mode » de l'horloge exclut le retour au mode initial. Avec ses détours subtils, le mot « load » de l'autoradio signifie tout autant éjecter que le « Va, je ne te hais point » de Chimène à Rodrigue signifie l'absence de haine.

L'association de la complexité avec laquelle le code des boutons est écrit, de la complexité de la récursivité appliquée à ce code et des faux amis peut conduire à rendre une interface ordinaire totalement impénétrable. Je me souviens d'un chauffe-serviette, dans une chambre d'hôtel à Amsterdam, qui était muni d'un tableau de bord à cinq boutons accompagnés de lettres en majuscules (probablement des initiales de mots flamands) et d'un écran à cristaux liquides. Cela permettait sans doute de régler la température de chauffage des serviettes, ainsi que l'heure de démarrage et la durée du chauffage. Toutes mes tentatives pour déchiffrer le code sont restées vaines, alors que l'écran semblait indiquer que l'appareil n'était pas en panne.

Dans un code ergonomique tel que le code de la route, la complexité d'écriture, la récursivité et les faux amis sont rares. On peut certes y trouver quelques cas révélant une certaine complexité d'écriture, une certaine récursivité ou des faux amis, comme la flèche orange clignotante, qui désigne une autorisation de tourner, mais sans priorité. La complexité y reste cependant suffisamment faible pour ne pas remettre en question la simplicité globale des codes ergonomiques.

La diversité linguistique du code des boutons

Il y a quelques années, un film documentaire décrivait le voyage d'un groupe de touristes américains qui, en quelques jours, avaient visité toute l'Europe, passant d'un pays à l'autre en vingt-quatre ou trente-six heures. Interviewés sur leurs impressions à l'issue du circuit, ils déclaraient massivement avoir été surtout surpris par la diversité des systèmes de déclenchement des chasses d'eau dans les pays et régions traversés. Résumer la culture européenne à cette observation suscita amusement et railleries chez les téléspectateurs et critiques de télévision éclairés, et cela se comprend. Cette remarque ne manque pourtant pas de pertinence : les boutons auxquels on peut assimiler les chasses d'eau présentent bien une diversité de type linguistique.

La mondialisation et la banalisation des interfaces ordinaires auraient pu conduire à une harmonisation, mais ce n'est pas ce que nous observons. Outre les chasses d'eau, bien des exemples démontrent le contraire. Ainsi, nous pourrions penser que la manœuvre du bouton Entrée, ou OK, ou encore Validation après, et non avant, la saisie d'informations soit une norme universelle. Il n'en est rien : pour désarmer l'alarme de mon domicile, la séquence est inversée, et il me faut appuyer sur un bouton Off avant de composer le code. Parfois, sur un même système, des données doivent être confirmées par un bouton OK et d'autres non. Pour démarrer certains lave-vaisselle, il faut sélectionner le programme avec la mollette, puis appuyer sur le bouton principal, tandis que sur d'autres, c'est l'inverse : il faut d'abord enfoncer le bouton principal puis choisir le programme à l'aide du bouton rotatif. De même, nous pourrions penser que le code « bouton enfoncé = marche » et « bouton sorti = arrêt » soit universel, mais ce n'est pas vrai, et les cas où le bouton sorti signifie « marche » ne sont pas rares. Dans un certain nombre de véhicules, le bouton actionnant les feux de détresse est en position haute quand ils sont allumés et basse quand ils sont éteints. Une manœuvre simple, comme celle d'arrêter la communication sur les téléphones portables ou les téléphones sans fil, s'effectue au moyen de boutons aux pictogrammes, formes, couleurs et manipulations variés. Cette diversité des systèmes de boutons s'accompagne d'une grande variété d'interfaces avec les touches mécaniques, électromécaniques, électroniques, tactiles, graphiques et photoélectriques, souvent combinées.

Nous aurions pu penser que la suite des chiffres, code universel, aurait conduit à des claviers numériques disposés de la même façon. Il n'en est rien. Sur les postes téléphoniques et les télécommandes, la suite 1, 2, 3 est placée en haut, 4, 5, 6 en dessous et 7, 8, 9 en bas. Sur les calculettes, c'est l'inverse : la suite 7, 8, 9 est placée en haut, produisant une inversion du sens de lecture verticale d'un grand nombre de langues nationales. Nous constatons dans ce cas que le code des boutons peut introduire une diversité linguistique plus forte que la langue elle-même.

Voici un autre exemple de ce mouvement de fond vers la diversité : j'avais acquis un logiciel de publication familial dont l'interface graphique copiait celle des logiciels de bureautique de Microsoft ; je l'ai remplacé par une nouvelle version, dont l'interface graphique a été transformée en une interface spécifique, fort éloignée de celle de Microsoft, qui me plonge dans la perplexité. La modernisation de ce logiciel de publication s'est traduite par une complexité accrue de l'interface, pour des fonctions identiques.

Cette diversité du code des boutons ressemble de très près à celle des langues. Dans les exemples d'entrées de données ou d'instructions évoqués précédemment, l'ordre de la séquence des actions « saisie » et « confirmation » est aussi déterminant que varié. De même, les langues fournissent des séquences d'éléments caractérisés par leur placement, comme la séquence sujet (S), verbe (V), objet (O), qui sont très diversifiées selon les langues : certaines langues adoptent l'ordre S, V, O, d'autres la séquence O, V, S ou V, S, O, etc. La convention sur l'ordre est décisive. « Pierre aime Marie » n'a pas le même sens que « Marie aime Pierre ». Une étude originale [1] sur une langue spontanée de signes observée au sein d'une

1. Wendy Sandler *et al.*, « The Emergence of Grammar : Systematic Structure in a New Language », *Proceedings of the National Academy of Sciences*, vol. CII, n° 7, 15 février 2005. Cité par Jean-François Dortier, « Une langue nouvelle est née », *Sciences humaines*, n° 160, mai 2005, p. 2.

communauté isolée de bédouins sourds-muets a montré que la mise en place rapide de cet ordre était la condition pour que cette langue « prenne » et fonctionne.

La diversité des langues n'est pas particulièrement visible. Elle n'en est pas moins extrêmement forte. Nous en avons déjà rencontré des exemples. Nous pourrions les compléter par le cas du créole. Bien que né du besoin de communiquer entre des esclaves et des maîtres de langues différentes, le créole n'échappe pas à la diversité sur un même ensemble. En Haïti et à la Réunion, on observe une variabilité importante du créole entre différentes parties de ces îles (créole de Port-au-Prince et celui du Nord en Haïti, créole des « Hauts » et celui des « Bas » à la Réunion). Le système de touches de nos interfaces présente la même variabilité que des dialectes.

Autres caractères linguistiques des boutons

Le code des boutons comporte des éléments qui trahissent une syntaxe très proche de celle des langues.

D'origines lexicales anglaise, française, espagnole ou portugaise, les langues créoles présentent une extrême variété. En dépit de leurs différences, les créoles ont cependant un trait commun : le redoublement emphatique des formes verbales. Par exemple, pour dire « Je suis en train de manger », on dira « Question de manger, je suis en train de manger »[1]. On retrouve dans le code des boutons ce type de répétition. Considérons le double-clic de l'interface graphique en informatique. Le fait d'appuyer deux fois sur le bouton de la souris pour ouvrir un programme ou un fichier n'a aucune justification technique. La navigation sur le Web n'a d'ailleurs pas conservé le double-clic, lui préférant le simple clic sur les liens hypertextes. Linguistiquement, le double-clic n'est rien d'autre que la répétition d'un signifiant. Nous observons également le redoublement emphatique dans les messages fréquents des interfaces graphiques tels que « Êtes-vous sûr de vouloir quitter l'application ? » après que nous avons déjà cliqué sur OK. Nous pourrions

1. L.-J. Calvet, *La Sociolinguistique*, *op. cit.*, pp. 37-38.

émettre l'hypothèse que les langues balbutiantes comme les créoles et le code des boutons ont besoin de la répétition. Les signifiants étant moins fortement ancrés dans la culture, ils sont redoublés pour renforcer leur efficacité.

L'accentuation est un autre caractère que le code des boutons partage avec les codes linguistiques. Il n'est pas rare aujourd'hui qu'un bouton déclenche des actions différentes selon qu'on appuie dessus brièvement ou longuement. Certains appareils ne démarrent pas si la touche n'est pas maintenue enfoncée plusieurs secondes, au point que des utilisateurs qui se contentent d'appuyer brièvement sur le bouton croient que leur appareil est en panne, puisqu'il ne démarre pas. Ces appuis brefs ou insistants jouent le même rôle que l'accentuation dans les langues, qui sert, comme dans le chinois, à modifier le sens des mots.

POURQUOI DES CODES LINGUISTIQUES ET NON ERGONOMIQUES ?

Comme les langues, les boutons ordinaires se développent de façon spontanée et tortueuse

L'évolution d'un code linguistique est généralement spontanée et tortueuse. Les mots naissent, évoluent et meurent en fonction des circonstances. Il existe quelques cas de langues planifiées ou artificielles, comme l'espéranto ou l'interlingua, mais leur pratique reste extrêmement limitée. Parmi les milliers de langues, seule une petite centaine d'entre elles forment les langues officielles. Bien que ces langues officielles soient plus contrôlées que les autres, les mots qui les constituent ne naissent pas par décret, à quelques exceptions près, et ces langues gardent leur caractère spontané. Nous en avons eu un exemple récemment avec le rejet par les Allemands des tentatives de modernisation législative de leur langue.

Reprenons le cas du mot français « rien », qui vient du latin *res* signifiant « chose ». Du fait de son utilisation fréquente avec l'adverbe négatif « ne », le sens de « rien » est devenu négatif au tournant du XVIIe siècle. Le passage du positif au négatif s'est effectué de façon spontanée et retorse. L'inversion de sens du bouton Démarrer de l'interface graphique de Windows pour signifier « arrêter » est probablement issue d'un phénomène circonstanciel de même nature que pour le mot « rien ». Lorsque dominaient les systèmes électromécaniques, un même bouton servait souvent à mettre en marche et à arrêter l'appareil. L'état de marche était tellement évident — bruit, lumière, mouvement — que l'on savait sans doute possible si l'appui sur le bouton allait provoquer le démarrage ou l'arrêt. L'idée du bouton unique s'est maintenue avec l'arrivée des systèmes électroniques, alors qu'il aurait été possible de créer un bouton Démarrer et un bouton Arrêter. En raison de la limitation de la surface de l'écran, un bouton unique a été préféré. Pour la même raison, ce bouton, qui aurait pu s'appeler Démarrer/Arrêter, a adopté le seul intitulé Démarrer. Il convient d'ajouter que les processus de mise en marche et d'arrêt n'étant plus symétriques — on démarre avec le bouton physique de l'unité centrale, mais on arrête avec le bouton virtuel Démarrer —, le bouton Démarrer en est venu à désigner essentiellement l'action d'arrêter l'ordinateur. Quant au lancement de programmes, une fonction en principe assujettie également au bouton Démarrer, les utilisateurs un peu expérimentés préfèrent généralement l'effectuer en passant par les raccourcis. Par une évolution spontanée et progressive, aussi sinueuse que le développement d'un mot, le signifiant « démarrer » en est finalement venu à correspondre au signifié « arrêter ».

Les systèmes de boutons ordinaires apparaissent comme des sortes de pidgins, qui émergent de calculs d'ingénieurs, d'idées de marketing, de reprises partielles de systèmes existants, de créations graphiques, d'emprunts à des dictionnaires naturels de pictogrammes et de symboles, et qui se reproduisent partiellement dans d'autres produits. Ils ne résultent pas d'un processus planifié imposant un code universel et simple. Il est clair, par exemple, que la diversité des systèmes de touches des téléphones cellulaires qui permettent d'ouvrir ou d'arrêter l'appareil, d'appeler ou de raccrocher et d'atteindre les différentes fonctions ne découle pas d'un processus planifié.

Quand les enjeux de sécurité sont faibles, la nature linguistique du code prend le dessus sur l'ergonomie

Les enjeux concernant la sécurité des personnes et des biens semblent jouer un rôle déterminant dans la façon dont le code des boutons est construit. Lorsque l'enjeu est faible, le code des boutons ordinaires a tendance à prendre la forme d'un code de type linguistique, avec ses caractéristiques d'arbitraire, d'ambiguïté, de complexité et de diversité. Dès que des critères de sécurité doivent être pris en compte, le code des boutons tend à devenir de type ergonomique, c'est-à-dire non arbitraire, sans ambiguïté, simple et universel.

Ce processus peut être illustré par ce qui s'est passé en Australie avec les pictogrammes informant les habitants et les touristes des dangers des sports aquatiques, lesquels étaient aussi diversifiés que peu efficaces. Compte tenu des risques en matière de responsabilité, les autorités ont décidé de créer un système de pictogrammes pertinents identiques pour tout le pays. On est passé d'un code typiquement linguistique (arbitraire, inefficace, diversifié et complexe) à un code ergonomique présentant les caractères opposés.

On retrouve cette loi dans les systèmes de touches. Dans un avion de ligne, sur l'accoudoir des fauteuils des passagers, les systèmes pour allumer la lampe de lecture et pour appeler l'hôtesse sont différents. Le bouton pour allumer la lumière est unique — il sert aussi à éteindre. En revanche, celui concernant l'hôtesse est double : un pour l'appeler, un autre pour annuler l'appel. Le bouton unique est de type plutôt linguistique du fait que l'enjeu est faible — ce n'est pas grave si les passagers laissent leur lumière allumée. À l'inverse, il serait gênant pour la sécurité que l'hôtesse soit dérangée en permanence par de mauvaises manipulations de la touche d'appel. Cette dernière a donc été dédoublée afin que chacun puisse identifier clairement la demande d'intervention et l'annuler au besoin. Le système est ainsi à la fois plus clair et plus efficace. Le code est ergonomique.

Sur les téléphones portables, les touches concernant la mise sous et hors tension ou l'appel et la fin d'appel sont, comme nous l'avons vu, arbitraires, ambiguës, diverses et complexes. Elles présentent les caractères d'un code linguistique. Au contraire, sur les divers appareils qui permettent de payer les commerçants en France à l'aide d'une carte de crédit en composant son code secret, la touche Valider est universellement de couleur verte et située à peu près au même endroit sur le clavier. Elle porte en outre généralement l'indication « VALIDER », « VAL » ou « V » : c'est simple, universel, dénué d'arbitraire et sans ambiguïté. Ce bouton présente tous les caractères d'un code ergonomique. La raison à cela est que l'enjeu, notamment financier, est considérable. Si les touches de validation des automates à carte de crédit étaient sources d'autant de confusion et d'incertitude que les touches « allumer », « éteindre », « appeler » et « raccrocher » des téléphones portables, les clients se tromperaient fréquemment et, du fait d'un nombre incalculable de validations contestées, les files d'attente s'allongeraient considérablement — les fréquentes files d'attente aux bornes de paiement des parkings publics en donnent une idée. Pour garantir la sécurité économique, la qualité ergonomique de cette touche a été assurée. À l'inverse, le fait que les utilisateurs se trompent en n'arrêtant pas la communication sur leur téléphone cellulaire n'est pas économiquement dangereux. Dans le pire des cas, cela rapporte quelques secondes de communication supplémentaires aux opérateurs. On laisse donc parler les principes linguistiques au détriment des principes ergonomiques. En d'autres termes, les claviers des téléphones mobiles parlent différents créoles, ceux des lecteurs de carte de crédit un espéranto efficace.

Bien entendu, il n'existe aucun corps d'ergonomes pour veiller, en cas d'enjeux sécuritaires de type physique ou économique, à ce que les touches soient fondées sur une lecture évocatrice, efficace, simple et universelle. Les choses se passent de façon diffuse. Quand l'enjeu est important, lors de la conception des interfaces, le chef de produit, le spécialiste du marketing, l'ingénieur, le styliste, etc., font davantage attention à la facilité de lecture de la touche et abandonnent le plaisir d'innover pour s'aligner sur les signes déjà utilisés. En cas de risque élevé, comme pour le code de la route ou les sports aquatiques en Australie, le code ergonomique est traité de façon encore plus organisée, avec une coordination étatique et une mise en œuvre obligatoire.

L'inertie sociotechnique des boutons ordinaires offre une forte résistance à l'égard de l'ergonomie

La disposition spécifique des touches des claviers Qwerty et Azerty provient des contraintes des machines à écrire mécaniques. On a disposé les lettres afin que les leviers portant ces lettres se heurtent ou se croisent le moins possible, en fonction de la fréquence de frappe concomitante des lettres. En 1936, August Dvorak, un cousin du compositeur, inventa un clavier dont la disposition des touches était ergonomique. Le clavier Dvorak ne parvint pourtant jamais à percer : quand on le proposa aux utilisateurs formés au clavier Qwerty et en ayant acquis l'habitude en dépit de son inconfort, ceux-ci le rejetèrent. Bien des années après la disparition des leviers mécaniques, les claviers Qwerty et Azerty continuent de prospérer, comme nous le voyons avec les ordinateurs. Un facteur technique associé à une habitude collective a produit un contresens ergonomique profondément ancré dans la culture.

Ce processus illustre ce que j'appelle la résistance sociotechnique des boutons à l'égard de l'ergonomie. J'en donnerai deux autres exemples : le bouton unique et les effets pervers de la réalité augmentée.

Dans un système mécanique ou électromécanique, *le bouton à double fonction* « marche-arrêt » se justifie. En raison du bruit, du mouvement et de la lumière provoqués par l'état de marche, nous savons sans hésitation si le bouton est sur « marche » ou sur « arrêt ». Nous notons immédiatement si la porte est ouverte ou fermée, la lumière allumée ou éteinte, le moteur en fonctionnement ou à l'arrêt. Nous avons donc un seul bouton à double fonction, qui reste d'ailleurs souvent dans la même position, que le système soit allumé ou éteint. Dans les systèmes électroniques sophistiqués, on retrouve le principe du bouton à double fonction ou plus. Il s'agit certainement d'une survivance des boutons à double fonction « marche-arrêt » mécaniques ou électromécaniques. Par exemple, dans Windows, il aurait été simple de créer d'emblée un bouton Démarrer pour accéder aux fonctions de l'ordinateur et un bouton Arrêter pour éteindre l'ordinateur. Au lieu de cela, un seul bouton a été conçu, qui a été baptisé Démarrer, alors que son rôle pratique principal est d'arrêter le système, créant ainsi un signifiant non ergonomique. Nous retrouvons ce phénomène dans le lecteur de disques audio, dont une touche unique sert à charger et à éjecter un disque. Baptisée Load, cette touche ne permet pas de savoir si la machine contient déjà un disque. Compte tenu du nombre de touches peu utiles présentes sur cet appareil, il aurait été facile de concevoir un bouton pour charger et un autre pour éjecter.

Tout se passe comme si les concepteurs des interfaces reproduisaient, sans véritablement se poser la question, le principe du bouton à double fonction du monde mécanique. Sans doute sont-ils persuadés qu'un bouton unique représente un confort pour un usager imprégné de l'univers mécanique ou électromécanique. De plus, l'arrivée du numérique dote à présent le bouton unique de nouveaux rôles, compliquant notablement l'ergonomie des interfaces. La même touche d'un téléphone cellulaire peut ainsi servir, en fonction de son maniement, à démarrer l'appareil, l'éteindre, débuter une communication, raccrocher ou mettre le haut-parleur.

Un autre exemple de l'extraordinaire résistance sociotechnique des interfaces à l'égard de l'ergonomie est offert par certaines formes du concept de *réalité augmentée.* La réalité augmentée consiste à mêler à la représentation du réel son expression virtuelle, généralement pour aider l'utilisateur dans la tâche qu'il accomplit. Un logiciel d'apprentissage du code de la route qui représente les situations telles que les voit le conducteur derrière un volant met en œuvre une forme de réalité augmentée. De même, je possède un scanner faisant office de photocopieuse, dont l'interface, dès que la fonction de photocopieuse est activée, se transforme en l'image d'une véritable photocopieuse, avec ses touches énigmatiques sur lesquelles il faut cliquer. Pour mettre l'usager à l'aise, les concepteurs ont de toute évidence fait l'hypothèse que celui-ci souhaitait retrouver l'interface traditionnelle d'une photocopieuse. Ils ont donc imaginé une réalité augmentée de touches compliquées que chacun d'entre nous préférerait oublier. Un logiciel de publication assistée par ordinateur présente le même travers. L'ancienne version était dotée d'un système expert simplifié relativement efficace, qui a été remplacé par de la réalité augmentée : les options écrites ont fait place à des touches aux symboles peu clairs, ce qui rend le maniement de la nouvelle version du logiciel beaucoup plus compliqué. L'ingénierie et le marketing des interfaces ordinaires s'obstinent à l'évidence à considérer le code linguistique des boutons comme le seul que les utilisateurs connaissent et à augmenter de leur réalité obscure les systèmes experts grand public.

CONSÉQUENCES ET PERSPECTIVES

Coexistence des modèles linguistique et ergonomique dans les interfaces

Dans un système global d'interfaces homme-machine, il n'est pas rare de voir coexister des sous-systèmes de type linguistique et des sous-systèmes de type ergonomique, autrement dit d'obscurs sabirs et un espéranto efficace. Par exemple, dans une automobile, le sous-système du poste de conduite est plutôt de type ergonomique, au sens où j'ai défini ce qu'est un code ergonomique : il n'est pas nécessaire de réapprendre à conduire chaque fois que nous changeons d'automobile, et ce quel que soit l'endroit où nous nous trouvions dans le monde, puisque nous retrouvons à peu près la même disposition des commandes et les mêmes symboles. Le poste de conduite est, à quelques exceptions près, un espéranto réussi. En revanche, les sous-systèmes tels que le conditionnement d'air, la régulation de vitesse, la radio et les lecteurs audio sont de type linguistique : quand nous changeons de voiture, il nous faut apprendre une nouvelle interface, car nous nous retrouvons chaque fois devant un sabir de boutons à la fois arbitraires, ambigus, divers et complexes[1]. Dans le train de voyageurs évoqué précédemment, l'interface des toilettes est écrite selon le modèle linguistique alors

1. Des collègues qui avaient loué un véhicule inconnu à l'autre bout du monde purent le conduire sans aucune difficulté (interface de type ergonomique), mais ils furent incapables de trouver le moyen d'allumer le plafonnier pour lire une carte. Ils furent obligés d'entrouvrir la porte en roulant pour déclencher l'éclairage intérieur (interface de type linguistique).

que l'interface d'ouverture des portes des voitures l'est selon le modèle ergonomique, avec de gros boutons évidents.

Vers le bouton assisté par du texte ou le glass cockpit *grand public*

Nous sommes de plus en plus envahis de produits dont les interfaces sont munies d'écrans. Nous en trouvons désormais sur les sèche-serviettes, photocopieuses, fours à micro-ondes, programmateurs d'arrosage, téléphones de bureau, etc. Après avoir conquis l'aéronautique, l'écran de contrôle unique et flexible des avions, le *glass cockpit*, atterrit dans notre vie quotidienne sous une forme grand public. Que signifie cette évolution par rapport à mon propos ?

Les *glass cockpits* grand public restent étroitement liés à des systèmes de boutons physiques, tactiles ou graphiques. L'écran se contente d'afficher des symboles, pictogrammes et mots uniques ou abrégés associés à des touches. Tout ce que nous avons vu jusqu'à présent des interfaces composées de boutons ordinaires reste donc valable. Simplement, l'interface mélange des signifiants physiques et numériques, au lieu d'être purement physique. Par ailleurs, du bouton multifonction, nous passons à l'écran multifonction, ce qui accentue encore la récursivité, et donc la complexité. Un article de *Business Week* [1] s'est ému de l'écran multifonction de la Mercedes S550, qui rend très compliquée la simple mise en route de l'air conditionné. « Où est passé le bouton avec le pictogramme du flocon de neige ? » regrettait-il en conclusion. Dans l'inflation de complexité où nous sommes plongés, l'enfer des boutons physiques peut être considéré comme un paradis.

Si l'écran ajoute du texte destiné à aider l'utilisateur, le système de touches classique change lui aussi pour devenir un système de touches assisté par du texte. L'ennui est que ce texte porte en lui les risques d'arbitraire, d'ambiguïté, de complexité et de diversité inhérents aux codes linguistiques. Ajouter du texte ne fait aucunement passer une interface de boutons du modèle linguistique au

1. « How do you Turn on the #@!&% Air ? », *Business Week*, 19 juin 2006, p. 46.

modèle ergonomique. Le texte d'aide qui s'affiche quand nous effleurons avec la souris le bouton Démarrer de l'interface de Windows n'est-il pas « Cliquez ici pour commencer », renforçant encore l'arbitraire du signifiant « bouton Démarrer ». De surcroît, l'affichage de textes totalement incompréhensibles est fréquent, puisque nous retrouvons à l'écran les travers des modes d'emploi sur papier.

Finalement, le *glass cockpit* grand public maintient, voire renforce le modèle linguistique des interfaces.

Une révolution des interfaces est-elle possible ?

Tentons en conclusion de dépasser l'analyse pour aller vers le normatif. Les facteurs économiques ont tendance à maintenir ou à renforcer le modèle linguistique des interfaces ordinaires au détriment du modèle ergonomique. Pour instaurer un modèle ergonomique, une volonté civique s'opposant à la pression économique serait indispensable. Mais croire en une telle volonté ne relève-t-il pas de l'utopie ?

De nombreux facteurs économiques jouent en faveur du maintien du modèle linguistique, à commencer par le fait que la mauvaise qualité des interfaces n'entraîne pas de véritable défection des clients. De leur côté, les consommateurs ne sont pas tentés de prendre la parole pour s'opposer au modèle linguistique, tant il est difficile de s'attaquer à la qualité d'une langue. Enfin, la concurrence aussi bien que le monopole favorisent le modèle linguistique plutôt que le modèle ergonomique. La concurrence engendre une diversité des interfaces. Chaque producteur cherche à acquérir un avantage concurrentiel par des apports de pure forme ou en suivant son inspiration. Cela produit une tour de Babel des interfaces à l'opposé de l'universalité d'un espéranto ergonomique des boutons. Lorsqu'un producteur conçoit une interface ergonomique, il risque de perdre les avantages de cette qualité pour peu que les concurrents ne le suivent pas. Un téléphone sans fil pour seniors réputé ergonomique en fournit une éloquente démonstration. Ce téléphone décroche automatiquement quand on le soulève de son support afin que l'utilisateur retrouve l'expérience du téléphone traditionnel à fil, qui prend la communication dès qu'on saisit le combiné. L'ennui est que l'utilisateur habitué aux téléphones portables, avec lesquels il faut appuyer sur un bouton pour prendre la communication, fait de même et, du coup, interrompt la communication.

Si le monopole favorise l'universalité du code — une qualité ergonomique —, le producteur n'est pas pour autant incité à soigner l'ergonomie, puisque ses clients sont captifs. Cela explique pourquoi Microsoft, qui n'a pas vraiment de concurrent, n'est aucunement embarrassé que « démarrer » signifie « arrêter ». Ce même Microsoft, qui bénéficie d'une situation quasi monopolistique, produit en outre des interfaces divergentes. Par exemple, dans le traitement de texte Word 2000, la pagination ne s'obtient pas de la même manière que dans le tableur Excel 2000. Dans le premier cas, il faut aller dans le menu Insertion et cliquer sur Numéros de page ; dans le second, il faut ouvrir le menu Fichier, cliquer sur Mise en page et aller dans l'onglet En-tête/Pied de page.

La tendance technico-économique à la miniaturisation des produits — des appareils de plus en plus petits offrant de plus en plus de fonctions — pousse aussi dans le sens d'un codage de type linguistique des interfaces. Pour piloter ces interfaces, nous ne disposons que d'un nombre réduit de touches au maniement complexe, touches multifonction avec des modes de frappe multiples et des combinaisons. Cela implique plus de grammaire ou de récursivité, soit un fonctionnement proche de celui d'une langue, d'autant que le *glass cockpit* grand public réintroduit le texte dans ces étranges lucarnes, avec son cortège de risques linguistiques, déjà vécus dans les modes d'emploi sur papier.

Les interfaces ne suivent le modèle ergonomique que lorsqu'elles doivent répondre à des critères de sécurité physique ou économique. En l'absence de tels enjeux, le modèle linguistique domine. Dans la mesure où la plupart des produits ordinaires ne comportent pas de contraintes importantes en matière de sécurité, la tendance dominante est donc au modèle linguistique.

Pour toutes ces raisons, l'évolution des interfaces ordinaires vers le modèle ergonomique ne peut provenir de facteurs économiques. L'amélioration des interfaces ordinaires ne pourrait passer que par une lutte civique contre la tendance naturelle à leur donner des caractéristiques linguistiques. Pour utopique qu'elle soit, une telle lutte devrait viser à respecter les principes suivants :

— Réduire l'arbitraire des interfaces en assurant une correspondance logique ou intuitive entre le signe (la commande) et le signifié (l'action commandée), ce qui exclurait qu'un bouton intitulé exclusivement Démarrer puisse servir à arrêter ;

— Réduire l'ambiguïté des interfaces, soit, en termes linguistiques, augmenter leur « pertinence », ce qui exclurait en particulier les pictogrammes représentant en même temps le résultat voulu et le résultat inverse ;

— Réduire la complexité linguistique des interfaces, notamment l'excès de « grammaire », ce qui conduirait à augmenter le nombre de touches dédiées afin d'éviter les combinaisons ;

— Réduire la diversité linguistique des interfaces en reprenant des signifiants existants ou en instituant des dispositions, signes et pictogrammes universels, comme y sont parvenus les lecteurs de cartes de paiement.

Compte tenu de la force des courants contraires, il va de soi que ces principes simples ne parviendront pas facilement à s'imposer et que l'enfer des boutons a de beaux jours devant lui.

II

L'enfer des modes d'emploi

Nous abordons dans ce chapitre les modes d'emploi et autres « aides » et indications, dont chacun constate quotidiennement à ses dépens la plus que médiocre qualité. Nous commencerons par traiter des rapports entre le produit (le *hard*) et l'aide (le *soft*) puis nous aborderons le contenu même des aides.

Nous considérons comme mode d'emploi, au sens générique, toute aide, quel que soit son support, accompagnant les biens de consommation et les services grand public : brochure, emballage, écran, panneau de signalisation, imprimé, support audio, etc. Nous ne nous bornons pas aux seules aides concernant les biens de consommation techniques. On trouve des aides sur les boîtes de pâtes alimentaires ou sur les sachets de chevilles murales, par exemple. De même, la carte d'un restaurant ou un programme de télévision doivent être considérés comme des aides. C'est donc tout cela que nous incluons dans les termes « aide » et « mode d'emploi ».

COMMENT ANALYSER MODES D'EMPLOI, AIDES ET INDICATIONS ?

Curieusement, alors que nous sommes envahis de biens de consommation techniques et d'une cohorte d'aides écrites qui les accompagnent, la littérature sur les modes d'emploi est peu fournie. L'ergonomie n'est pas une branche vedette des sciences humaines, et la fraction des publications d'ergonomie consacrée à la rédaction technique est plus mince encore. Quand un auteur s'intéresse aux notices, il consacre sa réflexion aux écrits destinés aux professionnels, et non aux produits de consommation grand public. On trouve bien, sur la rédaction technique, quelques publications, mais elles relèvent de la linguistique pure et ne concernent que les théoriciens de cette discipline.

Pour analyser les modes d'emploi, j'ai adopté une méthode simple, consistant à rassembler la centaine de modes d'emploi de mon domicile et à les lire et relire en tenant compte à la fois de leur usage, c'est-à-dire la façon dont ils sont utilisés, et de leur rapport aux biens et produits correspondants. Cette approche présente deux avantages : elle couvre une grande variété de produits — allant du plat tout préparé au logiciel grand public, en passant par la chaudière, des barres de toit pour l'automobile et le fer à repasser —, et elle permet de toucher de façon intime la pratique effective de l'utilisateur. Cela me conduira à m'exprimer souvent à la première personne dans les pages qui suivent. À ce matériau principal j'ai ajouté quelques cas intéressants glanés dans des publications ou des témoignages.

En règle générale, les marques ne sont pas nommément citées. Les aides considérées ici n'en accompagnent pas moins des produits de marques renommées. Il ne s'agit donc pas, contrairement aux apparences, de modes d'emploi de produits de marque inconnue, fabriqués dans des pays exotiques et achetés sur des marchés parallèles.

Autant prévenir le lecteur qu'il lui faudra s'immerger dans les détails : en matière de modes d'emploi, c'est là que le diable se cache. Par exemple, si nous voulons comprendre pourquoi l'aide en ligne d'une interface graphique nous permet rarement de trouver ce que nous cherchons, il nous faut démonter pas à pas le mécanisme de recherche de l'aide par mot clé. Le seul moyen de détecter les problèmes de fond est d'aller bien au-delà des bêtisiers involontairement comiques ou absurdes que publient certaines revues. La tragédie des modes d'emploi mérite un théâtre plus vaste que des collections de bourdes savoureuses.

LE MODE D'EMPLOI, UNE COMPOSANTE STRUCTURELLE DU PRODUIT

Quand la question des modes d'emploi est évoquée dans les conversations, l'unanimité se fait vite sur leurs innombrables défauts. L'ennui est qu'il n'est pas rare d'entendre : « De toute façon, je ne les lis jamais » ou « Le mieux est encore de s'en passer », comme si la piètre qualité des aides avait peu de conséquences. Cette conclusion est fausse. La qualité déplorable des modes d'emploi a des effets désastreux et considérables pour la simple raison qu'un produit privé de son aide est inutilisable en totalité ou en partie. L'aide est un élément essentiel du produit ; sans elle, il n'existe pas. J'en donnerai trois exemples, pris dans les domaines de la mécanique, de l'électromécanique et de l'électronique et relevant donc de technologies allant du plus simple au plus sophistiqué.

Le premier exemple concerne des sangles destinées à fixer un objet volumineux sur les barres de toit d'un véhicule. J'avais acheté ce produit dans une grande surface spécialisée dans les articles pour l'automobile et n'avais ouvert sa boîte d'emballage qu'une demi-heure avant un voyage qui nécessitait de les utiliser. La boîte contenait bien les sangles, mais aucun mode d'emploi. Le système de serrage et de blocage, certainement très efficace, présentait la particularité d'être assez complexe. Malheureusement, en l'absence de mode d'emploi et malgré de multiples tentatives, je fus incapable d'en trouver le bon usage et d'assurer une fixation sûre. Devant partir rapidement avec l'objet volumineux sur le toit du véhicule, je fus finalement obligé d'enlever le système métallique de serrage et de blocage en le coupant à l'aide de ciseaux et d'utiliser les sangles en les nouant comme des cordes ordinaires. Voilà bien l'exemple d'un produit qui, en l'absence de mode d'emploi, a perdu sa fonction — serrage et blocage mécaniques — et n'est plus utilisé que de manière dégradée — à l'aide d'un nœud.

Le deuxième exemple a pour objet une chaudière domestique. Lors de la transmission d'un bien immobilier, le mode d'emploi de la chaudière avait été égaré, si bien que je dus utiliser celle-ci sans le secours d'aucune aide. Par défaut, le système, en même temps qu'il abaissait l'intensité du chauffage la nuit, arrêtait la production d'eau chaude à compter de vingt-deux heures, ce qui était un inconvénient. Privé de mode d'emploi, j'étais dans l'incapacité de régler l'appareil pour maintenir la production nocturne d'eau chaude sanitaire. Deux ans plus tard, en rangeant un placard, je suis tombé par hasard sur le mode d'emploi. Pour conserver la fonction de production nocturne d'eau chaude, il suffisait d'ouvrir une petite trappe donnant accès à des curseurs et de placer l'un de ces curseurs sur une certaine position. Nous voyons clairement que, sans mode d'emploi, une fonction aussi essentielle que la production nocturne d'eau chaude sanitaire reste hors d'atteinte.

Le troisième exemple m'est donné par un produit électronique. Je possède une montre munie d'un bouton unique permettant d'obtenir et de régler plusieurs fonctions — mise à l'heure, changement d'heure, second fuseau horaire, chronométreur, alarme, etc. Le problème est que, en voyage, il m'est impossible de changer l'heure si j'ai le malheur d'avoir oublié le mode d'emploi.

Une autre mesure de l'enjeu considérable des modes d'emploi est fournie par les écarts d'usage des produits que l'on observe selon la qualité de l'aide écrite apportée. Dans les années 1960, en Grande-Bretagne, un psychologue avait été frappé par le fait qu'un enfant était mort parce que ni sa mère ni les voisins n'avaient pu utiliser le téléphone public de leur rue pour appeler les secours, en raison d'un mode d'emploi trop compliqué. Ayant reçu dans son laboratoire un appareil téléphonique neuf, ce psychologue avait pu constater les difficultés d'interprétation de la notice du British Post Office qui l'accompagnait. Il entreprit alors une expérience [1] : ayant constitué quatre groupes de vingt personnes (A, B, C et D), il demanda à chacune d'elles d'effectuer l'opération simple de transférer un appel reçu de l'extérieur vers un poste interne. Il donna aux membres du groupe A la notice du British Post Office ; seuls 20 % du groupe parvinrent à effectuer l'opération. Au groupe

1. R. Conrad, « The Design of Information », *Occupational Psychology*, n° 36, 1962, pp. 159-162, cité par Alphonse Chapanis, *in* « Words, Words, Words », *Human Factors*, n° 7, 1965, pp. 1-17, et *International Review of Ergonomics*, n° 2, 1988, pp. 1-30 ; bibliographie de Jacques Leplat, « Éléments pour l'étude des documents prescripteurs », revue électronique *@ctivités* (www.activites.org), vol. 1, n° 2, 2004, pp. 195-216.

B, il présenta la notice avec une impression plus claire ; il observa une certaine amélioration, 35 % du groupe réussissant le test. Les groupes C et D reçurent des notices totalement refondues pour être plus claires et plus efficaces ; l'amélioration de la performance fut spectaculaire : près de 80 % du groupe C et 70 % du groupe D réussirent à transférer l'appel.

Ces exemples montrent de façon éclatante qu'un produit est en réalité un système composite comportant, d'une part, un objet et, d'autre part, une information (mode d'emploi, aide en ligne, pictogrammes, etc.). Les deux composantes sont indissociables l'une de l'autre. Un produit privé de l'information ou doté d'une information de mauvaise qualité est inutilisable totalement — le produit ne fonctionne pas — ou partiellement — une fonction n'est pas disponible ou beaucoup d'utilisateurs se trompent. Vu ainsi, le mode d'emploi n'est pas une annexe ou un élément secondaire du produit, mais un élément essentiel qui conditionne son usage. Alphonse Chapanis, qui fut un des pères de l'ergonomie, a écrit un manifeste en forme d'article pour souligner l'importance des modes d'emploi ; il donna pour titre à cet article la fameuse réponse de Hamlet à la question de Polonius lui demandant ce qu'il lisait : « *Words, words, words.* » Chapanis considérait que « des changements dans les mots qui sont utilisés dans les systèmes homme-machine peuvent réellement produire des améliorations de la performance plus importantes que des changements de conception de la machine elle-même [1] ».

Une autre dimension des modes d'emploi est qu'ils relèvent d'une activité collective. Ceux qui ne lisent pas les notices sont en fait aidés par ceux qui les lisent. Une connaissance orale est ainsi diffusée par quelques experts informels qui lisent — ou ont lu — les aides écrites. Je reviendrai sur cet aspect essentiel au dernier chapitre de l'ouvrage.

1. A. Chapanis, « Words, Words, Words », art. cité.

LA DISPARITION DE L'INFORMATION

Dans notre monde saturé d'informations, un problème important des aides est leur disparition pure et simple. En matière de modes d'emploi, on se plaint généralement de leur taille grandissante, tel le livret de deux cents pages expliquant le fonctionnement d'un enregistreur d'émissions sur disque dur. Aussi gênante est cependant l'absence d'aide, qui se manifeste de multiples façons.

L'absence d'aide

Une première forme de disparition de l'information est l'absence d'aide. Le constructeur n'a pas prévu de mode d'emploi ou une ou plusieurs fonctions du produit ne sont pas traitées. Nous mesurons alors combien les modes d'emploi sont essentiels. J'ai cité le cas des sangles de toit dépourvues de mode d'emploi et de ce fait transformées en cordes à nouer. Que dire de cette calculette dotée d'une notice en onze langues qui explique la façon d'introduire les taux de l'euro et de convertir les monnaies, mais qui ne donne aucune indication sur les procédures de calculs avec des pourcentages ou des formules ? Involontairement comique par ailleurs, la notice avertit en onze langues que l'utilisateur de la calculatrice doit veiller à ne pas égarer la notice, faute de quoi il aura du mal à la faire fonctionner. L'absence d'aide peut prendre une forme plus subtile pour des produits simples. Sur un paquet de pâtes italiennes, le mode de cuisson, expliqué en quinze langues, se termine par la seule information essentielle : « Laisser cuire (voir le temps de cuisson indiqué sur le paquet). » Malheureusement, le temps de cuisson n'y figure pas.

Une forme de disparition de l'information qu'on rencontre de plus en plus est l'absence de nom commun des produits, alors que, s'agissant d'objets inconnus, il s'agit de l'information la plus élémentaire pour les identifier. Les noms communs sont remplacés par des noms nouveaux, comme « crème moussante » : est-ce un savon, un bain moussant, un shampooing, un gel douche ? Ainsi, au rayon « hygiène » des grandes surfaces, on trouve quantité de produits liquides, dont on ne sait s'il s'agit de savons ou de shampooings. La même observation vaut pour les lessives et les assouplissants. Boîtes et flacons affichent à foison noms de marques et noms commerciaux, mais rarement les noms communs. On retrouve ce problème sur les boîtes de médicaments génériques. Les consommateurs identifient les médicaments sous l'appellation d'origine, qui devient en quelque sorte un nom commun. Mais comme ce nom disparaît sur les équivalents génériques aux appellations inconnues, l'usager est perdu lorsqu'il doit gérer sa pharmacie personnelle [1]. Tel somnifère, répandu mais potentiellement dangereux, et très connu sous son appellation d'origine, est distribué comme générique sous un nouveau nom inconnu, dans une boîte qui ressemble à celle d'un antiseptique intestinal inoffensif — produit par le même fabricant —, lui aussi distribué sous un nouveau nom. Il est désormais très facile de prendre l'un pour l'autre.

Dans la chaîne de mise à disposition des produits, la disparition de l'aide écrite se manifeste aussi après leur installation : l'entreprise qui a installé tel appareil a négligé de laisser le mode d'emploi à l'utilisateur final. Il s'agit là d'un travers fréquent. Un plombier a installé un chauffe-serviette sophistiqué mais a négligé de conserver ou de fournir le mode d'emploi à son client.

En bout de chaîne, l'utilisateur final ajoute sa touche à la disparition des modes d'emploi en les égarant ou en cédant des produits à des tiers en omettant de les accompagner de leur mode d'emploi. Ainsi, des amis ne peuvent utiliser correctement l'alarme de leur domicile parce que les anciens propriétaires en ont égaré le mode d'emploi.

La disparition de la documentation commerciale

Une autre forme de disparition de l'information est la raréfaction de la documentation commerciale. Lorsqu'un consommateur a

1. Le collectif « Europe et médicament » fait campagne pour l'adoption du principe actif comme vrai nom du médicament. Voir Sandrine BLANCHARD, « Une campagne défend l'usage du "vrai nom du médicament" », *Le Monde*, 29 septembre 2005.

l'intention d'acheter un produit, un élément essentiel pour guider son choix est la documentation commerciale écrite donnant les caractéristiques des différents produits et permettant de les comparer entre eux. Il est fréquent que les grandes surfaces spécialisées ou généralistes ne diffusent pas cette documentation commerciale, alors que les constructeurs l'ont prévue. Reste l'information orale du vendeur, généralement décevante. Non seulement ce dernier ne peut tout mémoriser, mais il est incité plutôt à délivrer des arguments commerciaux qu'à informer. C'est une première forme d'aide existante inaccessible.

Une version particulièrement frustrante de disparition de la documentation commerciale est sa fourniture au moment où elle est devenue inutile, une fois le produit acheté, comme l'illustre l'exemple suivant. Je souhaitais acheter une cafetière programmable, avec un système de coupure automatique lorsque le réservoir d'eau est vide, mais le vendeur fut incapable de me dire si cette fonction était prévue sur le modèle que j'avais décidé d'acheter. Lorsque je pris livraison du produit, quelle ne fut pas ma surprise de découvrir sur le paquet, en gros caractères répétés sur trois côtés, que cette cafetière s'arrêtait automatiquement lorsque le réservoir était vide. L'information existait bel et bien, mais elle n'était disponible qu'une fois le produit acheté et livré, ce qui n'avait pas de sens. J'ai connu la même mésaventure pour l'achat d'une souris d'ordinateur. J'avais commandé un modèle au hasard, faute d'avoir trouvé une documentation commerciale pertinente. Ce n'est qu'en recevant le produit que j'ai découvert dans la boîte un dépliant exposant les différents modèles disponibles et leurs caractéristiques respectives. L'information destinée à préparer l'achat m'était à nouveau fournie une fois l'achat effectué.

L'aide inaccessible : il faut le mode d'emploi pour atteindre le mode d'emploi

Une forme d'aide disponible mais inaccessible encore plus pernicieuse est celle où le mode d'emploi est situé à l'intérieur de la machine et où la façon d'atteindre l'intérieur de la machine se trouve précisément sur le mode d'emploi. C'est comme s'il fallait ouvrir une porte fermée à clé pour obtenir la clé de la porte. Bien qu'absurdes, de tels cas ne sont pas rares. En voici deux exemples, l'un purement mécanique, l'autre électronique.

Dans une maison neuve, je souhaitais régler une chasse d'eau moderne. Généralement, le bouton est entouré d'une pièce qu'il suffit de dévisser pour ôter le couvercle du réservoir et accéder au mécanisme. Sur la chasse d'eau en question, toutes mes tentatives pour enlever le couvercle furent vaines, et j'en vins même à détériorer légèrement le mécanisme. La pièce entourant le bouton résistait à toute forme de manipulation. En désespoir de cause, je me rendis dans une grande surface de produits de bricolage où je repérai un article identique à celui qui avait été installé chez moi. M'approchant d'un vendeur, je lui demandai : « Je vais vous poser une question que vous allez trouver stupide, mais comment fait-on pour enlever le couvercle de ce type de chasse d'eau ? » À mon grand étonnement, il me répondit : « Votre question n'est pas du tout stupide, nous avons eu le même problème. Nous n'arrivions pas à démonter le couvercle, et nous avons dû appeler le fabricant. Savez-vous ce qu'il nous a répondu ? “La notice pour enlever le couvercle se trouve à l'intérieur du réservoir !” » Il fallait donc démonter le couvercle pour atteindre l'information expliquant comment démonter le couvercle.

Mon autre exemple concerne un ordinateur. Le mode d'emploi sur papier livré avec la machine ne donnait que la procédure à suivre pour lancer l'ordinateur. Toutes les autres aides étaient en ligne, dissimulées et éparpillées dans une multitude de logiciels. Il fallait identifier et comprendre la problématique des logiciels pour accéder aux aides dont la fonction première était de vous permettre d'identifier et de comprendre la problématique de ces logiciels… La situation est identique lorsque l'aide qui permet d'éradiquer un virus n'est donnée que sur Internet alors que le virus en question a bloqué l'accès à Internet de l'ordinateur. J'ai rencontré une forme voisine de ce schéma d'indisponibilité avec un logiciel de publication grand public. Pour accéder à l'aide en ligne, il faut commencer un projet, autrement dit s'aider soi-même. Si l'on ne franchit pas les premières étapes d'élaboration d'un projet, le bouton Aide reste inopérant. On a donc l'impression que l'aide n'existe pas.

Dans le labyrinthe des chemins introuvables

La disparition de l'information peut prendre la forme de la complexité du chemin permettant d'atteindre cette information. Si l'aide est disponible, encore faut-il savoir la trouver.

Les modes d'emploi sur papier comportent généralement une table des matières et un index, mais chacun sait que l'index ne signale pas toujours le mot recherché et que la table des matières est ambiguë — le fonctionnement de l'essuie-glace automatique est-il expliqué au chapitre « Confort » ou au chapitre « Conduite » du manuel ? Le labyrinthe peut revêtir la forme des six faces d'un paquet indiquant la prescription « À consommer avant le…, voir date sur le paquet ». Le consommateur doit tourner l'emballage dans tous les sens pour trouver la fameuse date.

Les aides en ligne des logiciels affichent l'ambition de résoudre les problèmes d'accès grâce à des moteurs de recherche intégrés. En théorie, l'utilisateur n'a qu'à poser sa question en langage naturel ou introduire un mot clé intuitif pour recevoir une réponse. En pratique, c'est loin d'être aussi simple, et il est très fréquent que les réponses ne correspondent pas du tout aux questions. En voici une illustration. Le tableur Excel de Microsoft est un outil bureautique grand public aussi bien que professionnel. Supposons que nous cherchions la procédure à suivre pour que le logiciel détermine quel est le plus grand de deux nombres. Dans la case de recherche de l'aide, si nous entrons le mot « classement » et que nous appuyions sur le bouton Chercher, nous obtenons dix réponses, dont aucune n'est la bonne (elles en sont même très éloignées). Si nous entrons le mot « comparaison », c'est exactement la même chose : les dix réponses sont hors sujet. Le seul moyen d'obtenir la bonne réponse est d'introduire le mot « grand » dans le moteur de recherche. Autant dire que si nous n'avons pas l'idée d'entrer cette question, qui est tout sauf intuitive, nous n'avons aucune chance d'obtenir de l'aide. De façon similaire, dans un logiciel de publication grand public, le chemin permettant de choisir le format de mise en page Portrait (21 × 29,7 cm vertical) ou Paysage (21 × 29,7 cm horizontal) est extrêmement difficile à trouver. Les termes logiques tels que « mise en page », « paysage », « portrait », « disposition », « orientation papier » ou « papier » introduits dans le moteur de recherche de l'aide aboutissent tous au résultat désespérément familier « pas de réponse ».

L'aide forcée contre-productive

L'information peut disparaître parce que les concepteurs ont imaginé un produit d'une telle façon que l'utilisateur n'est pas censé se tromper et n'a donc pas besoin d'aide. Des procédures lui sont imposées — on parle en anglais de *forcing functions* — afin de rester efficaces même s'il est idiot — elles sont dites *idiot proof* (à l'épreuve des imbéciles). En réalité, cette forme d'aide trop présente désoriente l'utilisateur, qui, plus malin que l'idiot théorique imaginé, se pose des questions auxquelles les concepteurs n'ont pas songé et qui restent sans réponses.

Un bon exemple est fourni par le logiciel de traitement de texte Word. Si nous saisissons un texte en français puis une citation en anglais de quelques mots, le logiciel, programmé pour nous aider plus que nous ne le voudrions, suppose que nous avons décidé de passer à l'anglais et transforme la mise en page française en une mise en page anglaise. Du coup, les guillemets français à chevrons sont automatiquement transformés en guillemets anglais, et le système de correction automatique souligne en rouge, comme incorrectement orthographiée, la quasi-totalité du texte en français. Le système d'aide forcée nous complique la tâche.

L'exemple caricatural de ce mécanisme est le bouton intelligent des logiciels de Microsoft Office. Les boutons et rubriques des menus déroulants n'apparaissent de façon permanente dans l'interface graphique que s'ils ont été utilisés au moins une fois par l'utilisateur ; autrement, ils sont cachés. L'intention angélique des concepteurs du système est que l'interface graphique s'adapte aux besoins de chaque utilisateur. Le problème vient de l'initialisation de cette merveilleuse idée. Comme les boutons sont cachés tant qu'ils n'ont pas été utilisés une première fois, l'utilisateur non initié a l'impression qu'il lui manque des boutons et ne comprend pas ce qui se passe. Il n'a pas l'idée d'effectuer une manœuvre peu évidente consistant à cliquer sur une flèche de très petite taille pour faire émerger les boutons cachés. Il ne peut imaginer qu'on lui a dissimulé des boutons à seule fin de lui venir en aide. Combien de fois ne m'a-t-on appelé pour me demander pourquoi tel ou tel bouton ne s'affichait pas à l'écran ?

Un autre exemple concerne le logiciel de publication grand public dont j'ai déjà parlé. L'aide est conçue de telle façon qu'il est impossible de choisir le format Portrait ou Paysage en ouvrant une page blanche et en cochant une option. Il faut d'abord démarrer un projet assisté et choisir un type de réalisation (brochure commerciale, banderole, menu, etc.). L'utilisateur n'a aucun moyen de savoir qu'il lui faut commencer une brochure, une banderole ou un menu pour accéder à l'option d'orientation de la page. Il recherche donc désespérément cette option et finit par conclure qu'elle n'existe pas du fait d'un bogue du logiciel.

L'aide forcée contre-productive peut tout aussi bien se rencontrer dans des produits non technologiques. Par exemple, en voulant certainement bien faire, plusieurs magazines de télévision, y compris les plus diffusés et les plus sérieux, donnent les horaires des émissions tôt le matin, non pas à la double page du jour, mais à celle du jour précédent. Une émission du vendredi à deux heures et demie du matin est donc annoncée le jeudi. Cela part de l'idée que le téléspectateur d'une telle émission est un « couche-tard » et se considère dans la continuité du jeudi. Mais, si noctambule soit-on, on sait bien qu'on change de jour après minuit. Cette présentation bien intentionnée conduit l'utilisateur à hésiter et à se tromper, par exemple pour enregistrer une émission.

Autre intention louable, dans l'annuaire électronique du système d'exploitation Windows de Microsoft, le format des numéros de téléphone est automatisé en fonction des pays. Le problème est, d'une part, que les utilisateurs ne savent pas que les numéros de téléphone qu'ils saisissent sont à ce point pris en main par le logiciel et, d'autre part, qu'ils ne prêtent aucune attention à cette assistance. De ce fait, un conflit surgit entre l'aide automatique et les manipulations de l'utilisateur, ce qui engendre de grands désordres dans le format des numéros (numéros français au format américain, par exemple), pouvant même aboutir à des incompréhensions bloquantes entre machines connectées.

Une forme indirecte d'aide forcée est la manie des aides en ligne de considérer l'utilisateur comme un maladroit incorrigible : on lui demande une ou plusieurs fois à chaque action de confirmer ce qu'il fait. Dans tel logiciel de messagerie, il faut confirmer trois fois l'insertion d'une pièce jointe : après l'avoir jointe, il faut à nouveau l'insérer, puis valider l'insertion et enfin dire qu'on l'a jointe au message en cours.

L'aide laconique ou inutile

Une aide succincte et pauvre équivaut à une aide absente ou indisponible. Cela arrive fréquemment, soit pour l'ensemble du produit, soit pour une de ses fonctions. Ainsi, à la borne d'un distributeur de carburant à paiement par carte, un écran censé aider l'utilisateur ne comporte que des messages laconiques, dont le premier indique « Choisir une pompe », alors qu'on ne sait pas comment la désigner à l'aide du clavier. Le second message affiche « 1er essai » suivi de six points. Quel essai ? À aucun moment il n'a été demandé d'introduire une carte de crédit, et les six points n'évoquent en rien le code secret à quatre chiffres.

Inversement, il n'est pas rare que nous nous trouvions submergés d'aides complètement inutiles. Je me souviens d'avoir acheté un chapeau de loisir aux États-Unis doté d'un manuel *(owner's manual)* de plusieurs pages expliquant avec le plus grand sérieux le maniement du chapeau — par exemple, pour déterminer la face avant et la face arrière, ajuster la lanière en fonction de la force du vent ou veiller à ce qu'il ne soit pas emporté au fond de l'eau par le courant. Autre exemple, un coupe-capsule pour bouteille de vin d'une utilisation intuitive est accompagné d'une importante notice traduite en neuf langues. Dans ces deux cas, l'objectif du mode d'emploi n'est pas d'informer, mais d'apporter à des produits tels qu'un chapeau ou un coupe-capsule une connotation technologique qu'ils ne sont pas censés posséder. L'existence du mode d'emploi devient le symbole qu'il s'agit de produits quasi professionnels.

L'aide illisible

Dans la collection des défauts majeurs des aides, l'illisibilité tient une place de choix. Il s'agit ici d'illisibilité «plastique». La raison de cette illisibilité réside le plus souvent dans le choix sociotechnologique de rendre ces produits *portables*. Un certain nombre de produits techniques, comme les téléphones portables ou sans fil, les ordinateurs de poche ou les appareils photo, font l'objet d'une miniaturisation et d'une gestion économe de l'énergie destinées à en assurer la portabilité. Cette volonté a pour contrepartie des écrans de toute petite taille, des caractères manquant de netteté sur des fonds peu éclairés et des aides peu lisibles et laconiques. Un avantage ergonomique important, la portabilité, entraîne donc un inconvénient ergonomique non moins important : une aide pauvre et peu lisible. Cela illustre un problème d'ordre général sur lequel je reviendrai : les progrès techniques destinés à faciliter la vie de l'usager s'accompagnent pour lui de graves lacunes d'information. La commodité matérielle a pour contrepartie l'inconfort mental.

L'illisibilité physique peut être la conséquence de défauts de mise en page. Par exemple, une notice est traduite en plusieurs langues, mais les dix traductions de chaque phrase sont alignées les unes à côté des autres et se distinguent mal les unes des autres. Quand tout doit tenir sur les six centimètres carrés d'une étiquette de vêtement, l'illisibilité devient totale.

Le caractère non embarqué des modes d'emploi

Une dernière observation concernant la disponibilité des aides écrites est qu'elles ne sont pas «embarquées» dans les produits concernés, mais imprimées sur des supports volants. Il en résulte quantité d'erreurs, de pertes de documents et de difficultés d'accès à l'information. La situation est fort différente dans le monde professionnel, où les aides écrites sont affichées sur les postes de travail — par exemple, sur la porte d'un avion de ligne — ou disposées dans un rangement de proximité adapté.

La cause principale de cette situation est d'ordre esthétique. Les designers des produits n'acceptent pas qu'ils soient recouverts d'informations écrites ou dotés de rangements protubérants destinés à recevoir le mode d'emploi. L'aide devient en quelque sorte la partie honteuse du produit, qu'il convient de tenir à l'écart. La question du rangement des modes d'emploi est un véritable casse-tête pour les utilisateurs. Faut-il ranger toutes les notices dans un dossier unique ou les laisser à proximité du bien concerné — mais où exactement ? —, avec tous les risques de perte que cela entraîne.

Le temps d'accès de l'utilisateur au mode d'emploi est rarement pris en compte. Considérons une machine à laver le linge. Une fois la machine lancée, il est possible de changer de programme en combinant différentes touches, mais cela doit être effectué en un court délai après le démarrage. Si l'utilisateur n'a pas à la main le livret, ouvert à la bonne page, il est impossible de respecter ce délai. Quant à mémoriser la manœuvre, elle est trop compliquée et insuffisamment récurrente pour que cela soit possible.

S'il est un domaine particulier où le fait que l'information soit séparée de l'objet pose des problèmes potentiellement sérieux, c'est bien celui des médicaments. Des plaquettes de pilules séparées de leur notice et de leur prescription deviennent *ipso facto* des produits dangereux, surtout si, de surcroît, le nom d'origine connu a été remplacé par un nom générique inconnu.

Des conflits de logique

Une conclusion majeure à tirer de ces observations sur la disponibilité des aides écrites est que la logistique de l'information est mal traitée. Il n'est pas rare que cette logistique n'ait même pas été pensée. C'est le cas lorsque les consommateurs ne retrouvent pas les noms communs des produits sur les emballages du commerce, lorsque l'acquéreur d'un appareil ménager découvre après l'achat l'information qu'il recherchait désespérément avant ou quand le manuel se trouve dans un espace qu'on ne peut ouvrir qu'avec l'aide du manuel. L'insuffisance des aides relatives aux biens de consommation n'est pas seulement un problème de contenu mal réalisé (mauvaises rédactions, traductions fantaisistes, schémas obscurs, etc.). C'est aussi un problème de logistique : où, quand et comment l'aide est-elle rendue disponible ? Le Conseil de l'Europe a bien adopté, le 17 décembre 1998, une résolution relative aux modes d'emploi des biens de consommation techniques, mais elle ne traite que des questions de rédaction et ignore totalement la logistique.

Les dysfonctionnements concernant la disponibilité des modes d'emploi illustrent trois conflits de logique : logique d'utilisation *versus* logique commerciale, logique d'efficacité *versus* logique esthétique et logique d'autonomie de l'utilisateur *versus* logique d'aide forcée.

Dans le conflit entre la logique d'utilisation et la logique commerciale, c'est cette dernière qui pousse la force de vente à mettre de côté l'information technique préalable à l'achat. L'objectif est de provoquer l'acte d'achat par des coups de cœur et une argumentation subjective plutôt que par une information technique rationnelle. C'est aussi la logique commerciale qui conduit à faire disparaître les noms communs au profit des marques ou d'appellations nouvelles sur les emballages. Le rêve de tout producteur de biens de grande consommation est que la marque ou l'appellation nouvelle devienne le nom commun du produit, comme on parle d'un « frigidaire » pour désigner un réfrigérateur, d'une boîte de « kleenex » pour désigner des mouchoirs en papier ou d'un « flanby » pour nommer un flan en petit pot. Cette logique commerciale se traduit pour l'acheteur par une perte d'information, car son raisonnement procède d'une logique d'utilisateur : quel est le nom générique du produit et que va-t-il m'apporter ? Nous percevons clairement cette perte d'aide quand nous recherchons sur Internet une information technique sur un produit. Le moteur de recherche débite des dizaines de sites offrant ce produit au meilleur prix, mais aucun ne fournit de documentation détaillée. La logique commerciale a bien supplanté la logique d'utilisation.

Le deuxième conflit voit s'affronter la logique d'efficacité et la logique esthétique. En vertu de la logique d'efficacité, les modes d'emploi devraient être « embarqués », c'est-à-dire affichés ou placés sur le bien. Mais cette logique est battue en brèche par la logique esthétique. On voit mal la direction du style d'un constructeur automobile autoriser l'affichage de multiples alertes écrites sur le tableau de bord d'un modèle, qui deviendrait un panneau d'affichage, à l'image de la paroi des toilettes d'un avion de ligne. De même, les aides illisibles ou cachées ont souvent pour origine le primat de la logique esthétique sur la logique d'efficacité : il ne faut pas ternir l'esthétique du logo et du flacon par une date limite de consommation écrite en gros caractères. Elle est donc cachée quelque part et rendue quasi invisible.

Le dernier conflit de logique sur la disponibilité des aides est celui qui oppose la logique d'autonomie de l'utilisateur à la logique d'aide forcée. La logique de l'aide forcée traite l'utilisateur comme un automate sans réflexion, autrement dit un idiot, dont il faut tenir la main à chaque pas. Le problème est que l'utilisateur conserve une certaine autonomie et ne se comporte pas toujours comme l'idiot idéal. Dès lors que l'utilisateur ne fait pas ce qui est attendu de lui en tant qu'idiot théorique, l'aide ne fonctionne plus. Ainsi l'usager est-il considéré comme un simplet qui ne veut voir à l'écran que les boutons dont il se sert, alors que l'usager autonome voit à la place un tableau de bord incomplet et ne comprend pas pourquoi il n'a pas devant lui la totalité des outils dont il pourrait avoir besoin. De même, le concepteur du logiciel d'annuaire a-t-il pensé que le particulier était ignorant au point de ne pas savoir que les formats des numéros de téléphone étaient différents selon les pays et a prévu que le logiciel les formate. Mais ce particulier, moins ignorant que ne l'a imaginé le concepteur, prend l'initiative de les formater lui-même à sa façon. Le logiciel ajoutant son grain de sel au formatage, le résultat devient une bouillie de chiffres incohérents.

LA COMPLEXITÉ DES MODES D'EMPLOI : CONSÉQUENCE DE CHOIX SOCIOTECHNIQUES

La complexité des modes d'emploi est étroitement liée à un mélange de considérations sociales et techniques sur les produits eux-mêmes. En d'autres termes, c'est en partie la conception du *hard* qui produit la complexité du *soft*.

Options mineures sur le produit, conséquences lourdes sur le mode d'emploi

Des choix d'apparence mineure, voire anodine, effectués lors de la conception d'un produit peuvent accroître de façon considérable la complexité de l'aide aux utilisateurs. La figure 4 en fournit une illustration frappante. Je possédais depuis plusieurs années une cafetière électrique programmable. Celle-ci ayant rendu l'âme, j'en ai acheté une autre d'une marque différente, mais possédant exactement les mêmes fonctions. Ces fonctions étaient réglées sur la première (cafetière A) par deux boutons-poussoir, l'un pour les heures, l'autre pour les minutes, et un bouton rotatif à cinq positions. Sur la nouvelle (cafetière B), plus récente et plus moderne, les mêmes fonctions sont obtenues grâce à trois boutons-poussoir. Sur la cafetière A, la programmation était relativement simple, puisqu'il suffisait de mettre le bouton rotatif sur une position puis de régler l'heure et les minutes. En revanche, sur la cafetière B, comme les mêmes boutons servent à des réglages différents, il faut combiner des jeux de touches. La conséquence est que le mode d'emploi de la nouvelle cafetière est deux fois plus épais que celui de l'ancienne pour des fonctions strictement identiques. Le réglage de l'heure sur l'ancienne cafetière ne demandait que trois opérations et 26 mots d'explication. Sur la seconde, cinq manipulations et 57 mots d'explication sont nécessaires. De même, la programmation de l'heure de confection du café demandait trois manipulations et 58 mots d'explication sur la première contre six manipulations et 89 mots d'explication sur la seconde. Le seul fait d'avoir remplacé deux boutons-poussoir et un bouton rotatif par trois boutons-poussoir a multiplié par deux la complexité de l'information nécessaire et, par voie de conséquence, la charge mentale de l'utilisateur.

Le choix de boutons multifonctions pour des appareils qui ne sont pas portables nécessite des aides écrites longues et compliquées, alors qu'il existe suffisamment de place sur ces appareils pour plusieurs touches à fonction unique, aussi simples à comprendre qu'à manipuler.

Le remplacement du bouton rotatif de la cafetière A par le bouton multifonction de la cafetière B aboutit au doublement de la taille du mode d'emploi

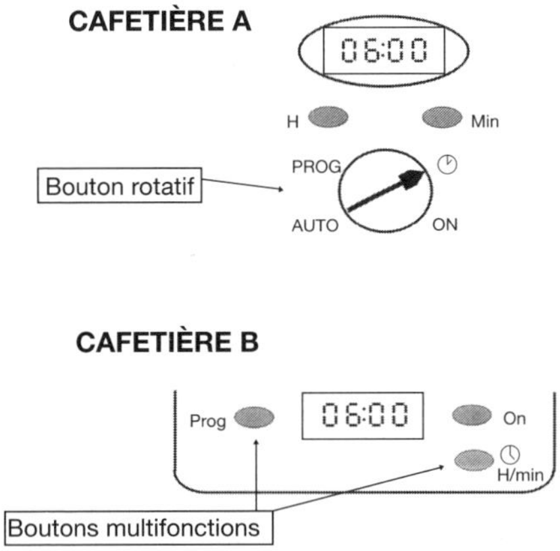

Figure 4. Boutons multifonctions

Un autre exemple de problème lié à la conception du produit m'est fourni par un four électrique programmable. Lorsque l'être humain prévoit une action dans le futur, il se fixe une heure de début et une durée, l'heure de fin étant la conséquence de ces deux variables : j'irai jouer au tennis à dix-huit heures, et je jouerai pendant une heure ; j'aurai donc terminé à dix-neuf heures. C'est ainsi que nous raisonnons. Mais l'ingénierie du four électrique, sur la base d'une fausse bonne idée, a raisonné autrement et conçu le système à partir de l'heure de fin : pour déterminer le début de la cuisson, il faut fixer une durée et une heure de fin de cuisson. Cela complexifie l'aide et surtout sa compréhension, car le manuel doit expliquer un raisonnement qui n'est pas naturel : planifier une activité à partir de son heure d'achèvement. La réaction de la cuisinière ou du cuisinier est de rechercher en vain dans le mode d'emploi comment programmer l'heure initiale de démarrage du four.

Ces exemples montrent bien que la complexité de l'information ne provient pas nécessairement de la complexité des produits, mais résulte de choix de conception.

Une commodité qui se paie en surcroît d'information

Le monde moderne offre des produits de plus en plus commodes — produits « tout en un », appareils automatiques, fonctionnement mains libres, etc. Nous constatons toutefois que cette commodité s'accompagne d'une lourde contrepartie d'information et de charge mentale. Tout se passe comme si la complexité avait été extraite de la réalité matérielle pour être transférée sur l'information. En d'autres termes, la commodité offre une insouciance matérielle, mais son coût en information est élevé.

Les exemples suivants montrent que cette loi de transfert de la complexité du produit vers l'information ne touche pas seulement les biens de haute technologie.

Une pharmacienne m'a vanté les mérites d'un thermomètre médical électronique : « Avec ça, vous avez votre température en dix secondes. Avec le classique [1], il faut une minute ! » Mais pour faire fonctionner le thermomètre électronique, il me faut chaque fois cinq minutes pour mettre la main sur la notice et la relire attentivement. Par rapport au thermomètre classique, j'ai gagné cinquante secondes en rapidité d'exécution, mais perdu cinq minutes en acquisition d'information.

Considérons les nouvelles pastilles pour lave-vaisselle qui assurent en même temps les trois fonctions de lavage, d'adoucissement de l'eau et de rinçage. La commodité est incontestable, puisqu'il n'est plus nécessaire de doser le produit et d'introduire régulièrement dans la machine du sel régénérant et du liquide de rinçage. Mais cette commodité s'accompagne d'un coût élevé en information : il faut expliquer à l'utilisateur qu'il est normal que les voyants d'alerte de manque de sel et de produit de rinçage restent allumés, que les pastilles doivent toujours être placées dans le bac à lessive et non dans la cuve, qu'il faut ou non enlever l'emballage de la pastille selon qu'il est soluble ou non, qu'il ne faut pas tenir la pastille

1. Le thermomètre classique fonctionne exactement comme un thermomètre à mercure, mais le mercure a été remplacé par un produit équivalent moins polluant.

avec les mains humides, etc. Le fait que les usagers se trompent ou s'interrogent au sujet de ces pastilles montre qu'un effort cognitif est nécessaire. Autrement dit, une simplification matérielle a été introduite au prix d'un surcroît de complexité de l'information. On est loin d'une commodité *forget it*, c'est-à-dire permettant « de ne pas y penser ».

Un autre exemple de transfert de complexité est fourni par les robinets automatiques dans lesquels un œil électronique détecte la présence des mains sous l'arrivée d'eau. Il s'agit certes d'une commodité, mais un gros pictogramme est nécessaire à côté du lavabo pour expliquer comment fonctionne le dispositif. Comme il n'existe aucune transparence de cette commodité sur le plan de l'information, un grand nombre d'usagers ne comprennent pas. Il serait intéressant d'effectuer un bilan global du confort de l'usager : la somme « compréhension de l'information + écoulement automatique » est-elle vraiment plus commode que la somme « dispense de réflexion + ouverture à la main du robinet » ?

Un exemple caricatural d'une commodité coûteuse en information est le tapis roulant rapide du long couloir de la station de métro Montparnasse, à Paris. L'ancien tapis roulant transportait les piétons à la vitesse de 3 kilomètres à l'heure sans nécessiter d'information. Il a été récemment doublé d'un tapis rapide avançant à 9 kilomètres à l'heure. C'est très commode puisque les piétons vont trois fois plus vite, mais cette commodité se paye d'une avalanche d'informations : deux grands panneaux, une douzaine de pictogrammes, trois écrans au départ et trois à l'arrivée diffusant un avertissement vocal en boucle, de multiples haut-parleurs répétant l'alerte. La vitesse a été multipliée par trois, mais l'information par dix.

On peut appliquer cette grille d'analyse aux aides sonores. Un coup de klaxon est une commodité qui n'a pas besoin d'explication : chacun sait qu'il exprime un danger. À l'inverse, notre monde est envahi de signaux sonores discrets et subtils nécessitant des explications. Tel téléphone domestique sans fil se met à émettre toutes les heures un bip grave et étouffé. Que nous dit-il ? Que la batterie est faible ? qu'un message n'a pas été lu ? que la messagerie est saturée ? qu'il a été mal raccroché ? qu'il est en panne ? À ces questions s'en ajoute une autre, non moins anxiogène : comment retrouver dans le mode d'emploi la signification de ce bip si particulier alors que le manuel est écrit et non sonore ? Ne payons-nous pas très cher en information à acquérir un bip réputé si commode ? Dans les ascenseurs du siège d'une grande entreprise, une sonnerie se déclenche régulièrement au départ. Les usagers l'interprètent comme le signal d'un poids excessif dans la cabine. Faux : la sonnerie veut simplement dire que les passagers mettent trop de temps à entrer dans la cabine. Ceux-ci, croyant être en surnombre, hésitent, sortent de la cabine et retardent d'autant le départ, ce qui déclenche à nouveau la sonnerie… et de nouveaux malentendus, retardant à nouveau le départ et relançant la sonnerie. J'ai regardé un jour avec intérêt l'interview télévisée d'un designer sonore. Il faisait écouter avec fierté les différents signaux sonores perçus par un usager selon que sa carte de transport était valable, épuisée, presque vide, etc. Le designer passait en fait son temps à expliquer le sens de signaux censés être commodes, mais que l'usager devait comprendre et mémoriser.

On pourrait multiplier les exemples. Le frein de parking automatique est une commodité appréciable. On peut oublier de serrer le frein ou de le desserrer : l'automatisme s'en charge. Mais le coût en information est là encore élevé : le mode d'emploi s'étend en longueur, et un papillon placé en haut du pare-brise rappelle à la vigilance pour l'emploi de cette fonction. La responsabilité du conducteur peut en effet être lourdement engagée pour peu qu'il gère mal l'automatisme faute de s'être proprement informé. Le frein à main traditionnel n'exige pas autant d'informations. Le cas de l'automobile est d'ailleurs frappant : plus le conducteur est déchargé de tâches (frein de parking automatique, essuie-glace automatique, allumage automatique des feux de croisement, régulateur de vitesse), plus le manuel s'épaissit, et plus ce conducteur doit absorber d'informations.

Une raison qui conduit la commodité des produits à grossir le besoin d'information est que l'apport d'un élément commode introduit une innovation décalée par rapport à l'expérience commune. Il faut donc apporter de l'information pour combler l'absence d'expérience, même si l'usage est objectivement plus simple qu'auparavant. Il est plus simple de se laver les mains sous un robinet automatique, mais comme il s'agit d'une rupture par rapport à la culture classique du lavage des mains, il faut expliquer laborieusement cette belle simplicité. On perd alors en coût d'information ce qu'on gagne en simplicité.

Une autre raison au même phénomène est qu'une partie des commodités apportées aux produits proviennent d'automatismes qui ne sont pas entièrement transparents — pas entièrement *forget it* ou *no thought*, comme on dit en anglais. Il faut maîtriser l'automation, entrer dans la procédure automatique et en sortir, ce qui exige de l'information. Un automatisme apparemment aussi transparent qu'une clé de voiture dite « mains libres » s'accompagne de nombreuses mises en garde écrites et d'une longue aide rédigée. On pourrait penser que l'allumage automatique des feux de croisement soit transparent. Il n'en est rien : une longue explication est nécessaire en cas de brouillard. Un chauffage électrique à thermostat est un automatisme véritablement transparent, qu'on peut complètement oublier, mais les automatismes transparents sont rares. La grande majorité d'entre eux est en réalité coûteuse en information.

En résumé, les commodités introduites sur les produits transforment une charge mentale d'action en charge mentale de compréhension. On pourrait aussi appeler la charge mentale d'action connaissance procédurale et la charge mentale de compréhension connaissance substantielle. Avec une lessive traditionnelle pour vaisselle, l'usager met en œuvre une connaissance procédurale : doser la quantité, disposer la lessive, mettre régulièrement du sel régénérant, etc. Avec des pastilles, l'utilisateur pense beaucoup moins pour agir, mais il doit penser davantage pour comprendre (connaissance substantielle) : par exemple, pourquoi les voyants de manque de sel régénérant restent-ils allumés ? Dans une voiture classique, l'automobiliste pense et agit en même temps (connaissance procédurale) pour desserrer le frein à main, déclencher l'essuie-glace, maintenir le pied appuyé sur l'accélérateur, etc. Dans une voiture remplie d'automatismes, il pense beaucoup moins son action, mais il lui faut comprendre en permanence ce qui se passe, c'est-à-dire les automatismes en cours. L'utilisateur d'un lavabo à robinet classique ne réfléchit pas au mécanisme. L'utilisateur d'un robinet automatique à œil électronique ne peut avoir l'idée de disposer ses mains sous le conduit pour déclencher l'arrivée d'eau s'il n'a pas une compréhension du mécanisme interne. D'ailleurs, le pictogramme qui figure à côté *(voir figure 5)* ne se contente pas d'illustrer des mains sous le robinet (information procédurale). Il représente aussi des ondes électromagnétiques se dirigeant vers les mains (information substantielle). Le problème de compréhension est de ce fait accentué par la difficulté de savoir où placer les mains, car le pictogramme n'est évidemment pas clair…

Pictogramme expliquant l'arrivée d'eau à déclenchement par œil électronique dans les toilettes d'un TGV : la simple poignée de robinet est remplacée par de l'information complexe.

Figure 5. Toilettes d'un TGV

Une dimension très importante de la charge mentale de compréhension est la *charge d'apprentissage* qu'elle exige. Les utilisateurs finissent par se familiariser avec les fonction principales, mais au prix d'un apprentissage relativement lourd : consultation du mode d'emploi, recueil de conseils d'autres usagers, multiples essais et erreurs. Lorsque l'appareil ou la fonction n'est pas utilisé quotidiennement, il faut repasser par une phase d'apprentissage pour le faire fonctionner, car l'oubli est rapide. Un utilisateur finira toujours par s'accommoder d'un véhicule entièrement automatique (freins de parking automatiques, allumage automatique des feux, déclenchement automatique de l'essuie-glace, clé mains libres, réglage automatique des sièges, etc.), mais vous ne pourrez pas lui prêter un tel véhicule sans de longues explications et mises en garde.

Cette charge mentale de compréhension, se substituant à la

charge mentale d'action, explique pourquoi les utilisateurs ressentent un tel inconfort devant toutes ces commodités censées leur simplifier la vie : ils sont contraints d'acquérir une compréhension des systèmes, avec un risque élevé d'erreur ou d'échec dans le cas contraire.

Portabilité et flexibilité exigent des modes d'emploi volumineux

Le monde contemporain est marqué par l'invasion de produits à la fois portables, c'est-à-dire qui peuvent être emmenés sur soi, et flexibles, c'est-à-dire multifonctions : le téléphone cellulaire peut prendre des photos et servir de réveil. Ces produits supposent une miniaturisation capable d'assurer un grand nombre d'activités. La surface de l'interface est donc extrêmement réduite, ce qui entraîne plusieurs conséquences. Les touches doivent remplir plusieurs fonctions, les écrans sont petits et peu éclairés, et il faut des mécanismes d'écriture alors qu'on ne dispose pas de l'espace nécessaire. À nouveau, le mode d'emploi est censé compenser tous ces inconvénients, et l'on y met tout ce qui ne peut figurer sur le produit : le code des touches, les explications qui ne peuvent apparaître à l'écran, le mode d'écriture à employer, etc.

La flexibilité des produits, c'est-à-dire leur capacité à effectuer plusieurs fonctions, est une lame de fond de l'ingénierie contemporaine des produits grand public. On trouve ainsi des produits qui font à la fois appareil photo, ordinateur de poche et téléphone cellulaire ou à la fois photocopieuse, scanner et fax. Même si l'appareil remplit une fonction unique, on tend à le rendre flexible en le dotant de plusieurs options. Cette flexibilité coûte cher en aides écrites et en charge mentale, du fait de l'omniprésence des boutons multifonctions et de la multiplication des chemins d'accès aux différentes fonctions.

Voici un parfait exemple de machine à laver « flexible », au sens de ma définition. Cette machine offre une option de rinçage supplémentaire. Pour obtenir cette option, il faut appuyer simultanément sur la touche de fonction additionnelle Trempage et la touche de fonction additionnelle Hydro Plus, puis enclencher la touche de mise en marche. La diode Lavage clignote. Il faut alors tourner le sélecteur de programme sur Rinçage. La diode Arrêt cuve pleine s'allume. Il faut enfin presser plusieurs fois sur la touche Départ jusqu'à ce que la diode Rinçage s'allume. Je laisse le lecteur imaginer la complexité et la lourdeur du mode d'emploi présentant toutes les options de ce type, au nombre d'une douzaine. Heureusement, le mode d'emploi nous prévient en introduction que « les fonctions optionnelles sont activées par les touches de fonctions additionnelles et le sélecteur de programme qui remplissent ici une deuxième fonction non identifiable sur le bandeau de commande »...

On ne peut que se poser la question de l'utilité d'une telle flexibilité des produits. Ces fonctions sont-elles réellement utilisées par les clients ? Je possède un téléphone domestique sans fil qui offre quatre possibilités d'enregistrement du numéro du correspondant en ligne : bis, bis permanent, bis nominatif et nominatif pur. Je n'utilise jamais ces options, car, pour les utiliser, il me faudrait, chaque fois que je suis en ligne avec mon correspondant, le manuel dans les mains ouvert à la bonne page. Il arrive même que des consommateurs rachètent un produit à fonction unique pour obtenir un service proposé sur un produit à fonctions multiples trop difficile à comprendre et à utiliser. Des parents qui possèdent un téléphone domestique sans fil à postes multiples pouvant être utilisé pour surveiller à distance les pleurs de leur bébé ont préféré acheter un appareil spécial pour bébé à fonction unique beaucoup plus simple à mettre en marche. De même, bien des possesseurs de téléphones cellulaires préfèrent se munir d'un réveil de voyage lorsqu'ils partent en déplacement, plutôt que d'utiliser leur téléphone, qui offre cette fonction additionnelle, ou même la radio multifonction de leur chambre d'hôtel.

Le comble de la flexibilité me semble être atteint par la possibilité de renverser l'image des écrans de télévision ou d'ordinateur. À moins de regarder l'écran en faisant le poirier, on ne voit pas ce qu'apporte cette option, sinon un accroissement de l'épaisseur des modes d'emploi et de l'information malheureusement nécessaire. J'ai pu observer deux cas dans lesquels des utilisateurs se sont retrouvés face à un écran à l'envers en raison d'une erreur de manipulation. Il a fallu chaque fois qu'ils se plongent dans le mode d'emploi pour rétablir l'image à l'endroit — la rassurante configuration d'usine ! Ces utilisateurs ont dû investir leur intelligence et leur temps non pour obtenir une fonction, mais pour en annuler une totalement inutile.

La diversité complexifie l'information

L'extrême diversité des produits, autre dimension de la commodité, multiplie l'information permettant de comprendre en quoi ils sont différents, ce qui contribue à accroître la charge mentale des acquéreurs. Considérons l'exemple des vélos. Autrefois, nous avions le choix entre un vélo de course et un vélo normal. Aujourd'hui, nous trouvons toutes sortes de vélos : tout terrain, de descente, tout chemin, de ville, de route, la plupart se déclinant en sous-catégories, comme sport, compétition et loisirs. L'acheteur d'autrefois avait besoin de peu d'informations, tandis que l'acheteur d'aujourd'hui ne peut s'y retrouver sans des explications détaillées sur tout un éventail de produits.

Cette observation ne se limite pas aux biens de consommation techniques. L'offre de tétines pour bébés, par exemple, est d'une diversité étonnante : en caoutchouc ou en silicone, à débit lent, fixe ou variable, à bout cerise, physiologique ou à valve, le tout dans des tailles de toutes sortes. Les nouveaux parents sont perdus devant une telle diversité. Il suffit pour s'en convaincre de consulter sur Internet les forums de discussion et les sites de conseils. Il en va de même des produits de boulangerie. Il n'y a pas si longtemps, le choix qui s'offrait au client d'une boulangerie partout en France était simple et l'information relative à ce choix rudimentaire : baguette, pain, pain de campagne, pain de mie. Aujourd'hui, le consommateur est confronté à une extrême diversité et doit se familiariser avec quantité de mots inconnus [1], dont il ne sait plus s'il s'agit de noms communs ou de noms propres : baguépi, banette, bûcheron, campaillette, combraille, craquante, croquise, croustillor, festival, forestier, fougasse nature, fougasse lardons, fougasse raisins, fournette, multicéréale, pains trois céréales, retrodor, tourte du grenier, tradigraine, triple-alliance, etc. La quantité d'informations

1. Voir l'article de Frédéric Potet, « La fièvre du pain », *Le Monde*, 13 décembre 2005.

sur le pain a tellement explosé en quelques années que le consommateur se retrouve aussi perdu devant une boulangerie que le touriste candide devant le labyrinthe des vins de France.

La diversité atteint même les services. Le *New York Times*, dans un article reproduit par *Le Monde* [1], décrit la tendance des restaurants à offrir une quantité croissante de plats et d'options. Le titre de l'article exprime exactement notre propos : « Les joies du repas gâchées par des méga-cartes ». Autrement dit, le plaisir est dégradé par la charge mentale. Les mots les plus souvent entendus dans les salles de restaurant de New York sont désormais : « Expliquez-nous la carte ! » Autrement dit, la diversité se paie en besoin et en effort d'information.

Une conséquence directe sur les modes d'emploi de la diversité croissante des produits est la conception de manuels couvrant plusieurs produits voisins à la fois afin de réduire les coûts. L'usager est confronté à des textes qui ne concernent pas la version du produit qu'il a acquise et se heurte en permanence à la formule irritante « selon version ou modèle ». Ainsi, le mode d'emploi d'un téléphone domestique sans fil porte à la fois sur la version sans répondeur et sur celle avec répondeur et fait figurer à la suite les unes des autres et de manière peu distincte des informations concernant l'un ou l'autre produit.

Au final, soit l'information nécessaire est cachée — disparition de la documentation commerciale et des noms communs, chemins complexes pour atteindre les aides, modes d'emploi absents ou séparés des produits, etc. —, soit elle est alourdie, la commodité, la portabilité, la flexibilité et la diversité des produits exigeant dès lors chez l'utilisateur une forte mobilisation mentale. Le fait que l'information soit cachée ou alourdie fait reposer une charge mentale accrue sur les utilisateurs. Plus les produits nous simplifient la vie, plus ils nous obligent à réfléchir, à mémoriser et à faire attention. On peut donc dire que la modernité facilite la vie concrète mais complexifie la vie mentale.

1. Frank Bruni, « Joys of Dinner are Consumed by Mega-Menus », *New York Times*, 2 avril 2005.

D'ÉNORMES DÉFAILLANCES DE RÉDACTION

Après avoir examiné les rapports entre les produits (le *hard*) et les modes d'emploi (le *soft*), nous allons analyser les graves défaillances de rédaction et de traduction, dont chacun d'entre nous fait l'expérience plus souvent qu'à son tour.

Derrière ces manques se cachent des structures qui forment en quelque sorte le métalangage défaillant des modes d'emploi. Pour l'analyser, je distinguerai cinq catégories de défaillances : les défauts d'argumentation, l'excès de technicité, les fautes logiques, les incantations juridiques et la complexité des connexions logiques.

Défauts d'argumentation

L'impression universelle ressentie devant les modes d'emploi est leur caractère énigmatique. Contrairement à ce que nous pourrions penser, une part très importante de ce caractère énigmatique provient d'erreurs de rhétorique, non d'un excès de technicité. J'en ai été le premier surpris en passant systématiquement en revue la centaine de modes d'emploi que j'ai rassemblée à mon domicile.

Que faut-il entendre par *défauts d'argumentation* ? Je reprends ici la notion d'argumentation telle que définie par le linguiste français Oswald Ducrot, sans toutefois lui donner une dimension aussi sophistiquée. En voici un exemple tiré d'une recette de cuisine, qui peut être assimilée à un mode d'emploi. Si cette recette dit « Ajoutez un peu de sucre », c'est peu précis. En revanche, si la recette mentionne tel ou tel détail, nous comprenons mieux la quantité à ajouter, même si le volume n'est pas indiqué en termes mathématiques. Supposons que la recette dise « Ajoutez un peu de sucre pour adoucir l'acidité de la préparation ». Nous avons une meilleure idée de la quantité à ajouter : juste pour atténuer l'acidité. Si maintenant la recette indique « Ajoutez un peu de sucre si vous aimez le contraste salé-sucré », nous savons que la quantité à ajouter est relativement libre et dépend de nos préférences. L'argument est donc un acte de langage qui permet de conclure à partir d'une hésitation, car il précise et explique. Un des problèmes majeurs des modes d'emploi est qu'ils manquent de force argumentative, comprise dans ce sens. Nous nous trouvons devant des énoncés bruts, dénués d'arguments permettant de conclure clairement, ce qui nous conduit à ne pas comprendre ou à nous égarer. En voici plusieurs exemples.

Le premier concerne les ascenseurs d'un bâtiment administratif aux États-Unis dans les années 1960[1]. À proximité des ascenseurs, les usagers découvraient un panneau indiquant :

> S'il vous plaît
> Montez d'un étage
> Descendez de deux étages
> Pour un meilleur fonctionnement des ascenseurs

Cette consigne intriguait les utilisateurs. Ils pensaient en grande majorité qu'un dysfonctionnement affectait l'étage concerné et celui du dessous. Un abîme de perplexité s'ouvrait devant eux quand ils découvraient un panneau identique à chaque étage. Il manquait un acte de langage donnant sa force argumentative à l'énoncé. Il fallait dire : « Si vous montez d'un seul étage ou descendez seulement d'un ou deux étages, empruntez les escaliers ; cela augmentera la disponibilité des ascenseurs. » Quelques mots ajoutés auraient suffi à donner une force argumentative à une directive obscure pour la rendre compréhensible.

Le mode d'emploi d'un four programmable comprend deux sections aux intitulés d'une totale imprécision : « Si le four s'éteint automatiquement » et « Si le four s'allume et s'éteint automatiquement ». Ces intitulés visent-ils des mesures à prendre en cas de dysfonctionnement ou décrivent-ils un comportement normal du four ? En réalité, ces sections concernent la façon de programmer respectivement l'arrêt automatique, et le démarrage et l'arrêt automatiques. Il manque à un énoncé plat et imprécis une valeur

1. Exemple décrit par A. Chapanis, « Words, Words, Words », art. cité.

argumentative du type : « Si vous voulez que le four s'éteigne automatiquement » ou « Si vous voulez que le four s'allume et s'éteigne automatiquement ».

L'argument nécessaire ne prend pas forcément la forme de mots supplémentaires. Par exemple, dans les anciennes versions de l'agenda électronique Outlook de la suite bureautique Microsoft Office, il fallait cliquer sur le bouton « Aller à ce jour » pour se replacer au jour en cours, ce qui prêtait à confusion. De quel jour s'agissait-il ? Celui sur lequel nous venions d'inscrire un rendez-vous ? Celui sur lequel nous nous trouvions juste avant ? Le jour d'aujourd'hui ? Dans la dernière version du logiciel, le bouton s'intitule sans ambiguïté « Aujourd'hui ». On a économisé trois mots, tout en exprimant l'argument sous forme condensée : « Aller à ce jour d'aujourd'hui ». Un argument peut être résumé par un mot.

Les figures 6 et 7 illustrent une comparaison instructive entre une rédaction dépourvue d'argument et une rédaction argumentée. Il s'agit de deux versions d'une lettre administrative présentée par le Comité d'orientation pour la simplification du langage administratif (COSLA). La figure 6 reproduit la lettre originale défaillante. Le défaut rédactionnel a clairement pour origine un manque d'argumentation : la relation entre le déménagement et le changement des droits n'est pas expliquée. La version améliorée illustrée à la figure 7 introduit des arguments permettant de comprendre l'évolution de la situation. Le texte de la version améliorée est plus long que celui de la version originale, mais il est plus facile à comprendre.

Rédaction dépourvue d'arguments

[...]

Le 12 février 2002

AVIS DE DROITS
ET PAIEMENTS

Monsieur,

Nous avons modifié les informations concernant votre logement.
Vous avez déménagé.
Nous avons donc étudié vos droits. Ils changent à partir du 01.02.2002.
Pour connaître le montant mensuel de vos prestations, regardez le ou les tableaux ci-dessous.

Votre Caisse d'Allocations Familiales.

LES DROITS A PARTIR DE FÉVRIER 2002 :

MRAAH MR	ALS				RETENUE SUR MONTANT TOTAL	MONTANT MENSUEL A PAYER EN EUROS
545,83	SUPPRIME				56,78	489,04

Dont 489,04 euros seront versés à...

CODIFICATION INTERNE AU SERVICE

Figure 6. Lettre administrative (version originale)
Source : Comité d'orientation pour la simplification du langage administratif.

Rédaction argumentée

[...]

Objet : **suppression de votre A.L.S.***

Monsieur,

Vous nous avez informé de votre déménagement et de la modification de vos frais de logement.

Ce changement entraîne donc un nouveau calcul de vos droits aux allocations logement.

Nous avons le regret de vous annoncer que vous ne pouvez plus recevoir l'A.L.S. **à partir du mois de février 2002.** Au total, vous ne recevrez plus que la somme de **489,04 euros.**

Le tableau ci-dessous vous indique la nouvelle répartition de l'ensemble de vos allocations.

Vos droits à partir de février 2002

A.A.H.**	**A.L.S.**	**Retenue sur montant total**	**Total de vos droits**
545,83 euros	Supprimée	56,78 euros	489,04 euros

Le total de vos droits, c'est-à-dire **489,04 euros**, vous sera versé le 06 de chaque mois.

Si vous contestez ce calcul ou si vous désirez des renseignements complémentaires, vous pouvez contacter M. X au numéro de téléphone 00 00 00 00 00.

Bien respectueusement.

Pour la Caisse d'Allocations Familiales de LLL
M. Y

* Allocation Logement Social
** Allocation Adulte Handicapé

Figure 7. Lettre administrative (version améliorée)

Source : Comité d'orientation pour la simplification du langage administratif.

L'absence d'argument est ce qui rend si souvent les modes d'emploi involontairement comiques. On trouve, par exemple, dans le manuel d'une machine à laver le linge cette indication : « Le lavage suffit pour laver du linge normalement sale. » L'effet est comique parce qu'il manque l'argument précisant que la machine ne peut venir à bout de salissures extrêmement résistantes. Le même effet comique est produit par la recommandation suivante inscrite sur la boîte d'un thermomètre médical : « Ne pas utiliser oralement après un usage rectal [1]. » Il aurait fallu ajouter à cette recommandation les arguments suivants : « En raison des risques d'infection, désinfecter à fond après chaque usage » et « Usage rectal uniquement ». Une des figures de rhétorique les plus répandues du comique est l'absence d'argument. Si je dis : « Il pleut, ne prenez pas de parapluie », c'est drôle. Mais si j'explique : « Il pleut, ne prenez pas de parapluie, car nous allons marcher longtemps et vous serez plus à l'aise avec une veste et un chapeau imperméables », l'effet comique disparaît.

La faiblesse argumentative des aides des biens de consommation provient de la volonté des rédacteurs d'écrire de façon simple, donc brève. Il s'agit toutefois d'une fausse simplicité, qui égare ou fait hésiter l'utilisateur, lui compliquant inutilement la vie. Il y manque l'argument permettant de conclure. Par exemple, les logiciels de bureautique de Microsoft comportent des boutons Quitter et Fermer. Ces énoncés d'apparence simple créent en réalité une incertitude. Nous ne savons pas lequel des deux boutons ferme le fichier en cours et lequel ferme le logiciel lui-même. Il suffirait d'ajouter deux mots d'argument « Quitter le logiciel » — autrement dit « Cliquer ici pour fermer le logiciel » — et « Fermer le fichier » — autrement dit « Cliquer ici pour fermer le fichier sans fermer le logiciel » — pour faire disparaître l'ambiguïté et conclure. La lettre administrative précédente montre qu'il faut parfois plus de mots pour être mieux compris.

Excès de technicité

Les usagers que nous sommes expérimentons quotidiennement l'excès de technicité de la rédaction des aides. En voici quelques exemples parmi d'autres. Dans le mode d'emploi d'un fer à repasser, on peut lire, concernant le disjoncteur : « [...] prière de vous assurer qu'il s'agit d'un interrupteur de protection sensible aux impulsions de courant », comme si le commun des mortels pouvait comprendre ce qu'est un « interrupteur de protection sensible aux

1. « Les plus belles gaffes du marketing », *60 millions de consommateurs*, n° 396, juillet-août 2005.

impulsions de courant». Le manuel d'un lecteur de DVD de salon indique «Commutez le sélecteur d'entrée du téléviseur sur le lecteur [...]», comme si les mots «commuter» et «sélecteur d'entrée» étaient utilisés dans le langage courant. Le long des autoroutes et voies rapides, il arrive de voir inscrit sur un panneau «BAU neutralisée sur 2 km», comme si les automobilistes savaient que BAU veut dire «bande d'arrêt d'urgence».

Il est non moins étonnant de trouver dans quantité de modes d'emploi des concepts aussi étrangers au sens commun que «la dureté de l'eau» (pour les machines à laver le linge et la vaisselle ou les produits de lessive), les «fréquences vocales ou décimales» (pour les téléphones domestiques) ou les «lignes dégroupées» (pour les accès haut débit à Internet). Nous sommes littéralement submergés de termes techniques que les ingénieurs et techniciens supposent être entrés dans la langue courante, alors que nous en avons une compréhension nulle ou incertaine. Par exemple, l'expression «écraser un fichier» revient fréquemment dans les documentations d'installation de logiciels familiaux. Je serais curieux de connaître le nombre d'utilisateurs qui savent qu'elle signifie «remplacer un fichier par un équivalent actualisé» puisqu'on n'en trouve nulle part de définition.

Fautes logiques

Après les défauts d'argumentation et les excès de technicité, le troisième type de défaillance de la documentation technique concerne les innombrables fautes logiques. Cette carence de logique est d'autant plus étonnante que nous serions en droit d'attendre qu'elle nous soit épargnée compte tenu de l'environnement scientifique et technique dans lequel ces aides sont rédigées. Nous proposons ci-après une typologie des différentes fautes logiques rencontrées fréquemment dans les modes d'emploi.

Contradictions. Le manuel d'un autocuiseur de riz prévient : «Quand la cuisson sera terminée, [...]. Attendez vingt minutes que le riz achève de cuire.» Le mode d'emploi d'un four à micro-ondes contient, sur une même page, les deux phrases contradictoires suivantes : «Vous ne pouvez mémoriser qu'une puissance de micro-ondes par touche. Les puissances successives ne sont pas acceptées» et «Vous pouvez régler jusqu'à trois puissances de micro-ondes qui s'enchaînent automatiquement».

Changements de mots pour un même objet ou mots inexacts. Ce même manuel d'autocuiseur utilise en deux pages trois mots différents pour désigner le socle («base», «cuiseur» et «appareil») et deux mots pour l'autre partie («bol», «récipient amovible»). Sur une cuisinière électrique, le bouton permettant de choisir les différentes fonctions du four est intitulé «guide de cuisson»! Jusqu'à une date récente, le signe «N°» suivi d'un nombre sur les passeports français ne désignait pas le numéro du passeport. Le numéro du passeport était un autre nombre, non précédé du signe «N°». Bien entendu, la majorité des titulaires donnait en toute logique comme numéro de passeport le nombre précédé du signe «N°». Je n'ose imaginer le nombre de visas qui ont été attribués à des Français de bonne foi avec un faux numéro de passeport!

Indications dans un sens non chronologique. Sur un plat à réchauffer figure la consigne : «Réchauffez le sachet de viande 1 min, puis 2 min l'ensemble. Placez les sachets dans une assiette après les avoir percés de quelques trous.» La dernière phrase stipule une action qui doit être conduite en tout premier. Comme nous l'avons vu précédemment, un grand nombre de programmes de télévision donnent les émissions du petit matin sur les pages, non du jour mais du jour précédent. Une émission qui débute à trois heures du matin le jeudi est ainsi indiquée à trois heures le mercredi. Ce biais logique d'apparence anodine est en réalité extrêmement trompeur.

Compositions floues : chaos de signatures sur le cuirassé Missouri *et vols de papillons en Floride.* La composition géométrique du texte peut conduire à des confusions ou hésitations. Ce problème affecte particulièrement les imprimés au sens large. Quand nous devons signer un imprimé, il arrive fréquemment que nous ne sachions où le faire : au-dessus ou en dessous du nom? En voici une illustration historique aussi extraordinaire que méconnue[1]. Il s'agit de la signature de l'acte de capitulation du Japon, le 2 septembre

1. Bien que les acteurs de cette scène historique soient tout sauf ordinaires, le positionnement des signatures est un problème d'information ordinaire susceptible d'être rencontré par chacun d'entre nous.

1945, sur l'USS *Missouri*, dans la baie de Tokyo [1]. Beaucoup d'entre nous ont vu les images des représentants du Japon humiliés sur le navire de guerre américain devant des centaines de militaires des forces alliées en grand uniforme les observant formaliser leur capitulation sans condition. Les titres des signataires figuraient sous un trait, et ceux-ci devaient signer au-dessus du trait. Mais cette disposition était trompeuse. Comme elle produisait l'effet d'une succession de cases, on pouvait croire qu'il fallait signer dans la case sous son titre. Les premiers signataires ont signé à l'endroit prévu, mais le représentant du Canada, le général L. Moore Cosgrave, s'est trompé et a signé sous son nom. À sa suite, tous les autres signataires ont décalé spontanément leur signature, aboutissant à une disposition inexacte, comme l'illustrent les figures 8 et 9. Les choses auraient pu en rester là si le diplomate japonais qui assistait son ministre des Affaires étrangères, Shigemitsu, n'avait perçu le problème — il comprenait l'anglais, et un échange entre Alliés avait eu lieu au moment de l'erreur. Bien entendu, il sauta sur cette occasion inespérée de sauver la face de son pays devant les vainqueurs et refusa catégoriquement devant tous les participants l'acte ainsi signé, déclarant que l'empereur ne saurait accepter un document faux. Très embarrassé, l'aide de camp du général MacArthur hésita, alla consulter le général, revint... Des officiels alliés tentèrent en vain de convaincre les Japonais d'accepter le document tel quel, après quoi ils durent « capituler ». Un officier américain s'assit devant les représentants japonais, qui se tenaient comme des maîtres d'école devant un élève — avec toute l'assemblée debout sur le pont ; il entreprit de barrer les titres figurant au-dessous des signatures et du trait et de récrire en s'appliquant les titres correspondant aux signatures. Satisfaits, les officiels japonais, qui tenaient là une ultime revanche, certes minime, mais ô combien symbolique, acceptèrent le document [2].

1. On peut voir le détail de la cérémonie, dont l'incident des signatures, dans la première partie du documentaire de Serge Vialet diffusé le 21 septembre 2005 sur la chaîne de télévision française Arte.

2. Curieusement, le document conservé aux Archives nationales des États-Unis est signé correctement. On peut avancer plusieurs hypothèses : a) les autorités alliées ont refait signer correctement par chacun l'acte de capitulation ; b) l'exemplaire conservé par les Alliés ne comportait pas l'erreur ; c) d'autres originaux ont été signés hors séance, cette fois correctement, et celui des Archives américaines est l'un d'eux ; d) le document des Archives américaines a fait l'objet d'une recomposition photographique.

Exemple de composition floue d'un imprimé.

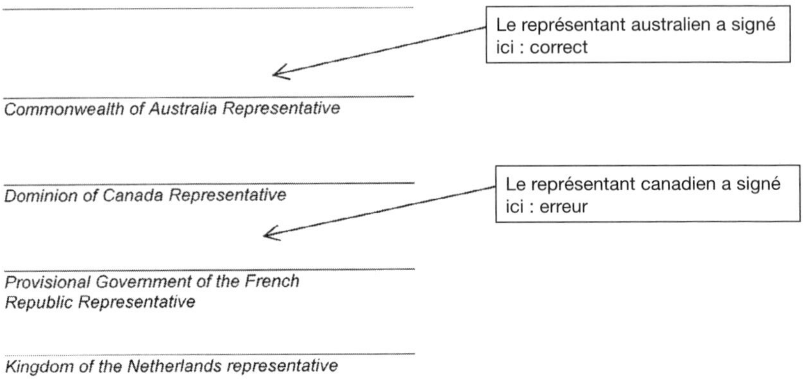

Figure 8. La disposition des signatures sur l'acte de capitulation du Japon, le 2 septembre 1945, refusée par la délégation japonaise

Exemple de composition floue d'un imprimé (suite)

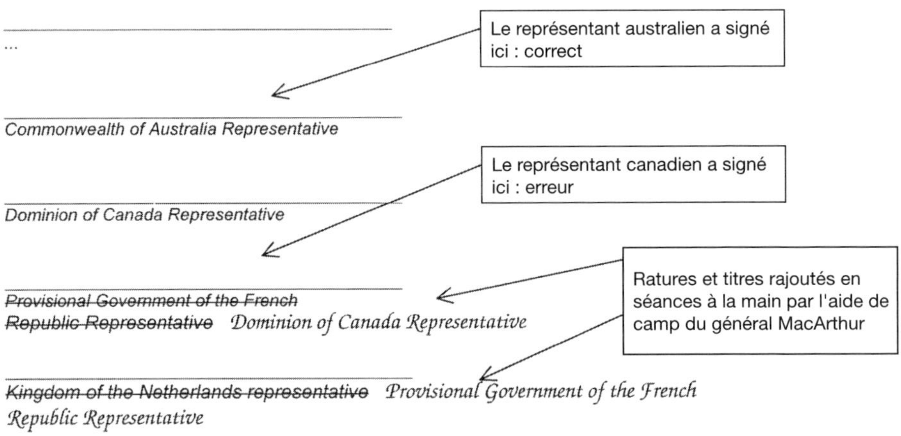

Figure 9. La disposition des signatures acceptée par la délégation japonaise

Dans le registre des compositions administratives floues célèbres, on ne peut manquer d'évoquer celle qui conduit Zézette, dans la comédie *Le Père Noël est une ordure,* à signer sur un imprimé administratif « épouse X » et à répondre « ça dépend » quand il faut dire « oui » ou « non », alors que « ça dépend, ça dépasse ! » comme le lui fait remarquer son acolyte travesti. Les problèmes de l'information ordinaire sont trop envahissants pour ne pas se retrouver dans l'histoire et la fiction.

Un autre problème historique de composition graphique, que l'on pourrait intituler « vols de papillons en Floride », est la disposition du bulletin de vote « papillon[1] » de Palm Beach, lors de l'élection présidentielle qui opposa George W. Bush et Al Gore en 2000 *(voir figure 10).* Il fallait percer un trou au centre du « papillon » en fonction de son choix. Un grand nombre d'électeurs ont cru à tort que le deuxième rond correspondait à Al Gore parce qu'il était positionné en deuxième sur la liste de gauche. En réalité, pour voter pour Al Gore, il fallait percer le troisième rond, le percement du deuxième équivalant à voter pour Buchanan, lequel obtint un score anormalement élevé dans cette circonscription. La disposition des rectangles décalés de part et d'autre des ronds conduisait nécessairement à la confusion. L'attribution de numéros illogiques aux ronds, par exemple « 3 » pour le premier rond, la renforçait. Si l'on avait voulu inventer une composition forçant les électeurs à se tromper, on n'aurait pas fait mieux. On est saisi de vertige en songeant que ce problème de présentation graphique a peut-être coûté la victoire à Al Gore…

Il est cocasse que ces deux incidents historiques, celui de l'acte de capitulation du Japon en 1945 et celui du vote à Palm Beach en 2000, aient une même origine graphique : le positionnement ambigu de rectangles sur la surface d'un imprimé.

1. Le bulletin était appelé papillon en raison de l'existence des deux volets, de part et d'autre des trous à percer.

*Autre exemple de composition graphique floue :
le bulletin de vote de Palm Beach, lors de l'élection
présidentielle américaine de 2000*

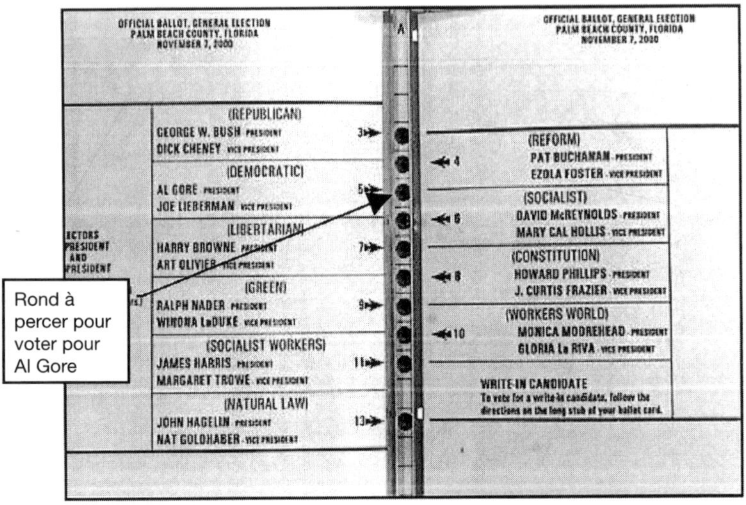

Figure 10. « Vols de papillons en Floride »

La figure 11 présente un exemple banal qui résume toutes ces fautes logiques. Il s'agit d'un extrait du mode d'emploi d'une plaque électrique de cuisson vitrocéramique.

Fautes logiques

Plats	Quantité	Position Chauffage rapide 9 en minutes	Position de mijotage	Temps de cuisson total, en minutes
poêler steaks	2-4 poulets	3 - 4	7 - 8	5 - 10 min.

Figure 11. Mode d'emploi d'une plaque de cuisson (extrait)

On constate d'abord une contradiction ou une imprécision — s'agit-il de steaks ou de poulets ? Ensuite les chiffres « 7. – 8. » ne sont pas clairs — correspondent-ils à des minutes ou à des positions ? La précision « min » pour minutes n'est pas systématique : « 5 – 10 min » désigne clairement des minutes, mais qu'en est-il de « 3 – 4 » ?

Incantations juridiques

Une autre dimension de la rédaction des modes d'emploi est leur orientation *juridique*. Tout ou partie des textes a pour objectif de dégager la responsabilité du producteur et du vendeur en cas d'incident. Il existe des cas d'accidents graves, notamment l'un d'eux relatif au frein de parking automatique, dans lesquels la justice n'a pas condamné le fabricant parce qu'il avait fait figurer un avertissement dans la notice. Il ne s'agit pas à proprement parler de défaillances de rédaction, mais plutôt d'éléments qui alourdissent et compliquent l'information destinée aux utilisateurs.

Les produits qui viennent des États-Unis sont particulièrement concernés, compte tenu du légalisme américain. On le voit sur les écrans d'installation des logiciels, qui s'accompagnent de longs textes juridiques, appelés *disclaimers*, qu'il faut approuver. On le voit aussi, toujours outre-Atlantique, dans les manuels pour automobiles qui contiennent des dizaines de pages sur toutes les précautions à prendre. Aujourd'hui, ce phénomène s'étend bien au-delà des États-Unis. Les modes d'emploi sont remplis d'avertissements dont le but n'est pas d'aider l'utilisateur, mais de dégager la responsabilité du fabricant en cas d'incident.

Ces incantations juridiques sont d'autant plus irritantes que le consommateur constate souvent que le volet juridique est mieux traité que la partie « aide » proprement dite. Ainsi, dans le manuel d'un aspirateur portable, la partie juridique est-elle présentée avec soin, alors que le reste est bâclé. À lire attentivement un mode d'emploi, on trouve souvent des recommandations insistantes, aux arrière-pensées juridiques, alors même que ce mode d'emploi est difficilement compréhensible. J'ai acquis un ordinateur dont pratiquement les seuls manuels fournis à la livraison étaient des textes juridiques. Toutes les aides elles-mêmes devaient être recherchées en ligne. L'écart entre la qualité de la rédaction juridique et la pauvreté de la rédaction technique vient du fait que la première est assurée par le service juridique du fabricant, qui pèse chaque mot, alors que la seconde est négligée. La palme en la matière peut être attribuée à un fabricant de nettoyeurs haute pression. Après trois pages de consignes de sécurité, le mode d'emploi présente un schéma de branchement comportant une erreur grossière : la sortie haute pression est présentée comme l'arrivée d'eau basse pression, et inversement.

S'agissant de la structure rhétorique des textes à visées juridiques, ceux-ci constituent un cas unique d'information publique dans laquelle le ridicule est *volontaire.* Pour dégager à coup sûr leur responsabilité, les fabricants sont tentés d'interdire toutes sortes de pratiques, fussent-elles les plus stupides. Cette figure de rhétorique résulte en un abondant bêtisier, dont on peut trouver un échantillon dans la revue *60 millions de consommateurs*[1]. À propos d'une trottinette pour enfant : « Mobile en cas d'utilisation. » Sur l'emploi d'un landau : « Ôter l'enfant avant de replier. » Sur l'emballage d'un mixeur électrique : « Ne jamais ôter les aliments quand le produit fonctionne. » Concernant un écran opaque de pare-brise : « Ne pas laisser le pare-soleil en place sur le pare-brise lorsque vous roulez. » Sur une boîte d'hameçons pour la pêche : « Ne pas avaler, nocif. » Etc.

Complexité des connexions logiques

Une des difficultés de compréhension majeures de la documentation technique grand public, notamment des textes et imprimés administratifs, a pour origine la complexité des structures logiques formées par des connecteurs tels que « et », « ou », « si », « alors », exprimant la conjonction, la disjonction ou la condition. Jean-François Richard et ses collègues, cités par Jacques Leplat[2], ont observé beaucoup d'erreurs d'interprétation du texte suivant sur les droits d'allocation chômage : « Pour avoir droit, il faut remplir les trois conditions suivantes : a) vous avez perdu votre emploi ; b) vous êtes à la recherche d'un emploi ; c) vous avez un minimum de trois mois

1. « Les plus belles gaffes du marketing », art. cité.

2. J. Leplat, « Éléments pour l'étude des documents prescripteurs », art. cité, pp. 195-216

de travail salarié dans l'année qui précède la perte d'emploi.» Plus du tiers des administrés pense qu'une condition suffit : la perte d'emploi. Ces mêmes auteurs ont étudié la compréhension de la phrase suivante définissant une catégorie : «Vous avez travaillé douze mois dans les vingt-quatre derniers mois ou six mois dans les douze derniers mois et dix ans dans les quinze ans.» Beaucoup ignorent le «et» et comprennent : «Vous avez travaillé douze mois dans les vingt-quatre derniers mois ou six mois dans les douze derniers mois.»

La ligne concernant la redevance audiovisuelle apparue dans la déclaration de l'impôt sur le revenu de 2005 illustre bien la difficulté de compréhension des connexions logiques. Cette ligne était : «Si, au 1er janvier 2005, aucune de vos résidences n'est équipée d'un appareil récepteur de télévision, cochez la case.» Le taux de cases cochées a dépassé dans des proportions considérables le taux de contribuables sans téléviseurs. Cela ne peut s'expliquer par les seules tentatives de fraude. Il est probable que des contribuables ont eu du mal à combiner un connecteur conditionnel «si», une négation littérairement exprimée et la règle non intuitive selon laquelle c'était ceux qui n'avaient rien à déclarer qui devaient se manifester.

Lev N. Landa s'est intéressé à la compréhension des structures logiques des notices. Il estime que les connecteurs logiques pourraient être remplacés par des «logigrammes [1]», que l'utilisateur suivrait comme un itinéraire. Jacques Leplat [2] reproduit, en l'adaptant, l'exemple de Landa illustré à la figure 12.

La figure 13 donne un exemple de texte transformé en «logigramme» sous la forme d'un tableau immédiatement compréhensible : «Si les salariés ont moins de 60 ans, ils ne peuvent pas être mis à la retraite. En revanche si les salariés sont âgés de 60 ans et plus, ils peuvent être mis à la retraite à condition d'avoir cotisé 160 trimestres [3].»

1. L'auteur n'utilise pas ce terme de «logigramme».
2. Exemple de Lev N. Landa adapté par J. Leplat, «Éléments pour l'étude des documents prescripteurs», art. cité.
3. Texte fictif, mais réaliste.

Texte administratif transformé en « logigramme »

« Vous devez remplir une déclaration communale si vous devez remplir une déclaration préfectorale et même si vous ne devez pas remplir une déclaration préfectorale, vous devez néanmoins remplir une déclaration communale si vous relevez d'une de ces trois conditions (conditions 1, condition 2, condition 3). »

Landa transforme la rhétorique constituée de connecteurs logiques en un itinéraire ainsi conçu :

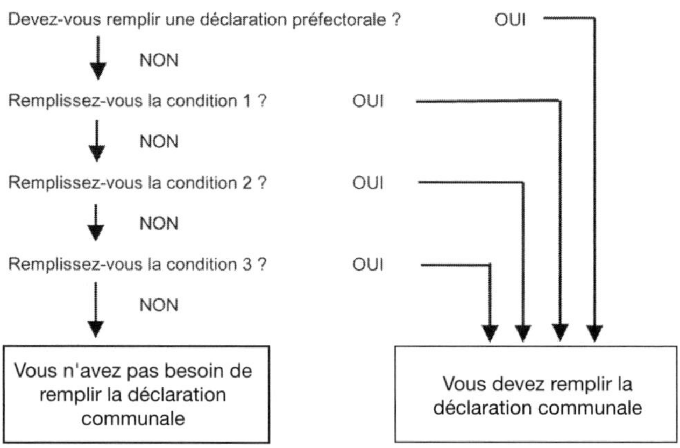

Figure 12. Exemple de Landa

« Logigramme » d'une règle administrative

Il a moins de 60 ans	**Il a 60 ans ou plus**	
	Il a moins de 160 trimestres de cotisations	*Il a 160 trimestres de cotisations ou plus*
NON	NON	OUI

Figure 13. Texte transformé en « logigramme ».

*Quantité d'énoncés, notamment administratifs, pourraient être transformés en « logigrammes ». C'est le cas de l'exemple cité précédemment sur la redevance ausiovisuelle. Un « logigramme » en lieu et place d'une question littéraire non intuitive réduirait certainement le taux d'erreurs de bonne foi. Encore faudrait-il accepter de dépasser la fausse notion de simplicité. Un « logigramme », parce qu'il occupe plus d'espace, semble plus complexe qu'un texte de quelques lignes. En voulant simplifier la remontée d'informations sur la redevance audiovisuelle, l'administration des impôts a rédigé son texte d'une telle façon que 95 % des contribuables ne se sentent pas concernés. Si elle avait simplement demandé : « Avez-vous un appareil récepteur de télévision dans votre ou vos résidences ? » avec une case « oui » et une case « non », tout le monde aurait certes dû se prononcer — en ce sens ç'aurait été moins simple —, mais au moins sans équivoque.

Conclusion sur les défaillances de rédaction

Les défaillances rédactionnelles ne viennent pas uniquement d'un excès de technicité. Trois types de défaillances autres que les excès de technicité sont constatés : les défauts d'argumentation, les fautes logiques et la complexité des connecteurs. Ces trois dernières défaillances relèvent de problèmes de rhétorique. Des insuffisances de rhétorique sont donc à la source d'une bonne partie de la mauvaise qualité des aides. Un mode d'emploi dénué d'excès de technicité peut être rendu incompréhensible en raison de fautes ou de difficultés rhétoriques, comme nous l'avons vu pour les ascenseurs.

La figure 14 illustre ces deux dimensions, les excès de technicité et les défauts d'argumentation, en utilisant deux axes, l'un allant de la rédaction trop technique à la rédaction simple et l'autre de la rédaction non argumentée à la rédaction argumentée. Si nous considérons ces deux dimensions, une aide peut être simple sur l'axe technique/simple, mais incompréhensible, car dénuée de tout argument, sur l'axe argumenté/non argumenté. On peut classer sommairement les différents types d'aides sur ces deux axes. Les recettes de cuisine figurent plutôt dans le quart inférieur droit :

elles sont généralement rédigées simplement, mais peu argumentées — nous ne savons pas si tel additif est essentiel ou optionnel, par exemple. Les programmes de télévision sont à la fois simples — ils comportent peu de termes techniques — et argumentés — on nous explique ce que nous allons voir. Je les ai placés en haut à droite. Les notices de médicaments sont à la croisée des deux axes. Certains énoncés sont simples — « comprimé à avaler le soir au coucher » —, d'autres très techniques — énumération des principes actifs, etc. Ces notices sont en partie argumentées — « risque de somnolence », par exemple — et en partie non argumentées — les notices refusent d'expliquer comment agit le médicament. Les modes d'emploi des produits portables et flexibles appartiennent au quart inférieur gauche : ils sont le plus souvent à la fois complexes et peu argumentés. En revanche, les notices des automatismes sophistiqués sont plutôt à placer en haut à gauche. Leur rédaction reste très technique, mais elle est argumentée. En effet, la subtilité de l'automatisme oblige le fabricant à expliquer à l'utilisateur la problématique du dispositif. C'est le cas, par exemple, du régulateur de vitesse ou du système RDS de suivi des stations de radio en modulation de fréquences. Les notices des produits de beauté appartiennent aussi à cette zone, mais pour d'autres raisons : la technicité rédactionnelle donne une coloration technologique au produit et l'argumentation provient du marketing classique de la démonstration commerciale.

Les rédactions techniques en fonction du degré de technicité et du degré d'argumentation

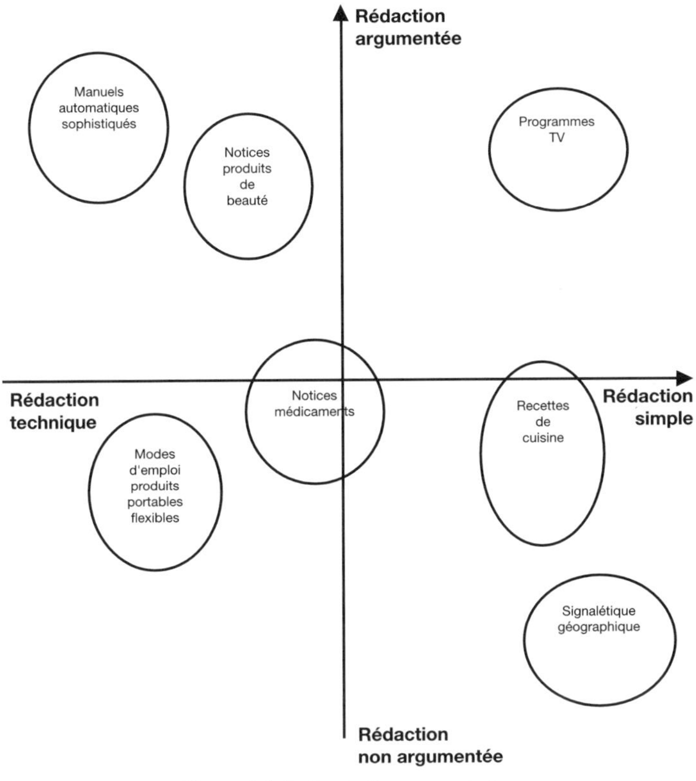

Figure 14. Défauts d'argumentation

La technicité des aides s'appuie sur un attachement puissant aux traditions rédactionnelles, telles qu'un style propre à une corporation ou la qualité littéraire de l'écriture, qui détériorent la lisibilité. Une expérience intéressante a été effectuée dans la marine canadienne[1]. Deux mémos au contenu similaire ont été présentés à

1. Barbara COUTURE, « Categorizing Professional Discourse. Engineering, Administrative, and Technical/Professional Writing », *Journal of Business and Technical Communication*, vol. 6, n° 1, janvier 1992, pp. 5-37, cité par Réjean ROY, « Les outils d'aide à la rédaction : une solution aux besoins francophones en matière de rédaction ? », *in La*

deux cent soixante-deux officiers de marine. Le premier avait été rédigé dans le respect des règles de rédaction normalement apprises à l'université : langage concret, tournures actives, but du texte présenté d'entrée de jeu, etc. Le second avait été écrit sans s'en préoccuper : phrases longues et complexes, tournures passives, but du texte enfoui profondément et ainsi de suite [1]. Le résultat extraordinaire de cette étude est que les officiers ont mieux compris le premier mémo, mais qu'ils ont davantage apprécié le second, « parce qu'il respectait le style de langage de la marine ». Autrement dit, les militaires préféraient un texte obscur, mais respectant les habitudes rédactionnelles de leur corporation, à un texte clair, mais écrit dans un style étranger. Ce résultat rejoint une autre enquête qui a démontré que les cadres d'entreprise jugeaient plus important d'écrire comme on le faisait dans les milieux d'affaires que de rédiger correctement [2].

La pratique confirme ces enquêtes. Combien de fois ai-je constaté la difficulté pour des juristes d'accepter un texte de vulgarisation utilisant des tournures, des expressions et des mots se situant hors de l'univers juridique. Si les textes réglementaires sont si rarement présentés sous forme de « logigramme [3] », cela tient à la résistance des spécialistes du droit à utiliser un langage hors de leurs références. Compte tenu de cette résistance, on comprend mieux la propension de la rédaction technique à la complexité. Les rédacteurs des modes d'emploi ou ceux qui les contrôlent sont généralement de culture scientifique et doivent avoir beaucoup de difficultés à abandonner un style de rédaction excessivement technique, profondément ancré dans leur culture comme dans leur psychologie.

De même, les bulletins météo sont parfois rédigés avec le souci de soigner la qualité littéraire : mots peu utilisés, phrases longues, termes variés. Mais cela complique l'écoute ou la lecture. Le champion de l'écriture littéraire des bulletins météo est Joël Collado, sur France Inter et France Info, au demeurant un expert reconnu.

Rédaction technique. Actes du séminaire de Bruxelles des 24 et 25 novembre 1997, Bruxelles, Duculot, 2000, p. 42.

1. *Ibid.*
2. *Ibid.*
3. Voir ci-dessus, p. 88.

Un auditeur s'en plaint sur son blog (Temesis) : « J'ai toujours un mal fou à suivre et à comprendre les bulletins météo de Joël Collado », ce que confirment plusieurs de ses correspondants. Cet auditeur réclame une présentation moins littéraire, tout en concédant que « du point de vue de l'élégance du français et des tournures de style, on y perdrait certainement » et qu'on regretterait que « ce ne soit plus un clone de Victor Hugo qui soit chargé de présenter la météo ». L'extrait cité du bulletin météo du 13 avril 2007 est édifiant : « La situation est bien agitée ailleurs avec parfois beaucoup de pluie sous un ciel bien gris du Languedoc-Roussillon à la côte varoise et aux Cévennes, notamment dans la nuit ; du Var, du Massif central et du Sud-Ouest à la Bretagne et au Cotentin, sous un ciel chaotique, ce sont plutôt des pluies discontinues mais soutenues par endroits qui, l'après-midi, se mêlent parfois de coups de tonnerre ; enfin, sur le reste du pays, soit de la baie de Seine aux Alpes et à la Corse, quelques ondées sont possibles sous un ciel changeant mais plus lumineux. » Ce texte riche en vocabulaire lu rapidement à l'antenne, concentrant une quantité de situations géographiques, temporelles et physiques, est impossible à suivre correctement. La puissance de la culture rédactionnelle est un autre facteur important, qui favorise pour sa part les défaillances logiques des aides écrites. Les règles de rédaction apprises à l'école visent à obtenir plus une qualité littéraire qu'une clarté logique. Si nous apprenons très jeunes à éviter les répétitions en employant des synonymes différents pour désigner la même chose, dans les modes d'emploi, le recours à des noms différents pour désigner un même objet constitue une faute majeure.

DES TRADUCTIONS SANS CONTRÔLE

Les effets comiques provoqués par les traductions défaillantes rempliraient à eux seuls un immense bêtisier. Je ne résiste pas au plaisir de citer quelques exemples empruntés à différentes sources. Voici le message final d'installation d'un logiciel de photo : « Le coup monté a terminé de copier des dossiers à votre ordinateur.

[...] Enlevez tous disques de leurs promenades, et alors cliquez à côté du coup monté complet[1].» Une brochure de location de voitures à Tokyo avertit : «Quand un passager de pied a en vue, flûtez le klaxon. Trompettez-le mélodieusement au début, mais s'il continue d'obstacler votre passage, alors flûtez-le avec vigueur[2].» Dans le hall d'un hôtel de Bucarest, une annonce est ainsi rédigée : «L'ascenseur sera en réparation le prochain jour. Pendant ce temps, nous regrettons que vous soyez insupportables[3].» La notice d'un pistolet à bulles fabriqué en Chine indique : «Appuyez sur la detente, le revolver laissera une grappe de bulle en couleur, en même temps, il sonne musiques deverse. La difference d'appuyer donnera le bulle et la musique différents. Tenez la detente, ça donnera une musique continue et une longue grappe. Appuyez intermittent la detente, ça donnera des musiques diverses, et elles circulent une fois. Appuyez doucement intermittent la detente, des bulles deviennent de plus en plus gros. La plus gros est gros comme un basketball[4].» Enfin, l'aide d'un logiciel nous gratifie de l'avertissement suivant : «ALCONFIG EXE setup program vous fournit de contrôler le son carte s'il travaille cinnectement et de vérifier la configuration installée du système en les situations ou vous avez besoin de[5].»

Au-delà de ces exemples extrêmes, les traductions courantes des aides révèlent un processus dénué de tout contrôle. Et c'est bien là que se situe le problème. Voici deux exemples instructifs d'absence totale de contrôle du processus.

Le premier concerne des coupe-capsules de bouteilles de vin d'un même fabricant. Ce dernier a sorti deux modèles, le second plus tard que le premier et seulement différent de celui-ci par le design. Le mode d'emploi de chaque modèle comporte une explication en anglais et sa traduction en français. C'est là que ce cas devient intéressant. La notice en anglais est identique pour les deux modèles, mais la traduction en français diffère. La traduction du premier modèle est plutôt satisfaisante, alors que celle du même

1. «Les plus belles gaffes du marketing», art. cité.
2. *Ibid.*
3. *Ibid.*
4. Christophe KERHOUSSE, «Les perles du métier», *Redtech*, http://christophe.kerhousse.free.fr/perles.php.
5. Cité par Dominique BOULIER, «Modes d'emploi : mode d'emploi», *in* J.-F. DORTIER (dir.), *Le Langage*, *op. cit.*, p. 251.

texte anglais pour le modèle plus récent est nettement moins bonne. Cela veut dire que le fabricant a non seulement oublié qu'il possédait déjà une traduction de son texte, mais qu'il a dégradé la traduction en en produisant une nouvelle. On ne peut qu'en déduire que, dans cette entreprise, le processus de traduction n'est pas réfléchi : un nouveau modèle sort, on commande automatiquement une traduction, même si elle existe déjà.

Le deuxième exemple concerne un fer à repasser. Le manuel de l'utilisateur est traduit de l'allemand en plusieurs langues. En se penchant sur ces traductions, on constate avec surprise qu'elles ne sont pas effectuées dans le même esprit selon les langues. Cela signifie que les traducteurs ont fait plus ou moins preuve d'initiative, sans que cela soit coordonné par le responsable du mode d'emploi. La traduction française est complexe, comme le montre l'extrait suivant : « Il est possible d'utiliser de l'eau du robinet jusqu'à un degré de dureté de 17 ° dH (= dureté allemande). En cas d'eau plus dure, nous recommandons un rapport de mélange de 1:1 avec de l'eau distillée. » La traduction anglaise du même texte s'efforce de simplifier l'énoncé original en éliminant la notion de « degré de dureté de 17 ° dH (= dureté allemande) », qui n'est pas connue du grand public, et remplace les signes obscurs « 1:1 » par « 50 % [...] avec 50 % [...] ». Voici le texte exact en anglais : « *Your iron has been designed to operate using tap water. However if your water is very hard, you can mix it 50 % tap water with 50 % distilled water.* » De même, concernant l'indicateur lumineux, la traduction française parle d'« Affichage DEL », sans autre explication, ce qui suppose de connaître la signification de DEL (diode électroluminescente). La traduction en espagnol s'efforce de se mettre à la portée des usagers en parlant d'un « *indicator luminoso del nivel de temperatura de la suela* ». Ces exemples soulignent à quel point les traductions ne sont pas mises sous contrôle. Ils montrent aussi que les traducteurs sont loin d'être neutres. Ils peuvent accentuer ou au contraire corriger les défauts de l'original.

Même lorsque les traductions sont apparemment sérieuses, c'est-à-dire effectuées autrement que par des logiciels de traduction automatique, on constate des erreurs confondantes. Je n'en donnerai qu'un exemple. La notice anglaise d'un broyeur de documents indique qu'il faut pousser *(push)* la corbeille dans le boîtier

— la corbeille entre dans le boîtier comme un tiroir dans son logement. Le traducteur a traduit *push* par « appuyer », comme si on disait « appuyer le tiroir » pour le fermer, ce qui rend l'explication incompréhensible. En rédaction technique des biens de consommation, le niveau de qualité des traductions est généralement extrêmement faible. Quand on sait que la qualité de la version originale laisse elle-même souvent à désirer, il est facile d'imaginer le résultat après traduction.

Mentionnons pour finir les nombreuses situations d'absence, complète ou partielle, de traduction. Il n'est pas rare que les notices aient été traduites, mais que les mots qui s'affichent sur les écrans de contrôle restent en anglais. Que peut comprendre l'usager moyen quand il lit « RESUME » sur l'écran de contrôle de son lecteur de disques DVD ? Il n'est pas censé savoir qu'il s'agit d'un mot anglais et encore moins d'un faux ami signifiant « reprendre la lecture ». Ce qu'il comprend, c'est le mot français « résumé » écrit en majuscules…

III

L'enfer des pictogrammes

UN DESSIN VAUT-IL MIEUX QU'UN LONG DISCOURS ?

L'adage selon lequel un dessin vaut mieux qu'un long discours trouve ses limites avec les modes d'emploi. Afin d'illustrer cette affirmation, ce chapitre se concentre sur un type de dessin d'information qui envahit notre environnement partout dans le monde : les pictogrammes[1]. Leur ambition est d'être compris par chacun, quelle que soit sa langue ou sa culture. Nous allons voir qu'un grand nombre de ces pictogrammes sont incompréhensibles par tous.

À Dubrovnik, haut lieu du tourisme en Croatie, un pictogramme représente un homme en maillot de bain et une femme en bikini dans un cadre barré par un gros trait rouge en diagonale. On trouve ce pictogramme à l'entrée de la salle de restaurant d'un grand hôtel du bord de mer. Il signifie que les tenues de plage sont interdites dans le restaurant. À cinq cents mètres de là, sur une petite île située en face de cet hôtel, le même pictogramme est représenté à l'entrée d'une plage. Cette fois, il veut dire exactement le contraire : il s'agit d'une plage de nudistes, et le pictogramme en interdit l'accès aux vacanciers habillés. Ce pictogramme montre qu'un dessin peut vouloir dire une chose et son contraire : devant le restaurant, il signifie « Habillez vous ! » et à la plage de nudistes « Déshabillez

1. Représentation d'une chose ou d'une idée à l'aide de l'illustration simplifiée de cette chose ou de cette idée, par exemple le dessin stylisé d'une valise pour indiquer la livraison des bagages dans les aéroports.

vous ! ». À l'entrée de la plage de nudistes, l'usager qui ne sait pas qu'il y a là une telle plage considère le pictogramme comme une véritable énigme, surtout s'il a déjà vu ce pictogramme à l'entrée du restaurant de son hôtel. Loin de remplacer un long discours, le pictogramme exige des explications.

Arrêtons-nous un instant sur le pictogramme le plus ancien connu à ce jour. Dans l'antique cité d'Éphèse, une gravure sur la chaussée représente l'empreinte d'un pied et un visage de femme [1] *(voir figure 15)*.

Pictogramme sur la chaussée de la cité grecque d'Éphèse

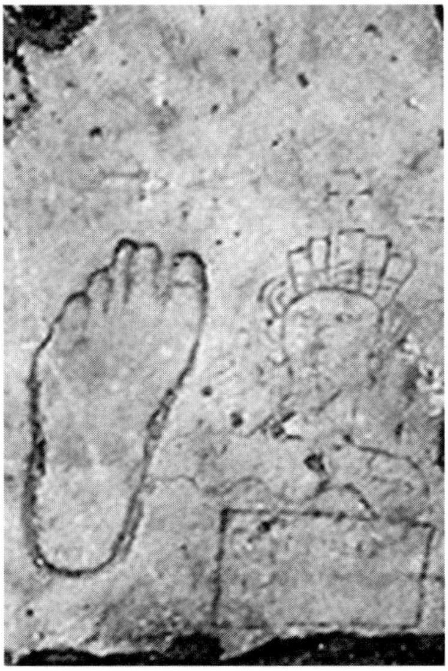

Figure 15. Empreinte de pied et visage de femme
Source : Andrys Basten.

Ce pictogramme indiquait la direction d'une maison de prostitution. Le plus vieux métier du monde nous a légué le plus vieux pictogramme du monde. On y voit cependant déjà les limites de

1. Piet Westendorp et Karel van der Waarde, « Icons : Support or Substitute ? », *Information Design Journal*, 10 (2), p. 91.

l'universalité des pictogrammes. Celui-ci est devenu pour nous une énigme. Des touristes, croyant voir des livres dans la coiffure de la femme, pensent qu'il orientait vers une bibliothèque. Aujourd'hui, une silhouette féminine associée à un indicateur de direction évoquerait plutôt des toilettes pour dames.

Des auteurs ont testé la compréhension de cinquante pictogrammes relatifs à des questions de sécurité. L'ANSI (American National Standards Institute), l'organisme de standardisation américain, a déterminé qu'un pictogramme était acceptable si au moins 85 % des personnes interrogées le comprenaient. Or ces auteurs ont observé que seulement cinq pictogrammes sur cinquante remplissaient ce critère. Plusieurs pictogrammes obtiennent des scores de compréhension si bas que moins de 3 % des personnes en saisissent le sens. Par exemple, seulement trois personnes sur cent comprennent qu'une icône représentant un parapluie et un nuage avec de la pluie signifie qu'il faut tenir l'objet concerné à l'abri en cas de pluie. Les auteurs considèrent que les cinquante pictogrammes testés sont représentatifs de l'univers des symboles imagés et concluent que peu de pictogrammes au monde satisfont le critère de l'ANSI.

Un ouvrage remarquable, *Pictogram and Icon Graphics* [1], reproduit plus de deux cents systèmes de pictogrammes existants dans le monde : systèmes de signalisation et d'identification d'objets dans des lieux publics, hôpitaux, parcs de loisirs, magasins, sites Internet, journaux, etc. Dans sa préface, le professeur d'art graphique Ruedi Rüegg fait l'éloge des pictogrammes : « Images que les gens comprennent partout dans le monde, d'où qu'ils viennent, quelle que soit leur langue, les pictogrammes les aident à trouver le chemin, à comprendre une situation, à faire ce qu'il faut. » À la vérité, cet ouvrage permet surtout de mesurer le fort degré d'illisibilité des pictogrammes. J'ai examiné attentivement chacune des deux cents planches d'une moyenne de dix images par planche qu'il reproduit et n'ai pas compris la signification d'un tiers à la moitié d'entre elles. Il m'a fallu me reporter aux explications pour en saisir le sens. J'ai fait la même expérience avec un autre catalogue, *Mute* [2],

1. *Pictogram and Icon Graphics*, Tokyo, PIE Books, 2002.
2. Ignasi Vich, *Mute (Just Pictograms)*, Barcelone, Index Book, 2004.

reproduisant trois mille cinq cents pictogrammes, dont une très grande partie me sont restés incompréhensibles. Comme l'auteur n'en donne pas le sens — d'où le titre du livre, qui signifie « muet » —, ils demeurent des énigmes.

La figure 16 reproduit des pictogrammes particulièrement déroutants relevant d'un thème universel : l'indication des toilettes dans des lieux publics. Un seul des pictogrammes de la figure *a* désigne des toilettes publiques, les trois autres indiquant un vestiaire, un ascenseur et un accès réservé au personnel. Je laisse au lecteur le soin de découvrir lequel représente des toilettes (la réponse est donnée dans la note de la figure 16). Le pictogramme de la figure *b* fait plutôt penser à un guichet d'information qu'à des toilettes pour hommes. La sophistication des pictogrammes de la figure *c* doit laisser bien des clients perplexes. À la figure *d*, le pictogramme de droite indiquant des toilettes pour dames n'est compréhensible qu'à condition d'être rapproché de celui de gauche. Sur la figure *e*, il faut beaucoup d'imagination pour voir une femme dans l'icône de gauche et un homme dans celle de droite. Sur la figure *f*, la réponse spontanée qu'on obtient en présentant le pictogramme de gauche est un œuf à la coque, alors qu'il indique des toilettes de style occidental, celui de droite représentant un urinoir. Je laisse au lecteur le soin de déduire des formes énigmatiques des figures *g*, *h* et *i* celles qui désignent des toilettes pour femmes et pour hommes.

La figure 17 reproduit des pictogrammes non moins énigmatiques. Comme précédemment, je laisse au lecteur le soin de prendre par lui-même la mesure des difficultés de compréhension qu'ils soulèvent (la réponse est donnée dans la note de la figure 17). Loin d'être des exemples rares, ces énigmes sont représentatives d'une bonne partie des pictogrammes recensés dans les deux catalogues qui me servent de référence. Il faut les avoir appris pour les comprendre. La représentation devenant de plus en plus éloignée de l'image réelle, ils fonctionnent comme des idéogrammes plutôt que comme des pictogrammes. Comme les boutons analysés au chapitre I, ils prennent les caractéristiques d'un code linguistique, c'est-à-dire d'une langue qu'il faut apprendre, et non d'un code ergonomique, que l'on doit pouvoir comprendre spontanément.

Exemples de pictogrammes déroutants

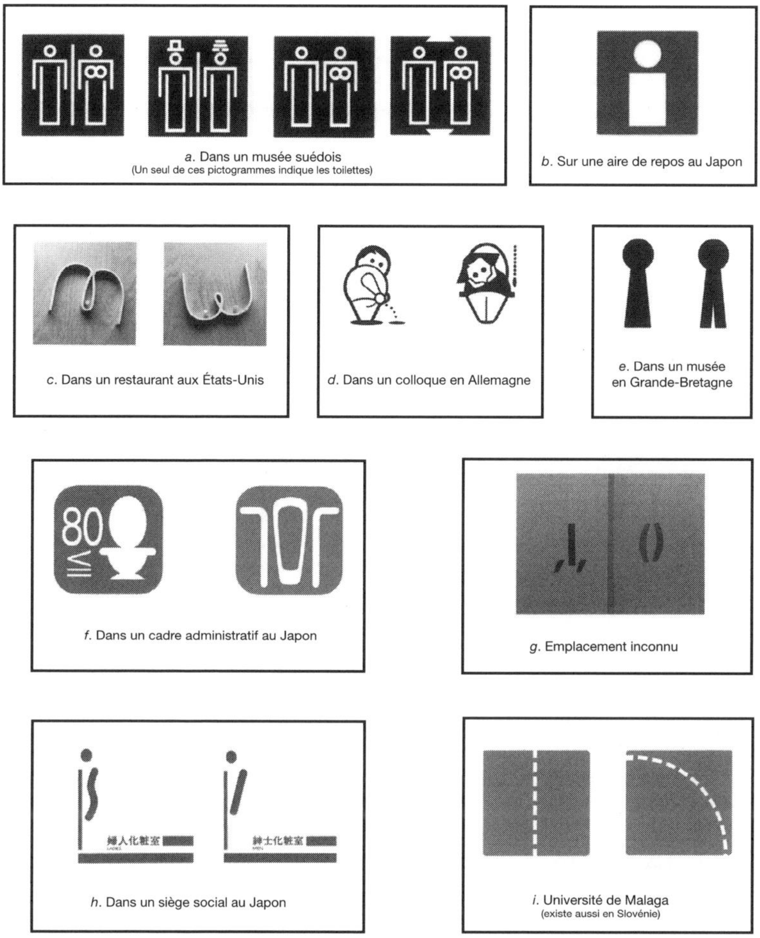

Figure 16. Indication des toilettes dans divers systèmes de pictogrammes [1]

Sources : figures *a* à *f*, *Pictogram and Icon Graphics*, PIE, 2002 ; *g*, Manfred Wolff-Plottegg, http://en.wikipedia.org/wiki/toilet ; *i*, *Mute (Just Pictograms)*, Index Book, 2004.

1. Le pictogramme indiquant les toilettes est le troisième à partir de la gauche.

Exemples de pictogrammes incompréhensibles[1]

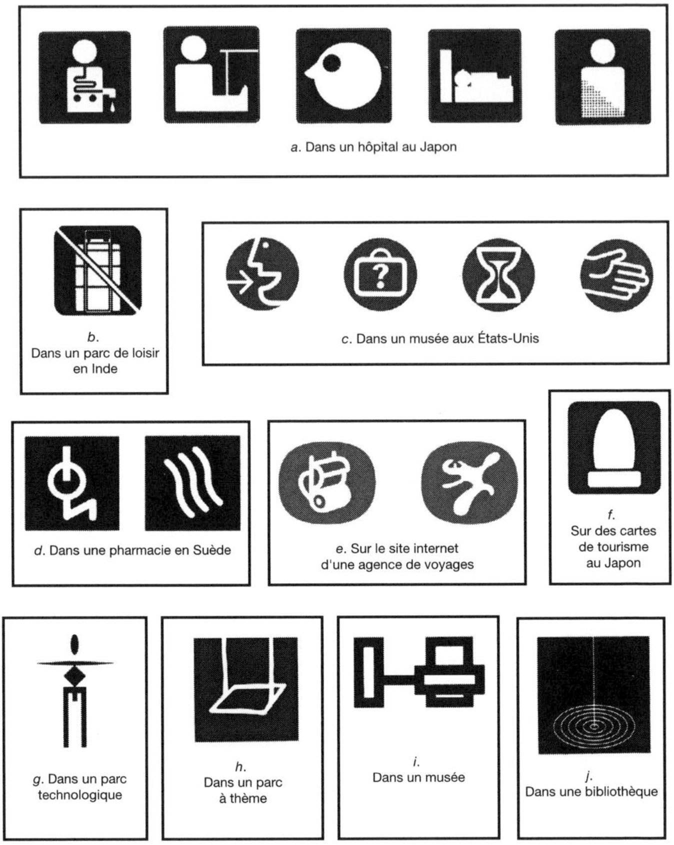

Figure 17. Indications dans des lieux publics de différentes régions du monde

Sources : figures *a* à *f* et *i*, *Pictogram and Icon Graphics*, PIE, 2002 ; *g* et *j*, *Mute (Just Pictograms)*, Index Book, 2004.

1. Signification des pictogrammes de la figure 17 : *a,* de gauche à droite, urologie, traumatologie, ophtalmologie, admission, maladie de la peau ; *b*, pique-nique interdit ; *c*, de gauche à droite, information, objets trouvés, expositions temporaires, accueil ; *d*, de gauche à droite, médicaments pour l'appareil digestif, produits pour les cheveux ; *e*, de gauche à droite, randonnées, activités culturelles ; *f*, monument ; *g*, toilettes pour hommes ; *h*, signification inconnue, peut-être balançoire ; *i*, signification inconnue ; *j*, toilettes pour femmes.

Les concepteurs de pictogrammes surestiment certainement la capacité d'intelligibilité des images. Même lorsque l'idée et l'image sont relativement simples, la proportion de personnes qui ne les comprennent pas ou qui se trompent est importante. Dans l'exemple de test de compréhension illustré à la figure 18, les pictogrammes proposés sont destinés à indiquer un guichet où il est possible d'obtenir des tickets.

Test de compréhension

Figure 18. Pictogrammes indiquant un guichet où obtenir des tickets

Source : www.get2testing.com.

Pour chaque pictogramme, un sondage réalisé auprès d'un échantillon de cinq cents personnes de nationalités hongroise, australienne, autrichienne, japonaise et britannique révèle que seules 30 % d'entre elles comprennent le premier, 48 % le deuxième et 28 % le troisième. Beaucoup ne reconnaissent pas des tickets dans la main du premier pictogramme. En raison de la présence de pièces de monnaie dans le troisième, beaucoup citent une activité de change ou bancaire.

La figure 19 donne un autre exemple de pictogrammes soumis à des tests de compréhension. Le premier, comportant des rideaux, obtient 81 % de réponses correctes, alors que les deuxième et troisième, représentant des masques, ne dépassent pas 16 % de bonnes réponses.

Test de compréhension (suite)

Figure 19. Pictogrammes indiquant un théâtre

Sources : www.get2testing.com et Ch. Brugger.

Ces exemples d'incompréhension forte sur des pictogrammes simples donnent une idée du degré d'illisibilité des innombrables pictogrammes ordinaires dont j'ai donné des exemples aux figures 16 et 17.

Au lecteur qui ne serait toujours pas convaincu de la difficulté de compréhension des pictogrammes, je livre deux derniers exemples. La figure 20 reproduit la totalité des pictogrammes figurant sur les plans touristiques de la ville de Cracovie, en Pologne, distribués en 2006. La moitié au moins de ces pictogrammes sont incompréhensibles ou ambiguës, alors que leur objectif est d'être universellement compris dans cette ville visitée par des touristes du monde entier. La palme du caractère énigmatique revient au pictogramme 6, censé indiquer l'emplacement de la statue du dragon légendaire de Wawel, emblématique de Cracovie.

La figure 21 reproduit les pictogrammes figurant sur l'emballage d'une lampe de poche achetée dans une grande surface. Excepté le premier, en haut à gauche, ils sont peu compréhensibles ou totalement incompréhensibles.

Comme indiqué précédemment, certains pictogrammes sont en réalité des idéogrammes et nécessitent donc un apprentissage. Quelques-uns ressemblent même de près à des idéogrammes chinois, à l'image de ceux illustrés à la figure 22.

Des schémas obscurs

Les schémas abondent dans les modes d'emploi, dont ils constituent parfois la seule information, sans texte ni traduction. Or les schémas présentent des défauts majeurs.

Les schémas peuvent être totalement incompréhensibles. La figure 23 reproduit un schéma d'installation de postes téléphoniques sans fil dénué de tout texte, dont il est impossible de déchiffrer le dessin. Le caractère indistinct des traits, notamment dans les cartouches circulaires, n'est pas dû à la reproduction mais est le fait du document original.

Indications incompréhensibles ou ambigües

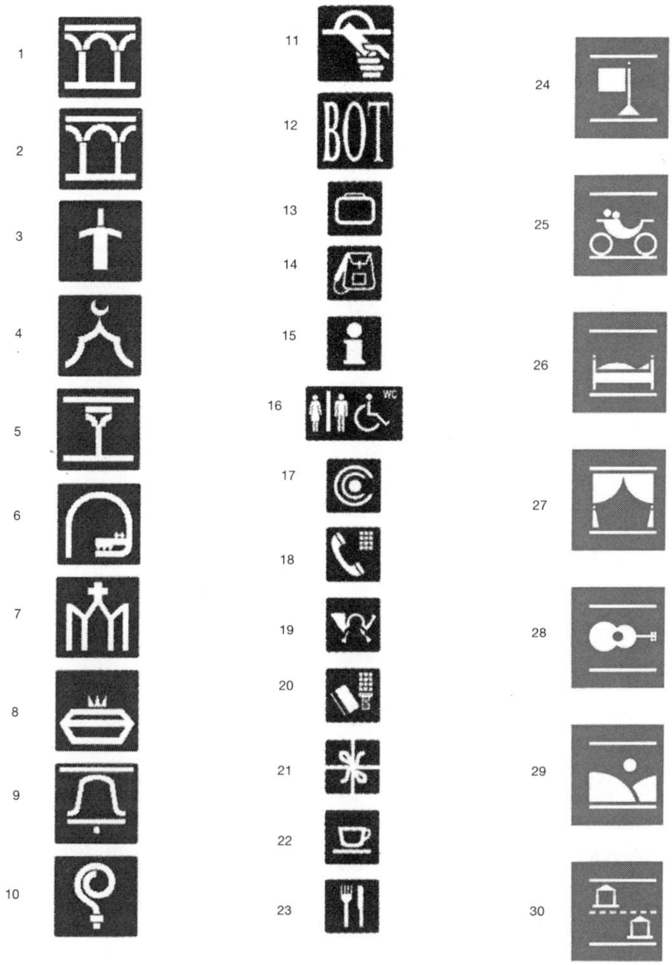

Figure 20. Pictogrammes touristiques de Cracovie[1]

1. Signification des pictogrammes de la figure 20 : 1, salles étatiques ; 2, appartements privés du roi ; 3, trésor de la couronne et armurerie (le pictogramme représente une épée) ; 4, exposition d'art oriental ; 5, exposition sur le château détruit ; 6, antre du dragon ; 7, cathédrale ; 8, tombes royales ; 9, cloche Zygmunta ; 10, musée de la cathédrale ;

Indications peu compréhensibles
ou totalement incompréhensibles

Figure 21. Pictogrammes figurant sur l'emballage d'une lampe de poche achetée en 2006 dans une grande surface

Indications nécessitant un apprentissage

Figure 22. Pictogrammes ressemblant à des idéogrammes

Les schémas manquent fréquemment de la précision indispensable. La documentation commerciale d'une cafetière électrique illustrée à la figure 24 annonce en gros caractères que le pot à café peut être lavé en machine et aller au four à micro-ondes. Or les pictogrammes du mode d'emploi indiquent — cette fois clairement — qu'il est interdit de laver en machine ou de mettre au four à micro-ondes ce pot à café.

11, tickets ; 12, bureau du tourisme ; 13 et 14, dépôts de bagages ; 15, information ; 16, toilettes ; 17, centre de conférence et d'exposition ; 18, téléphone ; 19, bureau de poste ; 20, distributeur de billets ; 21, souvenirs ; 22, café ; 23, restaurant ; 24, consulat ; 25, transports en commun et taxis ; 26, hôtels ; 27, théâtres, cabarets, musées ; 28, signification précise inconnue ; 29, parc récréatif ; 30, parcours touristique.

Exemple de schéma incompréhensible

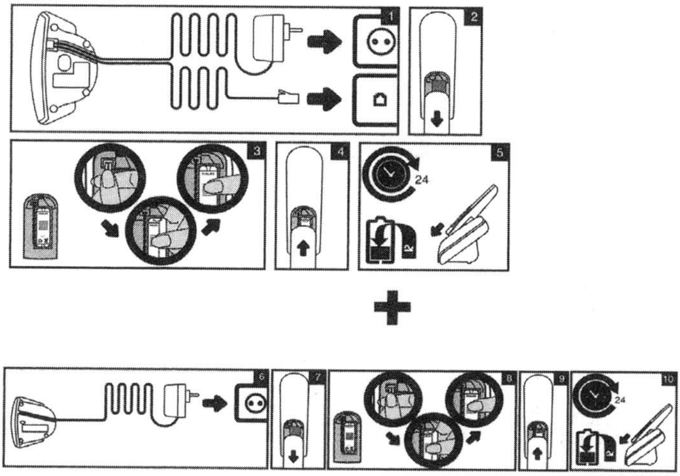

Figure 23. Schéma d'installation de postes téléphoniques sans fil

Pictogrammes interdisant de mettre le pot à café dans la machine à laver ou dans le four à micro-ondes alors que le mode d'emploi énonce le contraire

Figure 24. Documentation commerciale d'une cafetière électrique

L'explication du mystère est la suivante : la cafetière électrique est livrée avec un pot en verre qui peut aller en machine à laver et au four à micro-ondes. Ce pot en verre peut être remplacé, en option, par un pot isolant, ou Thermos, qui, lui, ne peut être mis en machine ni au four. Il est impossible, sur les pictogrammes, de comprendre que les interdictions ne concernent que le pot Thermos livré en option, car aucun texte ne précise que les images portent seulement sur lui. Les schémas sont d'autant plus déroutants que les troisième et cinquième pictogrammes représentent des parois transparentes qui font plus penser au pot en verre qu'à un pot Thermos, qui est opaque. On voit bien ici comment un dessin, loin de valoir mieux qu'un long discours, sème la confusion la plus totale.

Il est illusoire de penser que les schémas peuvent dispenser d'explications écrites. Le schéma illustré à la figure 25 est significatif à cet égard. L'auteur a tenté d'illustrer l'entretien d'un réfrigérateur en s'en tenant uniquement au dessin, mais le dessinateur a été obligé de faire parler le réfrigérateur. Toutefois, pour conserver le principe du « tout dessin », il n'utilise que deux mots « pH neutre », qui, sans explications, sont incompréhensibles pour la majorité des usagers.

Schéma tendant à se dispenser d'explications écrites

Figure 25. Schéma d'entretien d'un réfrigérateur

L'incapacité des schémas à se suffire à eux-mêmes est on ne peut mieux illustrée que par ces deux grands classiques que constituent les schémas de montage Ikea et les plans des pistes de ski. Bien que les dessins d'Ikea soient particulièrement soignés et pédagogiques, la majorité des utilisateurs commet fréquemment des erreurs de montage du fait de la difficulté de percevoir le sens d'une pièce sur le dessin. Il en va de même des plans des pistes de ski, qui sont bien réalisés, mais qui, pour le skieur qui ne connaît pas la station, constituent plus du bruit qu'une information[1].

1. Sur la notion de « bruit », voir ci-dessous, p. 182 et suiv.

IV

L'enfer du graphisme

Le sujet de ce chapitre est l'illisibilité *physique* de l'information écrite. Il s'agit cette fois d'une information dont les caractères sont écrits et présentés d'une telle façon que le lecteur ne peut les voir ni les reconnaître. La notion d'illisibilité physique est étendue à l'absence ou à l'effacement de l'écriture (page blanche, caractères barrés, etc.).

Il convient de distinguer l'illisibilité physique de l'illisibilité littéraire. L'illisibilité littéraire est un procédé d'écriture consistant à transgresser les règles de la grammaire et à inventer des mots. Elle a pour justification la recherche poétique, la provocation ou l'innovation. On en trouve des exemples chez Rimbaud, Mallarmé, Joyce, Lewis Caroll, Pierre Guyotat, Valère Novarina et bien d'autres. En voici un exemple savoureux de Valère Novarina :

> Je ne puis ni ne peux ni ne sais ni ne vois ni ne vis ni ne suis mais j'y pense. J'ai découvert au monde des zones désertes, des plaques à verte, à couacs, à axes, à coins fuligineux, j'ai essuyé les surfaces quatre et duplié les trois triangles trois fois huit fois, j'ai émettu un tas de signaux, lancé des airs sous mes gosiers, grugi des sons épouvantaux, vécu, marchu, viandu, cru dégober toutes ces faussetés, ivre de vrai, avoir à mon corps devant moi à dire qu'il ne sait pas où il va [1].

Des mots ou expressions sont créés — « plaques à verte », « duplié » —, les règles de conjugaison sont déformées — « j'ai

1. Valère Novarina, *Le Discours aux animaux*, Paris, POL, 1987, pp. 118-119, cité par Rachel Boué, « L'illisible ou la tentation de l'écriture », www.echopolyglot.com, 2003.

émettu» —, mais les caractères sont lisibles. Le texte peut être reproduit dans n'importe quelle police, et il peut être lu, y compris à haute voix. Dans l'illisibilité physique et dans l'illisibilité littéraire, le statut de l'information est totalement différent. Dans le premier cas, il existe un signifié — une information ordinaire ou simple —, mais le signifiant — les signes — n'est pas perceptible. Dans le second, il n'existe pas de signifié, ou plutôt il n'y a pas de sens directement accessible, alors que le signifiant est parfaitement lisible. Pour simplifier, on peut dire que l'illisibilité physique porte sur un texte qui a un sens, l'écriture étant illisible, alors que l'illisibilité littéraire porte sur un texte qui n'a pas de sens, l'écriture étant lisible. L'illisibilité physique est, comme son nom l'indique, purement plastique, alors que l'illisibilité littéraire est tout intellectuelle. Il arrive parfois que l'illisibilité littéraire soit associée à l'illisibilité physique.

L'illisibilité physique est loin d'être négligeable dans l'information ordinaire : caractères trop petits, texte et fond d'une même couleur, affiches ou panneaux placés à des distances inadéquates, typographies trop sophistiquées, compositions énigmatiques, etc. J'ai visité une exposition dont je fus incapable de lire les explications. Les notices, placées derrière une vitrine située trop loin, écrites trop petit, en caractères gris sur fond gris, éclairées de surcroît par un système élégant mais inefficace, ne pouvaient être lues.

Dans ce chapitre, je m'en tiendrai à trois cas symptomatiques de graphisme illisible : les affiches hippies, les graffitis et les projections de documents. Ces trois cas mettent en évidence de nombreux facteurs de l'illisibilité, facteurs tout à la fois esthétiques, identitaires, techniques et psychosociologiques, que l'on retrouve dans l'information ordinaire en général.

L'illisibilité physique constitue au regard du comportement social une énigme riche d'enseignements. Alors que toute l'histoire de l'information se fonde sur une recherche accrue d'efficacité, comment peut-on écrire volontairement un texte d'une façon telle qu'il ne soit pas lisible ? Alors que les étagères des rayons « communication » des librairies sont remplis de manuels de conseils destinés à rendre les exposés efficaces, pourquoi les projections de textes sont-elles le plus souvent illisibles ? Alors que l'histoire de la typographie vise à une lisibilité toujours améliorée des caractères, pourquoi présente-t-on parfois des caractères de telle façon qu'ils ne soient pas lisibles ?

LES AFFICHES DE CONCERT HIPPIE : L'ILLISIBILITÉ PSYCHÉDÉLIQUE

Le mouvement hippie est né vers le milieu des années 1960. Il se caractérisait par des idées utopiques, une opposition au conformisme des sociétés développées, le rejet de la violence, la vie en communauté et une certaine liberté sexuelle. Il s'accompagnait de pratiques vestimentaires — usage de la fleur comme motif —, d'un goût pour des musiques spécifiques, comme le rock psychédélique, et de rassemblements en plein air ou en salle mêlant musique, danse, jeux de lumière, méditation, échanges sociaux et consommation de drogues hallucinogènes telles que le LSD.

Le croisement des rues Haight et Ashbury à San Francisco fut le cœur géographique de ce mouvement, lieu de rassemblement et de rencontre des hippies. La musique hippie se déploya principalement dans deux salles de concert de cette ville, le Fillmore Auditorium et l'Avalon Ballroom, lieux mythiques de la culture psychédélique, mais aussi au Matrix et au Winterland. C'est ici que l'histoire des hippies concerne notre sujet. Les concerts étaient annoncés par des affiches sur lesquelles étaient précisés les noms des artistes, ainsi que les dates, horaires et lieux des spectacles. Ces affiches présentaient la caractéristique extraordinaire que leur texte était en majorité totalement illisible ou difficilement lisible. Les lettres étaient déformées et placées d'une telle façon qu'il était presque impossible de les distinguer[1]. Le principe d'une affiche est d'être non seulement lisible, mais le plus lisible possible, son essence même étant de communiquer une information. C'était bien aussi

1. La plus grande partie de mon information sur les affiches psychédéliques est tirée d'un catalogue publié à l'occasion d'une exposition au Musée de la publicité à Paris, en 2004-2005 : *Off the Wall. Affiches psychédéliques de San Francisco, 1966-1969*, Paris, Les Arts décoratifs, 2004. Je me suis particulièrement appuyé sur le chapitre écrit par Jean-Pierre CRIQUI, « L'affiche en feu », pp. 20-32.

l'objectif des affiches de concert hippie, puisque des informations pratiques y figuraient.

Par quels procédés les lettres étaient-elles rendues illisibles ? D'abord, elles étaient dessinées. Avant l'époque hippie, le texte des affiches de concert était composé par des imprimeurs qui recherchaient la meilleure lisibilité en jouant sur le corps et la graisse des polices de caractères et en utilisant des couleurs qui faisaient ressortir les lettres du fond. Les textes des affiches de concert hippie furent pour l'essentiel dessinés par cinq artistes, baptisés les « Big Five », Wes Wilson, Victor Moscoso, Rick Griffin, Stanley Miller et Alton Kelley, auxquels il faut ajouter Bonnie MacLean, Randy Tuten et Lee Conklin. Le rejet des caractères d'imprimerie standards conçus sur le principe de la lisibilité était la condition indispensable pour dériver vers un texte illisible.

L'illisibilité résultait aussi et surtout de la déformation des caractères. L'artiste se livrait à une distorsion et à un étirement des lettres visant à les rendre méconnaissables, comme si elles avaient été inscrites sur des flammes ou sur une pâte visqueuse en mouvement. Par exemple, sur l'affiche reproduite à la figure 26 pour un concert au Fillmore Auditorium et au Winterland en avril 1968, les lettres sont déformées afin de représenter un scarabée. Si l'on n'est pas prévenu qu'il s'agit d'un texte, c'est l'insecte que l'on voit spontanément, non une suite de lettres. Un autre type de déformation, spécialité de Lee Conklin, consistait à surcharger les lettres d'un réseau complexe de lignes tortueuses conduisant le lecteur à se perdre dans l'enchevêtrement des courbes *(voir figure 27).*

Illisibilité résultant de la déformation des caractères

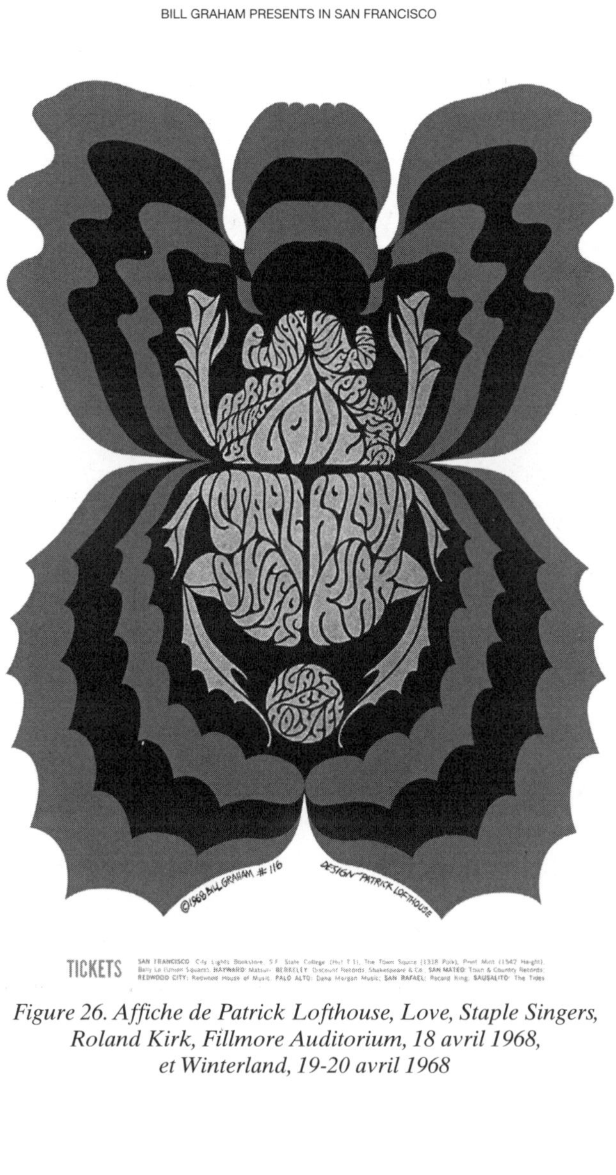

Figure 26. Affiche de Patrick Lofthouse, Love, Staple Singers, Roland Kirk, Fillmore Auditorium, 18 avril 1968, et Winterland, 19-20 avril 1968

Illisibilité résultant de la déformation des caractères (suite)

Figure 27. Affiche de Lee Conklin, Ten Years After, Country Weather, Sun Ra, Fillmore West, 14-17 novembre 1968

Sur certaines affiches, l'illisibilité était produite par une inversion entre les pleins et les vides. Les vides étaient fins, nets et travaillés comme des corps de lettres lisibles, tandis que les lettres étaient représentées par des formes grossières et indistinctes faisant penser à des vides. Avec un tel graphisme, l'œil essaie de déchiffrer les vides à la place des signes eux-mêmes. L'illisibilité dérivait parfois de la disposition du texte. Les espaces entre les mots et les lignes étaient supprimés, et les textes étaient placés selon diverses orientations : en cercle, en biais, en éventail, en vague, en boule. Il arrivait même que les textes soient superposés. L'illisibilité devait aussi beaucoup au jeu de couleurs employé, soit par une faible différenciation entre la couleur des lettres et celle du fond, soit au contraire par l'usage de couleurs exactement complémentaires pour les caractères et le fond, donnant aux vides le statut de lettres autant qu'aux lettres elles-mêmes.

Comment comprendre de tels efforts pour rendre des affiches illisibles ou peu lisibles alors qu'elles étaient destinées à communiquer clairement des informations sur un concert ?

La symbolique de l'écriture constitue une première raison. Le mouvement hippie se voulait une contestation de l'ordre établi, laquelle se traduisait en partie de manière visuelle par des formes et des symboles : vêtements originaux, cheveux longs, motifs à fleurs, etc. Écrire de façon illisible, avec des caractères aux formes totalement nouvelles, était une façon de s'opposer à l'écriture standardisée de la société établie et ainsi de la remettre en question. Dans le langage hippie, on appelait *square* (« carré ») celui qui n'était pas hippie, c'est-à-dire l'esprit conformiste, rigide, obéissant, dénué de fantaisie. En ce sens, les caractères d'imprimerie omniprésents étaient considérés comme *square*, c'est-à-dire standardisés, géométriques, nets, réglementaires. Les textes illisibles aux caractères déformés et uniques étaient donc une façon d'afficher qu'on n'était pas *square*. Les affiches hippies de San Francisco déclaraient en quelque sorte l'invention d'une nouvelle écriture et un réapprentissage de la lecture du monde.

Une deuxième raison de l'illisibilité des affiches était liée à la consommation de drogues hallucinogènes, notamment de LSD. Le graphiste Wes Wilson n'a pas nié « avoir été inspiré non seulement par son expérience professionnelle dans l'imprimerie, mais aussi par ses expériences visuelles sous LSD [1] ». Plus ou moins directement, les affiches cherchaient à représenter les impressions provoquées par le LSD, qui fut un des éléments constitutifs du mouvement hippie, d'où les déformations intenses, les jeux puissants de couleurs

1. Nick de Ville, *Albums. Création graphique et musique*, Paris, Octopus, 2003, p. 98.

et l'illisibilité traduisant le passage à un autre monde, comme dans *Alice au pays des merveilles*, d'ailleurs représentée sur plusieurs affiches hippies. Ces affiches sont souvent désignées par l'expression « affiches psychédéliques ». Le terme « psychédélique », qui peut être traduit par « expansion de l'esprit », a été utilisé la première fois par le psychiatre Humphrey Osmond pour qualifier les effets des drogues hallucinogènes.

Un autre facteur de l'illisibilité des affiches hippies était l'appartenance au groupe qu'elles symbolisaient. Seuls ceux qui en connaissaient déjà le contenu pouvaient décrypter les affiches. La diffusion par le bouche à oreille de l'information sur les concerts devait jouer un rôle majeur. C'était ainsi un vecteur de renforcement de la communauté et d'exclusion des étrangers. Une quatrième raison était sans doute le désir de se faire remarquer. Une affiche dont on ne parvient pas à identifier les caractères attire l'attention et suscite le désir de comprendre ce qu'ils cachent. C'était ainsi une forme de marketing alternatif, consistant à refuser le monde de la publicité par une forme d'antipublicité qui redevient de la publicité par son étrangeté même.

Enfin, on peut voir derrière les affiches hippies de San Francisco une recherche esthétique dans la continuité de l'Art nouveau, avec les motifs de fleurs, de flammes, de plantes tourmentées, de courbes et contre-courbes accentuées, de lettres déformées. Wes Wilson reconnaît avoir été influencé pour le dessin des lettres par Alfred Roller, peintre décorateur et membre fondateur de la sécession viennoise. Certaines affiches de l'Art nouveau contiennent des caractères presque aussi déformés que ceux des affiches psychédéliques. Considérons, par exemple, les affiches d'Alphonse Mucha du début du XXe siècle, illustrées à la figure 28. Une de ces affiches pour un festival de la fédération de gymnastique Sokol (Sixième festival Sokol, 1912) présente un texte en caractères dessinés à peine lisibles, dans lequel la lettre S ressemble à un F. L'affiche pour l'exposition « Salon des cent : exposition de l'œuvre de Mucha » (1897) comporte un grand titre dans lequel le mot « Cent » est illisible : on lit « Gend ». Le même titre sur une autre affiche (« Salon des cent : XXe exposition », de 1896) est partiellement caché par la coiffure du personnage féminin, si bien qu'on ne voit que la lettre N du mot « cent ».

Il est intéressant de noter que la filiation entre l'Art nouveau et les affiches hippies à un demi-siècle de distance n'est pas seulement esthétique, mais aussi politique. L'Art nouveau a représenté une sécession vis-à-vis de l'art dominant et de ses canons et une façon de s'opposer à la société d'alors. L'utilisation de lettres dessinées et déformées incarnait une contestation de la typographie classique et de ce qu'elle signifiait. Ce n'est certainement pas un hasard si les caractères les plus tordus d'Alphonse Mucha figurent sur une affiche à la gloire de la fédération de gymnastique Sokol, qui était un mouvement nationaliste dirigé contre les Habsbourg. Les lettres dessinées par Mucha en 1912 ressemblent étonnamment à celles des affiches de San Francisco des années 1960, qui, elles aussi, incarnaient une opposition au pouvoir en place.

L'illisibilité posait évidemment des problèmes d'ordre économique. Bill Graham, l'organisateur des concerts au Fillmore Auditorium, s'inquiétait d'ailleurs auprès des concepteurs des affiches qu'elles soient si peu lisibles. Elles avaient beau être illisibles, la plupart contenaient, en caractères certes minuscules mais clairs, l'adresse des guichets où se procurer les billets. Ainsi, même dans un contexte de contestation extrême de la culture économique moderne, la pratique de l'information illisible ne pouvait être poussée jusqu'à ses limites absurdes consistant à rendre illisible l'adresse des points de vente.

LES GRAFFITIS MODERNES : L'ILLISIBILITÉ CONTESTATAIRE

Les graffitis modernes sont apparus à la fin des années 1960 dans le métro new-yorkais et ont envahi les paysages urbains d'un grand nombre de pays. Ce sont des inscriptions de taille relativement grande faites sur les constructions et certains moyens de transport, composées principalement de lettres ou de formes dérivées de lettres, réalisées, le plus souvent illégalement, par l'emploi de peinture en spray, plus rarement de feutres et autres moyens de peinture et de dessin. Ces graffitis étaient à l'origine clairement lisibles. La lisibilité était d'ailleurs leur raison d'être, puisque, apparus sur les parois du métro new-yorkais, ils avaient pour objectif de diffuser le pseudonyme de leur auteur inscrit sur des rames qui circulaient en boucle dans la ville et répété sur les murs de la cité.

Le plus connu de ces graffitis originels est «TAKI 183». TAKI était le diminutif de Demetrius, un coursier américain d'origine grecque, et 183 le nom de sa rue, dans Washington Heights. Comme son métier le conduisait à emprunter fréquemment le métro, il avait pris l'habitude d'écrire son nom sur les wagons et les couloirs ainsi que dans le quartier des affaires. La répétition de cette inscription suscita la curiosité des passants jusqu'à ce que la presse s'y intéresse, ce qui apporta à TAKI 183 la notoriété. Selon les spécialistes, les tout premiers tagueurs significatifs auraient été JULIO 204, FRANK 207 et JOE 136[1]. L'illisibilité des graffitis s'est établie progressivement par la volonté de chaque auteur de se distinguer des autres et de se faire remarquer par le caractère énigmatique de l'inscription. En même temps, la taille des caractères s'est agrandie, et des couleurs se sont ajoutées. «En travaillant la typo, explique un grapheur, je me suis détaché de la question de la lisibilité en m'intéressant davantage au travail plastique de la forme, la typographie n'étant plus qu'un prétexte, un moyen de se rattacher à la lettre pour développer mes formes[2].» On est ainsi passé de tags désignant des pseudonymes en clair à des tags plus ou moins lisibles ressemblant à des signatures. Ces derniers restaient toutefois écrits sous la forme de traits simples monochromes. Ensuite sont apparues des lettres plus sophistiquées, appelées «chromes». Ces lettres très épaisses et souvent arrondies étaient peintes en blanc argenté et cernées par des traits généralement noirs. La déformation des lettres empêchait parfois de les identifier. Une troisième étape a vu apparaître les «pieces», abréviation du mot anglais *masterpiece*, «chef-d'œuvre». Ce sont des compositions très colorées de lettres extrêmement déformées, dont l'illisibilité est souvent totale. La figure 29 illustre différentes écritures du mot anglais *write* montrant bien le degré d'illisibilité atteint.

1. «TAKI 183», @149st, www.at149st.com.

2. Déclaration d'un grapheur, Oedipe, SO, *in* Gautier Bischoff, ECR, Julien Malland, *Kapital, un an de graffiti à Paris*, Paris, Éd. Alternatives, 2005, p. 91.

Caractères déformés des affiches de l'Art nouveau

Sixième festival Sokol, 1912,
lithographie, 82,3 × 168,5

Salon des Cent, 1897,
lithographie, 46 × 66

Salon des Cent, XXe exposition,
1896, lithographie, 43 × 63

Figure 28. Affiches d'Alphonse Mucha

Source : Mucha Limited.

Illisibilité des graffitis

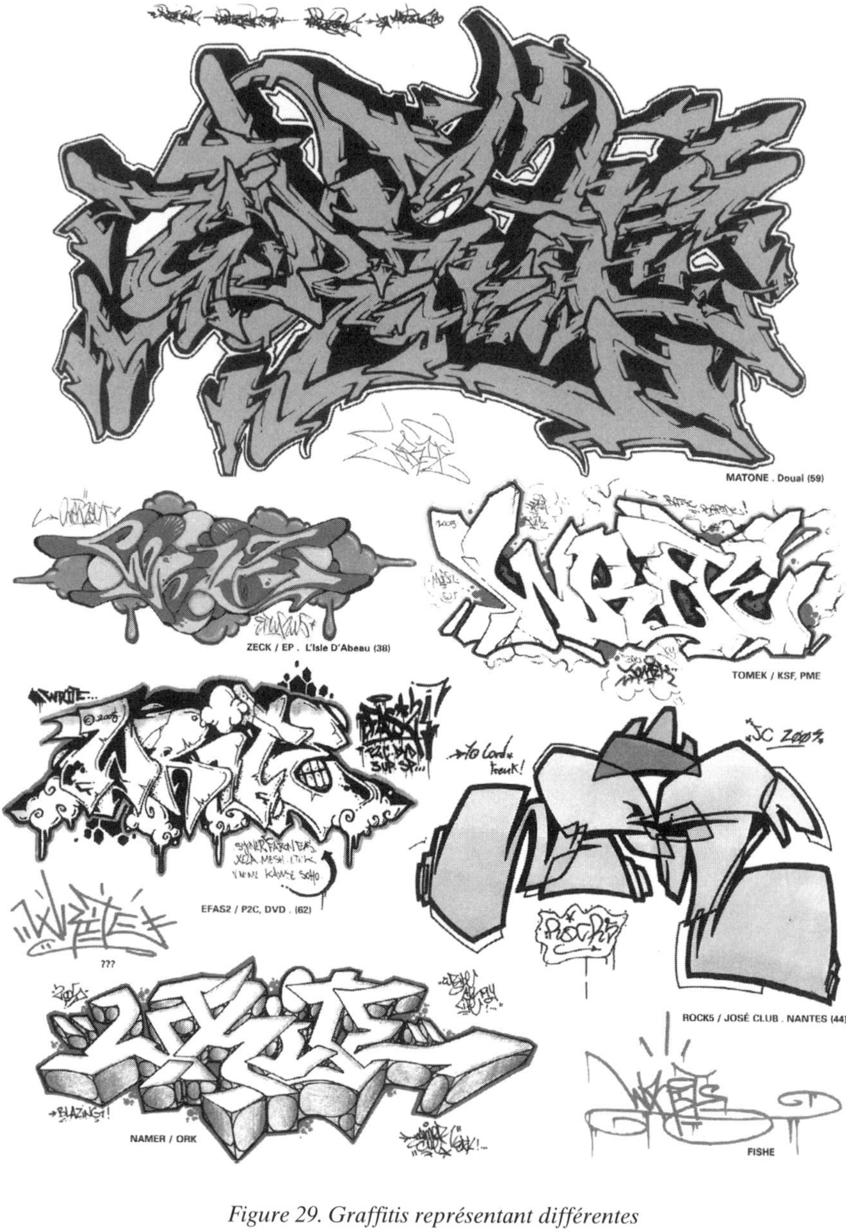

Figure 29. Graffitis représentant différentes écritures du mot anglais write

Source : *Blazing*, n° 2, printemps-été 2005, p. 13.

L'histoire des graffitis modernes est une marche graduelle vers l'illisibilité, comme le résume Joe Austin dans son livre *Taking the Train*, consacré à l'évolution du style de PHASE 2, un des plus célèbres grapheurs du métro new-yorkais, de 1972 à 1982 : « Chacune des dix étapes révèle une perte de lisibilité. À la sixième, je devais observer la chose pendant un certain temps pour la décoder. À la dixième, c'était sans espoir, quel que soit le temps passé. Dans les dernières réalisations, le nom semble de plus en plus déchiré ; dans le dernier, il est en lambeaux [1]. »

Cette évolution est importante en ce qu'elle montre qu'on est passé d'une exhibition de l'individu à travers l'écriture lisible de son nom — les tags d'origine — à une exhibition de l'individu à travers une écriture illisible de son nom. C'est le style des réalisations (les « pieces » en *wild style*) qui est devenu la signature. Cette nouvelle forme d'exhibition modifie son public. L'écriture des tags en clair était lisible autant par les non-initiés — c'est ainsi que TAKI 183 s'est fait reconnaître par la presse grand public — que par la communauté des tagueurs. En revanche, l'auteur d'une « piece » en style sauvage ne peut être identifié que par la communauté des grapheurs grâce à un style — mais beaucoup de styles se ressemblent — et par le bouche à oreille. Voici ce que dit un *writer* : « [...] quand je prends la voiture, le métro, quand je suis dans la rue, je regarde partout. Tous les tagueurs font ça. Le but du jeu c'est aussi de voir ce que les autres font. Dès que quelqu'un a fait quelque chose, ça se sait, ça se commente. [...] Notre public, ce sont les tagueurs et les grapheurs [2]. »

Notons au passage que l'illisibilité fournit une double protection aux *writers* à l'égard de l'action policière. Un tag lisible permet d'identifier le pseudonyme de son auteur et donc d'enquêter et d'acquérir une preuve. Si le tag est une signature illisible, l'identification devient problématique. Et comme les tags ont évolué de signatures illisibles vers des styles qu'il est possible d'imiter, la police ne peut les attribuer avec certitude à un individu ou à une équipe. Les grapheurs sont donc doublement protégés par l'illisibilité de

1. Cité par Crispin SARTWELL, « Graffiti and Language », www.crispinsartwell.com/grafflang.htm#N_1.

2. Interview d'un grapheur parisien dans « Tags, grafs et signatures », CRDP de l'académie de Créteil, www.crdp.ac-creteil.fr.

leurs signatures individuelles et par le caractère reproductif de leur style communautaire. C'est pour cette raison qu'a échoué une tentative de la police de Vancouver[1] d'identifier les membres de la communauté des grapheurs en étudiant leurs « écrits ».

Les grapheurs revendiquent fortement la lettre comme motif essentiel et le terme anglais de *writer* « lettreur » pour se désigner. Un grapheur reconnu déclare : « À la base, le graffiti moderne s'appuie toujours sur des mots et l'écriture de mots sur des surfaces[2]. » Mais en même temps, si les caractères de l'alphabet sont au cœur de l'art des graffitis, la déformation des lettres est telle qu'elles finissent par être détruites et qu'on peut parler, comme le fait un auteur, d'un « logoclasme[3] ». Les lettres sont un des premiers éléments de la socialisation culturelle — ce sont les premières connaissances acquises à l'école — et un symbole de l'ordre — le pouvoir s'appuie largement sur l'écrit pour transmette son autorité. Déformer les lettres d'une façon qui remet en question les règles d'écriture et la typographie claire est une façon de manifester son opposition à l'ordre établi. Un grapheur dit ainsi : « L'alphabet est une des premières choses qu'ils vous enseignent et vous savez, ils vous disent comment le faire — "Ceci est la bonne façon, ceci est ce à quoi une lettre doit ressembler, c'est comme ça." Nous prenons ça, et nous le faisons à notre manière, et nous en faisons des monstres comme nous voulons[4]. »

RÉTRO- ET VIDÉO-PROJECTIONS : L'ILLISIBILITÉ MANAGÉRIALE

L'illisibilité des affiches de San Francisco ou des graffitis modernes est une illisibilité volontaire, militante. Celle que nous allons analyser maintenant est spontanée. Elle concerne la projection de

1. C. NOBLE, « A Semiotic and Visual Exploration of Graffiti and Public Space in Vancouver », www.cityspacemovie.com.
2. Susan FARELL et Art Crimes, « Graffiti Q & A », www.graffiti.org.
3. C. SARTWELL, « Graffiti and Language », art. cité.
4. C. NOBLE, « A Semiotic and Visual Exploration... », art. cité.

textes qui est devenue une pratique courante dans les réunions, séminaires, conférences, conventions. Cette pratique recouvre en fait deux techniques : la rétroprojection, un système mécanique consistant à projeter sur un écran, à l'aide d'un instrument composé de miroirs, d'une ampoule et de lentilles, l'image agrandie d'un document reproduit sur une feuille transparente, et la vidéo-projection, un système électronique envoyant sur un écran par l'intermédiaire d'un projecteur un document enregistré sous forme de fichier numérique. Le système de la rétroprojection est de moins en moins utilisé au profit de la vidéo-projection, qui présente l'avantage d'envoyer directement sur l'écran tout document qui figure dans un ordinateur.

Dans mon livre précédent [1], j'ai identifié l'habitude répandue de présenter des transparents illisibles à travers la rétroprojection en raison de lettres trop petites et l'ai analysée comme étant une *solution absurde.* On pouvait penser que le passage de la rétroprojection à la vidéo-projection entraînerait la disparition des projections illisibles. Il faut constater qu'il n'en est rien. La pratique consistant à projeter des documents illisibles s'est non seulement maintenue, mais accentuée.

L'illisibilité de la vidéo-projection présente plusieurs aspects, dont le principal est l'impossibilité de lire les caractères en raison de leur petite taille à l'écran. Elle provient aussi d'autres dimensions plastiques : couleurs peu visibles, contrastes insuffisants entre le texte et le fond, intensité lumineuse trop faible, etc. Cette pratique sociale mérite que nous nous y attardions, car il est extraordinaire qu'un mode de communication utilisé de manière très fréquente partout dans le monde aboutisse à la négation de ce pour quoi il est conçu : la lisibilité.

Un effet pervers : quand la bureautique détruit la lisibilité

L'illisibilité des projections de textes est d'abord due à un effet pervers du logiciel PowerPoint. C'est un point très important, car il

1. *Les Décisions absurdes. Sociologie des erreurs radicales et persistantes*, Paris, Gallimard, 2002.

s'agit d'un bel exemple d'illisibilité provoquée par un système fondé sur la recherche de la lisibilité. J'appellerai cet effet pervers *l'effet poupée russe bureautique.* Édité par Microsoft, PowerPoint est un logiciel conçu pour la composition sur ordinateur de documents destinés à être projetés sur écran. Le problème est que le logiciel conduit à diminuer la surface du document utile aux différentes étapes de la conception sur ordinateur et donc la lisibilité à l'écran, sans que ses utilisateurs en soient vraiment conscients.

La première réduction de surface s'effectue sur la page vierge par défaut que le logiciel ouvre sur l'ordinateur. C'est la première poupée russe interne. Sa taille, par rapport au format standard A4, de 21 × 29,7 cm, est diminuée de 4 cm en hauteur et de 6 cm environ en largeur, alors même que les réalisateurs des documents croient se trouver devant une feuille de taille habituelle et construisent leur composition sans prendre conscience que la surface de la page sera réduite. La deuxième poupée russe est formée par ce que le logiciel appelle « le masque », c'est-à-dire un cadre composé de titres, références, images et dessins reproduit sur chaque diapositive, qui réduit encore la surface vierge destinée au document. Cela conduit l'auteur à réduire la taille des caractères pour faire entrer son texte dans un espace restreint. La troisième poupée russe résulte de l'informatique orientée objet, à savoir la possibilité d'importer des objets d'un logiciel dans un autre. Ainsi, PowerPoint peut importer des compositions du tableur Excel, c'est-à-dire des tableaux et des graphiques. Mais lorsque des objets Excel sont insérés dans PowerPoint, l'importation automatique leur imprime une réduction de taille. Cette fonction, qui est communément utilisée, est catastrophique pour la lisibilité. Pourtant, la plupart des présentations PowerPoint consistent en un défilé de tableaux et graphiques Excel totalement illisibles.

Il s'agit là d'un résultat assez extraordinaire. Nous sommes en présence d'un outil aussi répandu dans le monde que peut l'être le réfrigérateur, par exemple, et dont les fonctionnalités, largement utilisées, s'obstinent à rogner considérablement sa fonction principale, qui est la lisibilité. C'est un peu comme si les réfrigérateurs contenaient des fonctionnalités très populaires qui conduiraient à annuler peu à peu la fonction de réfrigération.

Le syndrome du manque d'esprit de communication empathique

Une autre cause de l'illisibilité des rétro- et vidéo-projections est que les réalisateurs de documents ne se mettent généralement pas à la place de leurs auditeurs. J'appelle cela un *manque de communication empathique*, car il s'agit d'un véritable syndrome, que l'on retrouve dans d'autres problèmes d'information ordinaire et sur lequel je reviendrai d'ailleurs.

Une première dimension de ce syndrome est que les conférenciers ne se soucient en aucune façon que les écrans soient illisibles. Ils constatent parfois l'illisibilité du document au moment où il apparaît à l'écran et poursuivent la présentation. Le public a, de temps à autre, le droit à une timide excuse, mais cela ne va pas plus loin. Une deuxième dimension du syndrome est que les conférenciers utilisent les documents présentés à l'écran comme des notes personnelles, comme si elles n'étaient pas destinées à être lues par les participants à la réunion. Une troisième dimension du manque d'esprit de communication empathique de la part des utilisateurs de projection de textes est la tendance à présenter une quantité d'informations nettement excessive par diapositive et à réduire le temps de passage des diapositives. Cela a deux conséquences. D'une part, le nombre d'informations dépasse celui que l'auditeur peut absorber par rapport au temps dont il dispose par diapositive. D'autre part, cela conduit le réalisateur des diapositives à réduire la taille des caractères et des graphiques pour les remplir au maximum, entamant là encore la lisibilité. Une quatrième dimension est que le conférencier ne cherche pas à se représenter la visibilité de son produit pour le public dans la salle. Il ne pense pas que, même s'il augmente la taille des caractères et objets représentés à l'écran, le lecteur peut s'en trouver très éloigné. L'important n'est pas que le document soit agrandi, mais que sa taille soit adaptée à la distance du lecteur. Une dernière dimension du manque d'esprit de communication empathique est la très faible utilisation des guides et aides à la production de diapositives lisibles. Ils ne manquent pourtant pas. On peut trouver sur Internet des formules automatiques de corps de lettres à utiliser sur son ordinateur en fonction de la taille de la salle [1]. Le logiciel PowerPoint offre même une fonction permettant de paramétrer la réalisation des diapositives afin de s'assurer qu'elles soient lisibles à l'écran [2]. Mais ces assistances sont pratiquement ignorées.

L'obsession esthétique

Curieusement, un facteur important d'illisibilité des projections de documents est la volonté de faire non pas un document lisible, mais un beau document. Les diapositives sont généralement encombrées d'un bandeau coloré imposant, muni d'un titre qui n'apporte rien mais qui réduit de façon importante la surface disponible et conduit à écrire petit. Une autre dimension de cette préoccupation esthétique est l'utilisation de la couleur. Le résultat est généralement désastreux pour la lisibilité des documents projetés sur grand écran, dans lesquels il est impossible de distinguer des lettres noires sur fond bleu marine ou des lettres jaune clair ou bleu pâle sur fond blanc.

Le phénomène du spectateur

Il est extrêmement étonnant que l'auditoire réagisse si peu quand on lui présente des écrans qu'il ne peut pas lire. Cela s'explique par un mécanisme sociologique bien connu, appelé *phénomène du spectateur*, qui concerne les témoins d'un incident dont est victime un individu : accident, agression, etc. On a remarqué qu'il était fréquent que ces témoins ne réagissent pas et ne portent pas secours à la victime alors qu'une telle assistance ne poserait aucun problème. Cette absence de réaction s'appuie sur des mécanismes collectifs : échec de la coordination implicite — chacun pense que l'autre a fait ou va faire quelque chose —, difficulté d'organiser spontanément une coopération, crainte de se mettre en avant et

1. Luigi CANALI DE ROSSI, « Legibility : Rules to Determine Best Font Size », *MasterView International*, www.masterview.com, 15 juillet 2002.
2. Menu Outils, rubrique Correcteur de style, bouton Options, onglet Clarté visuelle.

de prendre une responsabilité, sentiment de ne pas être la personne qualifiée pour intervenir. Il a été observé que plus il y avait de spectateurs, moins la victime avait de chances d'être secourue. Il existe même des cas où l'individu peut exploiter le « phénomène du spectateur ». Un officier français prisonnier de guerre lors du dernier conflit mondial qui a tenté six évasions avait observé que plus les gardiens étaient nombreux, moins les prisonniers étaient surveillés. L'exploitation de cette faille sociologique paradoxale lui a permis de réussir sa sixième tentative.

L'absence de réaction de la salle en face d'écrans illisibles s'explique par le même phénomène. Chacun pense que quelqu'un d'autre va protester ou que la difficulté de lecture résulte de sa situation particulière ; personne ne veut se faire remarquer en protestant ; etc. Ce « phénomène du spectateur » est complété par un mécanisme de complicité objective, par lequel chacun est « victime » et « bourreau ». Dans les organisations, les participants à une réunion savent qu'ils seront un jour dans le rôle du conférencier et construisent à l'avance l'indulgence de leur futur auditoire en étant eux-mêmes indulgents. Chacun tient l'autre, en quelque sorte.

On voit donc qu'une pratique aussi absurde et étrange que la projection systématique de documents illisibles s'explique par l'agrégation d'une multiplicité de causes. C'est une bonne illustration des mécanismes conjugués qui conduisent à la qualité désastreuse de l'information ordinaire.

L'INFORMATION ORDINAIRE ILLISIBLE

Les trois séries d'exemples proposés dans ce chapitre mettent en évidence une série de facteurs d'illisibilité :

Facteurs esthétiques. L'acte physique d'écrire peut glisser vers une recherche esthétique, au point que la réalisation artistique supplante la lisibilité. Cela a démarré avec la calligraphie arabe, dont certaines évolutions sophistiquées se sont faites au détriment de la lisibilité, a été repris par l'Art nouveau et les sécessions européennes avec ses lettres spécifiques, puis s'est poursuivi sur les affiches hippies pour se retrouver même chez les pratiquants des rétro- et vidéo-projections, qui, à force d'agrémenter de couleurs et de cadres ornementaux leurs diapositives, leur font perdre toute lisibilité.

Facteurs identitaires. La lisibilité est un instrument de maintien de la discipline sociale, et la lettre bien écrite un symbole de cette discipline. La calligraphie arabe s'est développée pour diffuser le Coran et les décisions de l'autorité. Bien écrire est une des premières facultés enseignées à l'école. Les dessinateurs des affiches hippies et les auteurs de graffitis, en écrivant de façon illisible, manifestent contre le pouvoir ou plus simplement affirment leur identité.

Facteurs techniques. Les facteurs techniques sont évidents dans la projection de documents. On a vu, par exemple, que l'utilisation combinée des logiciels PowerPoint et Excel conduisait naturellement à des écrans illisibles.

Facteurs psychosociologiques. Un de ces facteurs principaux est l'incapacité à se mettre à la place du lecteur, bien révélée par le cas des rétro- et vidéo-projections.

Facteurs économiques. Lorsque des objectifs marketing imposent des mentions gênantes, celles-ci sont rendues illisibles par les producteurs.

Ces facteurs se retrouvent dans l'information ordinaire quand elle devient physiquement illisible. Considérons l'exemple donné en début de chapitre d'une exposition dont les notices explicatives nombreuses et développées étaient illisibles. L'ambition esthétique explique en partie ce résultat, puisque l'éclairage était totalement insuffisant à force d'élégance. On y trouve des facteurs identitaires en ce sens que les concepteurs ont recherché une scénographie se démarquant du schéma classique des étiquettes placées sous le nez des visiteurs. Des facteurs techniques ont certainement joué, comme le système de composition typographique. On retrouve enfin les causes psychosociologiques : les responsables de l'exposition ont négligé le visiteur au point de ne pas s'apercevoir que leur agencement rendait les textes explicatifs illisibles.

En plus des boutons non ergonomiques, des modes d'emploi introuvables, déroutants ou incompréhensibles et des dessins énigmatiques, il faut donc ajouter à l'enfer de l'information ordinaire une dimension qui, pour n'être ni la plus fréquente ni la plus importante, n'en est pas moins étonnamment paradoxale : l'écriture purement et simplement illisible.

V

L'enfer des histoires tronquées

Avez-vous observé que les surfeurs étaient des sous-marins ? Tous les films grand public sur le surf les montrent descendant la vague, puis plongeant dans l'eau écumeuse. Chaque fois, à cet instant précis, la séquence est tronquée, et nous ne les voyons pas réapparaître. On ne connaît donc jamais la suite. Comment sont-ils sortis de la vague monstrueuse ? Jusqu'où ont-ils été portés par les rouleaux ? Sont-ils revenus radieux ou exténués sur la plage ? Comment ont-ils vécu leur sortie ? Ils sont devenus des sous-marins dont la suite de l'histoire reste engloutie à tout jamais. C'est si vrai que le scénario est totalement prédictible. Chaque fois qu'un reportage sur le surf est diffusé à la télévision, j'annonce à mon entourage que nous ne verrons pas les surfeurs sortir de l'eau après la descente de la vague et leur plongée dans le grand silence de l'information tronquée. Ma prédiction se réalise toujours.

Le cas du surfeur est la parabole de la thèse développée dans ce chapitre : l'information de masse, qu'elle soit légère ou journalistique, tend à être privée de la fin de l'histoire. La structure narrative de l'information de masse se présente en fait sous deux modèles : une structure narrative dotée de la fin de l'histoire, que j'appelle *modèle de l'histoire suivie*, et une structure narrative privée de la fin de l'histoire, que j'appelle *modèle de l'histoire tronquée.* Le modèle de l'histoire tronquée occupe une place majeure dans l'information de masse.

Bien entendu, les notions d'histoire tronquée et d'histoire suivie sont relatives. Tous les récits d'histoires suivies s'arrêtent à un moment ou à un autre et ont donc une fin. Pour distinguer un récit suivi d'un récit tronqué, je propose un critère simple : un récit est suivi dès lors que la durée sur laquelle il porte dépasse largement l'unité de temps de l'événement qui a déclenché le récit. Par exemple, l'unité de temps d'un accident d'avion de ligne est de quelques semaines (recherches, cérémonies, discussions sur les causes et responsabilités). Si le récit de l'accident se cantonne à ces quelques semaines, on se trouve dans la structure narrative de l'histoire tronquée. Si le récit s'attache à suivre cet accident sur plusieurs années, il relève de la structure narrative de l'histoire suivie. Dans le cas de l'information de divertissement, lorsqu'il s'agit d'un jeu, l'unité de temps est généralement de quelques heures ou moins. Si le divertissement concerne une action des mêmes individus se déroulant sur plusieurs semaines, il s'agit alors d'une structure narrative d'histoire suivie.

Nous verrons successivement des exemples de la structure narrative de l'histoire tronquée dans la presse puis dans l'information de divertissement. Seront également examinés des contre-exemples d'histoires suivies. Après cette présentation descriptive, seront recherchées les causes possibles de la progression du modèle de l'histoire tronquée dans l'information de masse. Nous aborderons en fin de chapitre les conséquences du développement de ce modèle.

LE MODÈLE DE L'HISTOIRE TRONQUÉE DANS LA PRESSE

Les sections qui suivent se penchent sur deux exemples de structures narratives privées de la fin de l'histoire dans des domaines très différents : celui des accidents d'avion de ligne et celui du dialogue social.

Le cas de l'accident de la Swissair de 1998

2 septembre 1998 :

> À 21 h 18, heure avancée de l'Atlantique (HAA), le vol 111 de Swissair (SR 111), un avion MD-11 de McDonnell Douglas, quitte l'aéroport international John F. Kennedy, à New York, à destination de Genève (Suisse) avec 215 passagers et 14 membres d'équipage à son bord. Environ 53 minutes après le décollage, alors que l'avion vole en croisière à 33 000 pieds, l'équipage décèle une odeur inhabituelle dans le poste de pilotage. À peu près trois minutes et demie plus tard, l'équipage note la présence de fumée et communique le signal international d'urgence « Pan Pan » au centre de contrôle régional de Moncton, puis il avise le contrôleur des services de la circulation aérienne (ATS) de la présence de fumée dans le poste de pilotage. SR 111 est autorisé à se rendre directement à l'aéroport international de Halifax (Nouvelle-Écosse) alors qu'il se trouve à 56 milles marins au sud-ouest de l'aéroport de Halifax. Pendant que l'avion manœuvre en vue de l'atterrissage, l'équipage avise les ATS qu'il doit se poser immédiatement et qu'il déclare une situation d'urgence. Vers 22 h 31 HAA, l'avion percute le plan d'eau près de Peggy's Cove (Nouvelle-Écosse). Les 215 passagers et 14 membres d'équipage perdent la vie dans l'accident.

Telle est l'histoire rapportée par le Bureau de la sécurité des transports du Canada [1]. La suite de l'histoire intervient quatre ans et demi après l'accident, le 27 mars 2003, quand le Bureau de la sécurité des transports du Canada rend public son rapport. La conclusion est extraordinaire : nous apprenons qu'un matériau de recouvrement des matelas d'isolation thermique et acoustique, qui, en toute logique, aurait dû être ininflammable, était en fait inflammable. Il l'était en tout cas suffisamment pour s'être enflammé à la suite de l'arc électrique d'un court-circuit et avoir propagé l'incendie. Voici des extraits du rapport sur ce sujet :

1. Bureau de la sécurité des transports du Canada, *Rapport final concernant l'accident de l'avion McDonnell Douglas MD-11, HB-IWF (SR 111) du 2 septembre 1998*, mars 2003, 386 p.

1. [...] un matériau inflammable a propagé un incendie qui s'était déclaré au-dessus du plafond, sur le côté droit du poste de pilotage, près de la paroi arrière de ce dernier. L'incendie s'est propagé et a gagné rapidement en intensité au point de détériorer les systèmes de bord et l'environnement du poste de pilotage et, ultimement, de mener à la perte de contrôle de l'avion.

2. Le matériau de recouvrement en polyéthylène téréphtalate (PET) métallisé des matelas d'isolation thermique et acoustique utilisés à bord de l'avion était inflammable. Le matériau de recouvrement a été vraisemblablement le premier matériau à s'enflammer et il a constitué la plus grande partie des matières combustibles qui ont contribué à la propagation et à l'intensité de l'incendie.

3. Une fois enflammés, d'autres types de matériau de recouvrement de l'isolation thermique et acoustique présentent des caractéristiques de propagation de la flamme similaires aux matelas isolants recouverts de PET métallisé, et ils ne respectent pas les critères d'essai d'inflammabilité révisés qui sont proposés. Le matériau de recouvrement au polyfluorure de vinyle métallisé était installé dans l'avion HB-IWF et il a joué un rôle dans l'incendie en vol.

4. Des embouts en silicone d'élastomère, des attaches à bouclettes de nylon, des mousses, des adhésifs et des rubans adhésifs de joints d'isolant thermique et acoustique ont contribué à la propagation et à l'intensité de l'incendie.

5. [...] L'incendie s'est fort probablement déclaré à la suite d'un amorçage d'arc.

Un fait encore plus extraordinaire est que le matériau de recouvrement en polyéthylène téréphtalate (PET) métallisé qui s'est enflammé avait été validé comme matériau suffisamment ininflammable. Le test d'inflammabilité au bec Bunsen réglementaire pour tous les avions de ligne n'était en réalité pas assez exigeant et ne portait pas sur l'installation réelle du matériau. On a démontré après l'accident que des essais plus exigeants, comme celui du panneau radiant, réussissaient à enflammer le matériau ou qu'une flamme placée à l'intérieur d'un tube formé par le matériau l'enflammait, alors que ce n'était pas le cas d'une flamme dirigée de l'extérieur.

La conclusion finale terrifiante de cette enquête est qu'on a découvert que beaucoup de matériaux d'isolation thermique et acoustique autres que celui en cause dans l'avion de la Swissair étaient inflammables. Voici ce que dit le rapport :

> Alors que les matelas isolants recouverts de PET métallisé sont reconnus comme les plus vulnérables, l'étude a également démontré que beaucoup d'autres matériaux d'isolation thermique et acoustique n'avaient pas satisfait aux exigences de l'essai au panneau radiant. De plus, les consignes de navigabilité exigeant le retrait des matelas isolants recouverts de PET métallisé comprennent une mise en garde spécifiant que d'autres matériaux de recouvrement, même s'ils s'enflamment plus difficilement, brûlent de la même manière que les matériaux recouverts de PET métallisé. Le BST a exprimé ses inquiétudes au sujet des caractéristiques d'inflammabilité d'autres matériaux qui ont été approuvés en vertu des mêmes procédures d'essai utilisées pour certifier le PET métallisé. Bon nombre de ces matériaux de recouvrement se sont révélés inflammables au cours d'essais subséquents.

Le Bureau de la sécurité des transports du Canada ne manque évidemment pas de s'interroger sur les risques majeurs encourus par les innombrables avions de ligne continuant à voler avec de tels matériaux d'isolation thermique et acoustique qu'un simple court-circuit peut enflammer et qui sont capables d'alimenter un incendie quasiment comme la charpente d'un grenier. Ses observations sont éloquentes :

> [...] rien n'indique que les autorités réglementaires décréteront l'enlèvement global, sur tous les aéronefs existants, des autres matériaux d'isolation thermique et acoustique en service qui ont échoué à l'essai au panneau radiant. [...] Par conséquent, des matériaux connus pour leur caractère inflammable subsisteront pendant des décennies dans des milliers d'aéronefs à travers le monde. [...] Bien que ces matériaux soient présents dans de nombreux aéronefs à la date de publication du présent rapport, aucune stratégie n'a été mise sur pied pour réduire les risques connus qui leur sont associés.

Une enquête approfondie du quotidien américain *USA Today* publiée en février 2003 révélera des défaillances graves dans le processus de certification du système de jeux électroniques installé dans l'avion de la Swissair, dont un court-circuit a déclenché l'incendie. Elle démontrait que la FAA (Federal Aviation Administration) acceptait que la certification de modifications sur les avions puisse être effectuée par des entreprises rémunérées par les fournisseurs de ces mêmes modifications. Le fait que la société qui avait vendu le système de jeux électroniques à la Swissair utilisait une entreprise de certification qu'elle rémunérait ne manqua pas de soulever des soupçons de corruption. Pour sa part, la Swissair, faisant globalement confiance à la certification de la FAA, n'avait pas perçu que les dés étaient pipés. On a là un cas de dysfonctionnement de la plus haute gravité dans le système de contrôle de la sécurité aérienne. Comment être sûr de la certification d'une installation effectuée par un agent privé rémunéré par l'installateur ?

Ajoutons pour finir que le rapport met totalement hors de cause les pilotes :

> Les pilotes ont pris une décision opportune en se déroutant vers l'aéroport international de Halifax. Compte tenu des indices limités à leur disposition, ils croyaient que même si un déroutement était nécessaire, l'avion n'était pas suffisamment menacé pour qu'ils déclarent une situation d'urgence ou qu'ils entament une descente d'urgence. [...] À partir de n'importe quel point le long de la trajectoire de vol de SR 111 après que l'odeur eut été décelée pour la première fois dans le poste de pilotage, les conditions liées à l'incendie dans le poste de pilotage auraient fini par empêcher l'exécution d'une approche et d'un atterrissage en toute sécurité à l'aéroport international de Halifax. [...] Les mesures prises par les membres de l'équipage de conduite visant à préparer l'avion pour l'atterrissage, y compris leurs décisions relatives à la préparation de la cabine pour l'atterrissage et au largage du carburant, étaient en accord avec le fait qu'ils ne savaient pas qu'un incendie à bord était en train de se propager.

Le crash du vol Swissair 111 raconté par la presse

L'histoire de l'accident de la Swissair est clairement structurée dans la presse selon le modèle de l'histoire tronquée, du moins dans les médias français. Les médias nord-américains semblent avoir assuré un meilleur suivi, notamment en commentant le rapport de l'accident de 1998 lors de sa sortie en 2003. Le modèle de l'histoire tronquée peut donc, pour un récit particulier de portée internationale, s'appliquer à tel pays, alors que tel autre peut présenter pour le même récit le modèle de l'histoire suivie.

Au moment du crash, en septembre 1998, la presse écrite et audiovisuelle rapporte largement l'événement. Des récits relatent l'accident, les premiers faits concernant les causes probables, le déplacement des familles des victimes près du lieu de l'impact pour se recueillir, l'histoire d'une famille disparue, etc. En revanche, la suite de l'histoire est quasi inexistante dans la presse française. J'ai effectué des recherches dans les archives de trois quotidiens nationaux sur la période couvrant la sortie du rapport du Bureau de la sécurité des transports du Canada, en mars 2003, et je n'ai trouvé aucun article parlant de ce rapport et de l'inflammabilité des matériaux. La seule évocation des conclusions du crash se trouve dans *Le Figaro* du 24 juin 2003, lequel annonce une série documentaire d'Arte consacrée à la sécurité aérienne, dont un documentaire sur le crash de la Swissair (« Swissair 111 ne répond plus »). L'article se contente de présenter le reportage en disant qu'il suit le déroulement de l'enquête.

Le public français a donc été correctement informé de l'accident lui-même, mais aucunement des suites, exception faite des téléspectateurs qui ont regardé le documentaire d'Arte, qui n'a pas eu une grande audience. Celles-ci sont pourtant de la plus grande importance. Des questions dont les enjeux sont considérables, découlant du rapport canadien de 2003, n'ont à aucun moment été abordées : pourquoi le matériau de recouvrement des matelas d'isolation thermique et acoustique, largement utilisé dans les avions de ligne, est-il inflammable, alors qu'un test réglementaire le classe comme ininflammable ? Que penser des autres matériaux, dont un grand nombre sont tout autant inflammables de fait alors qu'ils satisfont au test réglementaire de résistance au feu ? Ces matériaux ont-ils été ou vont-ils être remplacés et quand ? Combien d'avions continuent-ils à voler avec ces matériaux ? Tout cela a été purement et simplement ignoré par les médias français, alors que cette « suite de l'histoire » aurait sans aucun doute mérité la une.

S'agissant du problème de certification du système de jeux électroniques, le modèle de l'histoire tronquée vaut également. Dans les médias français qui ont raconté en long et en large l'accident de 1998, je n'ai trouvé aucune allusion à ce dysfonctionnement majeur, révélé en 2003. Il convient d'ajouter que le fait que le rapport canadien de 2003 disculpe les pilotes méritait aussi une suite. Une polémique s'était en effet développée au moment de l'accident sur leur attitude, et il avait été dit et répété que les pilotes auraient dû amorcer un atterrissage d'urgence. Or le rapport révèle que le feu avait pris une telle ampleur de façon invisible qu'il n'était plus possible de poser l'avion. Cette conclusion importante de 2003, ne serait-ce que pour la mémoire des pilotes disparus dans l'accident, n'a pas davantage été évoquée dans les médias en 2003, ni après.

L'accident dramatique de 1998 a donné lieu à des récits, mais nous n'avons jamais eu connaissance de la suite de l'histoire, constituée par les deux scandales révélés en 2003 et la mise hors de cause des pilotes.

Le cas du dialogue social

Moins spectaculaire que les accidents d'avion, le dialogue social est un autre sujet qui illustre la structure narrative de l'histoire tronquée dans la presse, comme nous allons le voir à travers une étude issue d'un séminaire et un cas vécu.

L'étude a été réalisée dans le cadre d'un séminaire relatif au dialogue social[1], organisé par un groupe d'élèves de l'ENA (École nationale d'administration) de la promotion 2003-2005. Les auteurs utilisent un indicateur simple : le nombre d'articles parus sur un même sujet, en l'occurrence la réforme des retraites, et son évolution au cours du temps. La différence de traitement de ce sujet entre l'histoire de la réforme et la suite de cette histoire est considérable. On dénombre cent cinquante articles parus dans la presse quotidienne nationale en avril 2003, quatre cents en mai et quatre

1. Les élèves, représentés par Marc Frédéric Guthmann, délégué du groupe, et Michel Noblecourt, animateur, *Dialogue social et médias*, document dactylographié, Paris, ENA, juillet 2004.

cents en juin, au moment des manifestations et de l'examen du projet de loi par le Parlement. Ce nombre chute ensuite à une vingtaine par mois de septembre à décembre 2003. Les élèves de l'ENA en tirent les conclusions suivantes : « La quasi-totalité des journaux a occulté l'entrée en vigueur des différents décrets qui ont suivi. Ces textes sont traités, en règle générale, par des reprises de dépêches ou des articles très courts. Or, il s'agit d'actes juridiques fondamentaux, qui permettent notamment de vérifier si le gouvernement respecte les engagements pris devant les partenaires sociaux[1]. »

Le même schéma est constaté en ce qui concerne la réforme du régime de l'assurance chômage des intermittents du spectacle. On dénombre entre cinq cents et six cents articles dans la presse quotidienne nationale en juillet 2003 au moment de la crise des festivals, puis cent en août et septembre et environ cinquante en octobre et novembre. Les élèves de l'ENA soulignent que « l'éviction de l'agenda médiatique n'est pas corrélée à la disparition effective du problème[2] ».

Le cas vécu concerne la fermeture d'une entreprise, filiale d'un grand groupe, employant deux cents personnes. La direction générale du groupe avait décidé de fermer l'entreprise et avait choisi de le faire sur plusieurs années, afin de se donner le temps de reclasser les plus jeunes dans le groupe ou à l'extérieur et de mettre en préretraite les plus âgés. Au bout de quatre ans, la plupart des juniors et des seniors avaient trouvé une solution, mais il restait environ trente personnes, trop âgées pour accepter des reclassements difficiles, mais pas assez pour bénéficier du régime de préretraite. Une solution de départ avec une grosse compensation financière leur fut proposée. Mais ces personnes estimaient que cela ne garantissait pas suffisamment leurs ressources jusqu'à l'âge de leur retraite. Alors que l'heure de la fermeture définitive approchait, les trente salariés restants commencèrent à mener des actions spectaculaires : rassemblements devant les grilles de l'entreprise avec d'anciens salariés accompagnés de feux de pneumatiques, manifestations au siège du groupe, déplacements à la Direction

1. *Ibid.*, p. 3.
2. *Ibid.*, p. 5.

départementale du travail, qui dut recevoir une délégation, etc. Beaucoup pensaient que la situation ne pouvait que se dégrader, les salariés concernés étant prêts à engager des actions désespérées, telles que grèves de la faim, manifestations violentes devant le siège social du groupe, actions consistant à s'enchaîner aux grilles de l'enceinte, etc. Les effectifs en conflit étaient faibles, mais ils étaient capables de porter atteinte à l'image du groupe. C'est à ce moment que la presse régionale est intervenue : le quotidien principal de la région a publié plusieurs articles décrivant les manifestations et expliquant l'origine du problème. Le sujet a également été traité dans deux journaux télévisés régionaux.

L'histoire ne s'est pas arrêtée là et a même pris un tournant inattendu et intéressant. Tandis que tous les observateurs et acteurs s'attendaient à une intensification du conflit dans une spirale incontrôlée, ce sont finalement la négociation et les solutions innovantes qui l'ont emporté. Le personnel en conflit, se sentant dans un cul-de-sac, a accepté la solution négociée, grâce à la médiation du directeur départemental du travail et à la présence d'un permanent syndical dur mais sachant négocier quand il le fallait. Quant à la direction du groupe et de la filiale, elle était prête à lâcher une concession, si cela pouvait éviter que le conflit dégénère et permettre de le régler définitivement. Des négociations longues et difficiles s'engagèrent alors et aboutirent à des améliorations sensibles de la garantie de ressources des salariés. Une de ces dispositions était particulièrement innovante sur le plan juridique.

La presse régionale a traité la phase conflictuelle, mais a totalement passé sous silence la phase de négociation, l'accord final et son contenu. Les lecteurs du quotidien régional et les téléspectateurs, informés du conflit, ignorent finalement la façon dont il a été résolu. Par exemple, le directeur de la filiale, interviewé par la télévision locale pendant le conflit, n'a jamais plus été contacté pour une interview. Le phénomène d'occultation de la fin de l'histoire s'était mis en place alors même que l'issue était aussi surprenante qu'intéressante et qu'il y avait là matière à intéresser un large public. On se trouve ici encore devant l'exemple parfait du modèle narratif de l'histoire tronquée.

LE MODÈLE DE L'HISTOIRE TRONQUÉE DANS L'INFORMATION DE DIVERTISSEMENT

Si le modèle narratif de l'histoire tronquée est fréquent dans la presse, il se retrouve aussi dans l'information de divertissement, c'est-à-dire les émissions de radio et de télévision qui associent information et divertissement. L'information de divertissement est en quelque sorte de la « non-fiction » visant plus à amuser qu'à informer. On utilise souvent l'expression *téléréalité* pour la désigner. Cela inclut des témoignages et débats amusants ou curieux, comme ceux de l'émission « C'est mon choix », des jeux fondés sur des mises en situation de la vie quotidienne, comme « Le Loft », « Bachelor » ou « On a échangé nos mamans », des séquences surprenantes ou spectaculaires filmées volontairement ou involontairement, comme les émissions « Vidéogag » ou « Choc », etc.

Bien entendu, l'existence du modèle de l'histoire tronquée dans l'information de divertissement ne présente pas les mêmes enjeux que dans la presse. Quand je regarde, dans l'émission de télévision « Vidéogag », un cycliste filmé par un amateur tomber dans l'eau par maladresse en s'écartant du chemin le long d'une rivière, le fait de ne pas savoir comment se termine l'histoire ne prête guère à conséquence. En revanche, il est intéressant de retrouver une même structure narrative dans des récits aux objectifs aussi différents, l'information pour la presse, l'amusement pour l'information de divertissement.

La ressemblance entre les deux structures narratives peut atteindre des niveaux étonnants. Dans une séquence de « Vidéogag », qui diffuse des petites aventures inattendues de la vie quotidienne filmées de façon non intentionnelle au cours de prises de vue familiales ou amicales, nous voyons un pêcheur glisser dans un étang du haut d'une berge abrupte. Une coupure intervient dans le film, puis nous le voyons grimper sur la berge, aidé par un autre pêcheur qui le tire par la main, et retomber dans l'eau. Le film est à nouveau coupé, et nous ne connaîtrons pas la suite. Nous avons donc une structure narrative composée de deux épisodes tronqués.

C'est exactement le même modèle que dans le cas de la fermeture d'entreprise décrit précédemment. La presse régionale s'est intéressée au conflit au moment où celui-ci s'est déclaré de façon ouverte par des manifestations spectaculaires. Une coupure de cette attention médiatique est intervenue pendant toute la phase de négociations. La presse s'est à nouveau brièvement intéressée au sujet quand les syndicats ont organisé un rassemblement pour célébrer leur victoire, à la suite de quoi la presse s'est définitivement désintéressée du sujet. Bien que les enjeux de ces deux exemples soient sans comparaison, nous y trouvons le même modèle narratif à deux séquences tronquées.

Dans l'émission « Vidéogag », nous pouvons observer de nombreuses séquences coupées au montage juste après le gag involontaire. Sont donc effacées les suites du gag, telles que les réactions des acteurs involontaires, les conséquences matérielles, etc. Par exemple, une vidéo montre des serveurs en train d'amener en grande cérémonie la pièce montée d'un dîner de mariage. L'un d'eux trébuche, et le gâteau bascule et s'étale sur le sol. Le film s'arrêtant à cet instant, nous ne voyons aucune réaction des acteurs involontaires (convives, serveurs) et rien de ce qui se passe ensuite. Les réalisateurs de l'émission appliquent en fait le modèle de l'histoire tronquée à la vidéo amateur.

Nous pourrions multiplier les exemples. De nombreuses émissions prennent pour sujet des cas individuels, généralement spectaculaires et problématiques. Mais ces histoires individuelles semblent s'arrêter à la date de leur diffusion, et rien n'est dit sur les perspectives qui se présentent ou les projets des intéressés.

CONTRE-EXEMPLES : LE MODÈLE DE L'HISTOIRE SUIVIE

Le modèle de l'histoire tronquée est majoritaire mais n'est évidemment pas le seul modèle existant. Il est concurrencé par le modèle opposé, minoritaire, celui de l'histoire suivie.

Contre-exemples dans l'information journalistique

Il existe, dans le domaine documentaire, des cas d'histoires suivies intéressants, consistant en une série de reportages sur des individus pris à différents moments de leur vie, depuis leur enfance jusqu'à l'âge adulte. Un des plus remarquables est le documentaire *Que deviendront-ils ?* de Michel Fresnel, qui a été diffusé en douze épisodes sur Antenne 2, puis France 2 et France 3 entre 1984 et 1996. Les élèves d'une classe de sixième du lycée Paul-Valéry, à Paris, y sont en effet suivis pendant treize ans. La télévision est-allemande avait produit sur le même principe un documentaire également extraordinaire. Le réalisateur, Volker Köpp, a suivi pendant vingt ans, à partir du début des années 1970, la vie de quatre femmes, Edith, Renate, Elsbeth et Stupsi, depuis leur adolescence, salariées de l'usine textile de Wittstock, dans le Brandebourg, jusqu'à leur mariage, la naissance de leurs enfants, etc. Les films avaient pour titres : *Les Filles de Wittstock*, *Vivre et tisser*, *Vivre à Wittstock* et *Du nouveau à Wittstock*. La série documentaire *Sept ans de mariage*, sur M6, reprend ce principe de suivi pluriannuel de destins individuels. Réalisée par François Robin et produite par Maria Roche, elle observe pendant sept ans l'évolution de plusieurs couples depuis leur mariage.

Aux États-Unis, ce qu'on appelle le *narrative journalism* est un autre exemple de modèle de l'histoire suivie. Dans ce genre documentaire, des reportages structurent les récits véridiques au moyen de procédés proches de ceux de la fiction : maintien d'un suspense, descriptions suggestives, dialogues, etc. Une règle de base du *narrative journalism* est, selon Mark Kramer, chef de file de cette école, « l'existence d'une action qui se développe dans le temps : c'est l'essence même de la construction narrative, la poutre maîtresse de la narration sur laquelle tout le reste s'appuie [1] ».

Bien d'autres documentaires illustrent la structure narrative de l'histoire suivie. Citons notamment *Soupçons* [2], de Jean-Xavier de

1. Mark KRAMER, « What is Narrative », site internet www.nieman.harvard.edu/narrative.

2. Documentaire de Jean-Xavier DE LESTRADE, production Canal Plus et Maha Productions avec la collaboration d'ABC.

Lestrade, consacré au procès de Michael Peterson aux États-Unis, dont l'épouse était morte à la suite d'une chute dans un escalier à son domicile. Compte tenu d'un certain nombre de faits troublants, les enquêteurs avaient soupçonné un meurtre commis par Michael Peterson, ce qui avait donné lieu à un procès pour crime. L'auteur du documentaire a filmé toute l'histoire, qui a duré dix-huit mois, depuis l'inculpation jusqu'au verdict. Il en résulte un reportage de huit épisodes de quarante-cinq minutes, dans lequel on peut voir, jour après jour, le travail des avocats, les enquêtes de la police, le déroulement du procès, les discussions de Michael Peterson avec ses avocats et sa famille. Le caractère suivi de la structure narrative est extrêmement fort. Tout au long des six heures du documentaire surviennent des rebondissements inattendus, dont nous suivons les effets jusqu'au verdict, qu'il est impossible de prédire.

Un autre exemple remarquable d'histoire suivie est le reportage, publié par le périodique suisse *L'Hebdo*, sur le département de la Seine-Saint-Denis, en région parisienne, après les émeutes de 2005. Les journalistes ont ouvert un bureau à Bondy pour mieux comprendre les événements et suivre leur évolution. Le reportage a été publié ensuite sous forme de livre en 2007[1].

L'émission « Droits de suite » de Canal Plus peut aussi être rangée dans la catégorie narrative de l'histoire suivie. Elle revient sur des reportages diffusés auparavant dans « 90 Minutes ». Citons également l'exemple du reportage du 20 juin 2005 de l'émission « Complément d'enquête », de France 2, sur les suites du tsunami de décembre 2004, ou « Ça se discute. Jour après jour », toujours sur France 2, qui, en fin d'émission, reparle d'un sujet traité quelques mois auparavant et présente de nouveaux reportages, et « Ça se discute. Mois après mois », consacrée à la façon dont a évolué la situation des personnes ayant fait l'objet d'une émission précédente. La rédaction de « Zone interdite », sur M6, se préoccupe aussi de la suite de l'histoire. Par exemple, elle a diffusé un reportage sur ce qu'étaient devenus des célibataires un an après avoir été les sujets d'un documentaire sur la recherche de l'âme sœur sur Internet (« Célibataires : vous avez un nouveau message »).

1. Serge Michel (dir.), *Bondy Blog. Des journalistes suisses dans le 9.3*, Paris, Éd. du Seuil, 2006.

Dans les périodiques proprement dits, il arrive aussi que l'on observe le modèle de l'histoire suivie. La version en ligne du quotidien sportif *L'Équipe* publie une rubrique intitulée « Que sont-ils devenus ? », dont le thème est ainsi explicité : « Une fois par mois, *lequipe.fr* va à la rencontre d'une ancienne gloire du football tricolore. Que fait-il ? Quel contact a-t-il gardé avec le monde du ballon rond ? Quel regard porte-t-il sur le football d'aujourd'hui ? » Le quotidien *Le Monde*, comme d'autres journaux, publie de temps à autre des récits qui expriment la façon dont des histoires anciennes ont évolué. Par exemple, le quotidien du soir a diffusé un reportage [1] sur ce qu'étaient devenues, cinquante ans après, une mère, Janine, et sa fille, Annie, pour lesquelles l'abbé Pierre et Emmaüs avaient construit une maison en 1951, trois ans avant le célèbre appel à la radio, « L'insurrection de la bonté ». La photo d'Annie dans les bras de son père avait fait la une d'un numéro de *Paris-Match* de 1954. Citons enfin l'article de Philippe Pons, toujours dans *Le Monde*, sur la situation actuelle des victimes de la pollution au mercure survenue dans les années 1950 dans la baie de Minamata, au Japon [2].

Dans l'étude des élèves de l'ENA sur le dialogue social dans les médias, les auteurs donnent eux-mêmes quelques exceptions à leur constat d'absence de suivi [3], notamment, à propos de la réforme du dialogue social : l'éditorial des *Échos* du 15 octobre 2003, un article du *Monde* du 9 novembre 2003 (« La réforme manquée du dialogue social ») et un article du *Figaro* du 19 novembre 2003 (« Dialogue social, formation : ce qui va changer »).

Les contre-exemples dans l'information légère

Dans l'information de divertissement, on observe également des cas d'histoire suivie. L'émission de télévision « On a échangé nos mamans » en est un exemple. Chaque expérience d'échange des

1. Marion Van Renterghem, « L'abbé Pierre en trois vies », *Le Monde*, 28 janvier 2004.
2. Philippe Pons, « Minamata, la baie au mercure », *Le Monde*, 29 mars 2005.
3. Les élèves, représentés par Marc Frédéric Guthmann, délégué du groupe, et Michel Noblecourt, animateur, *Dialogue social et médias*, *op. cit.*, p. 12.

mères durant une petite quinzaine de jours est organisée selon un récit fortement structuré. Il comprend un début — l'arrivée de la mère de substitution dans sa nouvelle famille —, une première dramatisation — la mère de substitution doit subir les principes et règles de l'autre pendant quelques jours —, une deuxième dramatisation — elle impose ses propres principes et règles pendant quelques jours —, un dénouement — la mère retrouve sa vraie famille — et un point final — l'expérience s'achève sur un *debriefing* à quatre : les deux mères et les deux pères.

Les émissions fondées sur une mise en situation d'un groupe sur plusieurs semaines, filmée en continu, comme « Le Loft », « L'Île de la tentation » ou « Survivors », s'appuient sur la structure narrative de l'histoire suivie. On peut observer semaine après semaine les sous-groupes et les couples se former, évoluer et éventuellement se dissoudre, les tensions et conflits émerger et se résoudre ou devenir définitifs, et les personnalités individuelles se trahir elles-mêmes inévitablement après les présentations formelles et valorisantes du début.

Bien entendu, lorsque des réalisations relevant de l'information de divertissement expriment le modèle de l'histoire suivie, le montage joue un grand rôle, une importance disproportionnée étant donnée aux scènes spectaculaires ou dramatiques. Toutefois l'important ici n'est pas de savoir si la restitution est fidèle ou non, mais de mettre à jour la structure narrative.

Importance respective des deux modèles

Dans la presse, le modèle de l'histoire tronquée occupe quantitativement une place nettement plus importante que celui de l'histoire suivie, bien que la place de ce dernier ne soit pas négligeable, comme nous venons de le voir. En dehors de *Que deviendront-ils ?*, de l'histoire des femmes de Wittstock et de *Sept ans de mariage*, je ne connais pas d'autres cas de documentaires explorant une histoire en cours sur de nombreuses années. Ce sont des exceptions qui confirment la règle. D'ailleurs Maria Roche, qui produit *Sept ans de mariage*, était la directrice de rédaction de « Jour après jour ». Le modèle de l'histoire suivie relève ici plus de quelques réalisateurs individuels novateurs que d'une tendance collective. Une bonne illustration du rapport quantitatif entre les deux modèles est fournie par l'émission « Affaire à suivre », sur Europe 1, qui vise, comme son nom l'indique, à informer les auditeurs des suites d'une information, mais n'occupe que cinq minutes d'antenne par jour. Dans l'information de divertissement, les deux modèles tiennent une place plus équilibrée, le modèle narratif de l'histoire suivie faisant néanmoins figure de challenger.

Le modèle de l'histoire suivie a d'autant moins pris le dessus dans les médias que son domaine de prédilection est ce qu'on appelle en anglais les *human interest stories.* Il s'agit de récits de vie ordinaire ou d'aventures vécues par des inconnus, considérés individuellement. La société, les institutions et les organisations forment l'environnement, mais non les acteurs de ces récits. Beaucoup d'exemples d'histoires suivies abordés précédemment peuvent être rangés dans cette catégorie. Cette sorte de journalisme anthropologique connaît un certain succès. Pour intéressants qu'ils puissent être, ces récits ne couvrent toutefois qu'une partie de l'information. Le fait de savoir ce qu'est devenu un survivant du crash d'un avion de ligne ne livre guère d'informations sur les résultats d'une enquête, le rôle des organisations en cause et la mise en œuvre des conclusions.

Nous pourrions dire que les histoires collectives ont tendance à être dominées par le modèle de l'histoire tronquée et que les histoires individuelles relèvent plutôt du domaine de l'histoire suivie.

LES CAUSES DE LA PRÉDOMINANCE DE L'HISTOIRE TRONQUÉE

Quatre facteurs conduisent à la structure narrative de l'histoire tronquée : le système de pensée des producteurs de récit, la conception des attentes du public en matière de récit, les conditions techniques de production des récits et les conditions économiques de cette production.

Le système de pensée des producteurs de récit

Le système de pensée des producteurs de récit est une cause puissante favorisant le modèle de l'histoire tronquée. Un premier élément de ce système de pensée est que les producteurs de récit ont souvent une thèse *a priori* qui les détourne de la suite de l'histoire. Dans l'exemple de la fermeture d'une société de deux cents personnes, filiale d'un grand groupe, nous avons vu que la presse régionale ne s'était intéressée qu'à la phase de conflit ouvert et avait ignoré les négociations initiales et l'accord inattendu qui en était sorti. Cela tient à coup sûr à l'idée que se faisait la presse régionale de ce conflit, laquelle considérait implicitement que les points de vue étaient tellement opposés que l'issue ne pouvait pas provenir d'un compromis. L'idée de négociation était totalement étrangère à sa façon de voir ce différend. La meilleure illustration en est que les journalistes ne sont allés interviewer le directeur de l'entreprise et les représentants du personnel qu'au moment où le conflit avait atteint son intensité maximale. Après coup, l'unique mention de l'évolution de la situation fut une brève description d'une manifestation du personnel, qui laissait penser que celui-ci avait infligé une défaite totale à l'employeur. D'une façon générale, les médias privilégient les conflits au détriment de leur prolongement par la négociation, ce qui les conduit à mettre l'accent sur des événements ponctuels et non sur le développement de l'histoire.

Nous voyons aussi clairement la force de la thèse *a priori* dans l'exemple du crash de la Swissair. Le quotidien américain *USA Today* s'est énormément investi pour vérifier l'hypothèse selon laquelle la relation entre le fournisseur des jeux vidéo de la cabine et l'entreprise de certification qui a validé le système aurait été faussée par des actions de collusion et de corruption. Il y a certainement beaucoup de vérité dans ce qu'a trouvé le quotidien. Néanmoins, cette thèse l'a incité à accorder beaucoup moins d'importance aux conclusions de l'enquête officielle dénonçant, dans l'ensemble de l'aviation civile, de graves problèmes d'inflammabilité des matériaux. En simplifiant, la thèse de *USA Today* a conduit le journal à substituer à la suite complète de l'histoire une suite partielle et particulière.

La thèse *a priori*, avec l'exclusion de la fin de l'histoire qui lui est associée, est fortement présente dans l'information de divertissement. Dans l'émission « Bachelor, le gentleman célibataire » diffusée par la chaîne de télévision M6, nous voyons pendant neuf épisodes hebdomadaires de soixante minutes un célibataire rencontrer des jeunes femmes pour finalement choisir l'une d'entre elles. Le jeu s'arrêtant au moment du choix, la chaîne reste silencieuse sur la suite de l'histoire. Et pour cause : si le couple devait ne pas s'entendre et finir par se séparer, comme il serait logique que cela se fasse compte tenu des conditions de la rencontre, tout le concept de l'émission serait remis en question. Nous pourrions même dire que ce concept n'a de sens que parce que nous ne connaissons pas la suite de l'histoire.

Une autre illustration des schémas de pensée *a priori* qui conduisent au modèle de l'histoire tronquée est fournie par ce que la presse considère comme pertinent. L'étude des élèves de l'ENA sur le dialogue social et les médias montre que ces derniers ont accordé une place surdimensionnée à deux aspects : la façon dont les événements sociaux ont marqué le destin individuel des ministres concernés et l'effet de ces événements sur les divisions syndicales :

> Sur les quatorze unes que *Libération* consacre en mai et juin 2003 à la réforme des retraites, la moitié mentionne le nom d'un membre du gouvernement. Les médias réduisent souvent les cas abordés à des victoires ou des défaites personnelles. Par exemple, *Le Figaro* titre, le 20 juin 2003 : « Retraites : la bataille gagnée de Jean-Pierre Raffarin ». Ce type d'approche est aussi privilégiée pour les dirigeants syndicaux : de nombreuses analyses ont été faites des conséquences possibles pour François Chérèque de l'accord de la CFDT avec le gouvernement lors de la réforme des retraites [1].

En dirigeant l'information sur le devenir des ministres et les divisions syndicales, les médias ont parallèlement réduit la place

1. M. F. Guthmann et M. Noblecourt, *Dialogue social et médias*, *op. cit.*, p. 10.

donnée aux dossiers eux-mêmes et, de ce fait, à leur évolution dans le temps.

Chez les producteurs de récit, le troisième élément des schémas de pensée qui favorise le modèle de l'histoire tronquée est tout simplement l'idée que la suite de l'histoire ne présente pas d'intérêt. Tout producteur de récit décide, dans le déroulement d'une histoire, du moment où celle-ci s'arrête et choisit généralement ce moment en considérant qu'avant cet instant le récit était intéressant et qu'après il ne l'est plus. Le récit est souvent clôturé à l'instant où l'on considère qu'ensuite… « ils furent heureux et eurent beaucoup d'enfants » et que ce constant bonheur ne présente plus aucun intérêt. Le problème est que cette hypothèse est parfaitement gratuite. L'instant où l'histoire est censée basculer de sa dimension intéressante dans sa dimension sans intérêt est habituellement associé à un événement marquant : la fin de la guerre, le mariage du couple, le verdict, la fin de la grève, la fin des cérémonies de deuil, la fin des actions de sauvetage et de recherche, etc. C'est vrai aussi dans le domaine de la fiction. Il existe ainsi des étapes qui attirent tel un aimant la fin de l'histoire, au-delà desquelles on considère qu'il ne se passe plus rien.

Un quatrième schéma de pensée qui favorise le modèle de l'histoire tronquée est la tendance à attribuer de l'importance à l'événement lui-même et aux causes qui l'ont produit et beaucoup moins à la façon dont cet événement sera pris en compte dans le futur. Dans le cas d'une catastrophe, la presse mène ses investigations sur les faits eux-mêmes, et sur les causes et conséquences à court terme. Elle a tendance à laisser de côté ce qui est fait pour éviter que la catastrophe ne se reproduise. Par exemple, un accident d'avion survient. La presse parle de l'accident et de ses causes possibles. En règle générale, elle n'examine pas ultérieurement les mesures prises pour empêcher la reproduction du crash. En d'autres termes, la presse décrit la maladie et restitue un diagnostic, mais s'intéresse moins à la guérison et encore moins à la consolidation de la guérison. Dans le cycle temporel d'une histoire, nous trouvons toujours la série : causes, crise, réaction, correction. La presse privilégie le couple causes-crise, c'est-à-dire les éléments initiaux, au détriment du couple réaction-correction, qui survient à plus long terme. Par exemple, la presse écrite et audiovisuelle a largement traité de l'explosion de la navette Challenger et des causes de la catastrophe. Mais elle ne s'est pas beaucoup intéressée à la façon dont les dysfonctionnements avaient été pris en compte dans l'organisation et la gestion de la NASA. Or il s'agissait d'un sujet particulièrement important, puisque l'explosion de la navette Columbia a démontré que ces dysfonctionnements n'avaient pas été vraiment corrigés. Cette polarisation sur la phase initiale des histoires au détriment de leur prise en compte *a posteriori* contribue beaucoup à la structure narrative de l'histoire tronquée.

Une vision fausse des attentes du public ?

La structure narrative de l'histoire tronquée est fondée sur une conception particulière de ce qui plaît au lecteur et au téléspectateur. Cette conception comporte un certain nombre de postulats : le public préfère les histoires courtes, il se lasse vite, il attend des faits spectaculaires et brefs, etc. Dans l'information télévisuelle, l'obsession est d'éviter les tunnels, c'est-à-dire les séquences qui durent de trop longues minutes sans changement. Dans les journaux télévisés, la durée moyenne d'une séquence se compte en secondes plus qu'en minutes. Selon Jean-Claude Domenget, du centre d'étude des médias de l'Université Bordeaux III, un simple chronométrage des différentes séquences d'un journal télévisé — interventions du présentateur, lancements avant et « pieds » après un sujet, commentaires et interviews dans un reportage, interviews en plateau, etc. — révèle cette rapidité. « Les lancements, explique-t-il, durent au maximum vingt secondes. Les sujets dont le format de base est le fameux "une minute trente" se décomposent en une succession de commentaires et d'interviews, également d'une vingtaine de secondes. De même, toute intervention, et notamment celle d'un invité en plateau, ne doit pas dépasser les quarante-cinq secondes fatidiques sous peine de devenir un "tunnel"[1]. »

Est-on bien sûr que le public attende des récits aussi brefs ? Je ne le crois pas. Plusieurs indices tendent à démontrer une certaine

1. Jean-Claude Domenget, « La multiplicité des temps télévisuels : de la production à la réception », Temporaliste, http://www.sociologics.org/temporalistes/indarch1.php?page2=domenget_n00_01.

attirance du public des médias pour les histoires suivies. Un de ces indices est le succès de jeux tels que « Le Loft », « La Nouvelle Star », « Star Academy », « La Ferme », « L'Île de la tentation » ou « Koh-Lanta », qui s'étendent sur plusieurs semaines et qui, pour la majorité d'entre eux, mettent en scène des inconnus. Indépendamment de leur contenu « intellectuel », ces jeux révèlent des attentes profondes. La tendance des observateurs de la vie médiatique est d'attribuer leur audience élevée à la présence de scènes osées ou spectaculaires. Celles-ci n'occupant qu'une petite fraction de la durée totale de diffusion, il me semble plus pertinent de rechercher la cause de l'engouement du public dans le fait qu'il s'agit d'histoires suivies. Dans ces jeux, le téléspectateur peut suivre l'histoire d'un groupe suffisamment longtemps pour observer des amitiés et des liaisons se nouer et se défaire, des réussites s'affirmer ou se renverser, des personnalités se révéler dans leur complexité, etc. C'est ce qui plaît, comme l'attestent clairement les sites Internet de discussion consacrés à ces émissions. Le succès de ces jeux réside dans le fait qu'on montre et qu'on raconte de vraies histoires suivies, avec les prolongements et rebondissements que seule la durée peut laisser espérer.

Conditions techniques propres au récit favorisant le modèle de l'histoire tronquée

Indépendamment des schémas de pensée qui vont dans le sens de la structure narrative de l'histoire tronquée, il existe des facteurs techniques inhérents au récit qui favorisent dans l'information le modèle de l'histoire tronquée.

Un de ces facteurs est la difficulté de restituer des histoires suivies collectives, alors qu'on parvient mieux à raconter des histoires suivies individuelles. C'est la raison pour laquelle le seul type de récits suivis qu'on trouve généralement dans l'information de masse concerne des portraits d'une personne, voire d'un groupe de deux ou trois personnes au maximum. Les auteurs de l'étude de l'ENA [1] ont ainsi observé, lors du conflit des intermittents du spectacle,

1. M. F. Guthmann et M. Noblecourt, *Dialogue social et médias*, *op. cit.*

qu'un grand portrait paru dans un quotidien national et un reportage à la télévision avaient été consacrés à une intermittente enceinte, promue porte-drapeau. La rubrique « Que sont-ils devenus ? » de *lequipe.fr* concerne des joueurs de football individuels, non des équipes, des clubs ou des structures sportives. On retrouve d'ailleurs cette tendance dans les grands récits vécus publiés sous forme d'ouvrages. La majorité d'entre eux décrit des histoires individuelles. Il existe certes des récits collectifs suivis, mais ils sont rares. Je pense notamment au livre *Frères d'armes*, de Stephen E. Ambrose, adapté pour la télévision dans une production de Steven Spielberg et de Tom Hanks, qui raconte l'histoire vraie de la compagnie Easy, de la cent unième division aéroportée américaine, de 1941 à 1945 [1]. On y suit l'histoire du groupe, de son entraînement aux États-Unis jusqu'à l'accès au nid d'aigle de Hitler, en passant par le Débarquement, la bataille de Bastogne et la libération d'un camp de concentration. Un chapitre raconte même le retour des survivants à la vie civile. Certains épisodes sont véritablement collectifs en ce sens que l'accent est mis sur les relations au sein de la compagnie. Ce contre-exemple illustre *a contrario* la tendance dominante aux portraits individuels dès lors qu'on veut produire des histoires suivies.

Nous sommes souvent en présence du schéma suivant : une histoire globale est diffusée selon la structure narrative de l'histoire tronquée, par exemple un accident d'avion dont nous ne connaissons jamais les conclusions ni la suite, avec, parallèlement, quelques portraits de personnes concernées par l'accident, ceux-ci construits plutôt selon la structure narrative de l'histoire suivie, par exemple l'histoire d'une victime et de ses proches interrogés longtemps après.

Un deuxième facteur technique qui explique la prédominance du modèle de l'histoire tronquée est la force du calendrier judiciaire dans la structuration et la clôture des récits dans le temps. Une histoire qui n'a pas de retombées judiciaires a peu de chances d'être suivie, et une histoire qui fait l'objet d'épisodes judiciaires bénéficie d'une suite limitée à ces épisodes. Quantité de sujets

1. Stephen E. Ambrose, *Frères d'armes*, Paris, Albin Michel, 2002 ; rééd. Le Livre de Poche, 2004.

réapparaissent dans les journaux parce qu'une étape judiciaire les concernant intervient. L'affaire des stérilisations insuffisantes de la Clinique du sport, à Paris, ressort périodiquement en fonction des aléas judiciaires. On a reparlé de la pollution au mercure de la baie de Minamata, au Japon, quand ceux qui avaient refusé la grande conciliation en échange de l'abandon des poursuites ont obtenu gain de cause de la Cour suprême japonaise. Le calendrier judiciaire permet donc un certain suivi, mais le fait que ce suivi soit dépendant du temps judiciaire et de sa clôture contribue en partie au modèle de l'histoire tronquée.

Comme l'information de divertissement ne dispose pas du calendrier judiciaire pour scander et limiter ses histoires dans le temps, il a fallu, en quelque sorte, réinventer un calendrier pseudo-judiciaire sous la forme de votes du public, de décisions d'un jury et de jugements d'arbitres : les parents dans « L'Île de la tentation », les membres du groupe dans « Le Loft » et « Koh-Lanta », des spécialistes de la musique dans « La Nouvelle Star », le célibataire lui-même dans « Bachelor ». Les structures narratives du récit journalistique et du récit léger possèdent en commun un guide temporel imposé : la colonne vertébrale du jugement, sérieux ou léger, pour contenir ces récits dans le temps.

La structure narrative de l'histoire tronquée, quand elle n'est pas rythmée par le calendrier judiciaire, est aménagée par les anniversaires. Il est traditionnel de reparler de grandes catastrophes, comme la dévastation de La Nouvelle-Orléans ou le tsunami de décembre 2004, à leur date anniversaire. Ces anniversaires ouvrent quelque peu le récit vers l'histoire suivie. Un autre élément à l'origine du modèle de l'histoire tronquée est que le fait déclencheur d'une histoire est souvent, mais pas systématiquement, plus visible que les suites. Un accident d'avion est plus visible que l'enquête qui suit, qui, à son tour, est plus visible que la façon dont ses conclusions seront mises en œuvre. Une fermeture d'usine est plus visible que les négociations qui suivent, qui, elles-mêmes, sont plus visibles que le devenir de ceux qui ont perdu leur emploi. Dans une guerre, un bombardement est plus visible que les dégâts, qui, eux-mêmes, sont plus visibles que les conséquences humaines. Au fur et à mesure qu'une histoire avance dans le temps, la visibilité de cette histoire s'atténue alors que son intensité humaine ne décroît pas.

La conséquence de cette atténuation des manifestations visibles de l'histoire est une décroissance de l'attention médiatique, qui conduit à la structure narrative du récit tronqué. Ce phénomène vient de ce que la fonction de la presse est de traiter des ruptures — événements, changements, catastrophes, drames, etc. — du long fleuve de la vie collective parce qu'elles se voient plus que les suites, lesquelles, tout en restant douloureuses, sont noyées dans le flot.

Il conviendrait d'ajouter une ultime cause, relevant d'un code esthétique. Celui-ci est aisément perceptible dans la façon dont sont filmés les chanteurs à la télévision. Au lieu d'une prise de vue continue d'une seule caméra du début de la chanson jusqu'à la fin, nous voyons une succession de plans extrêmement brefs du chanteur et des musiciens. Au lieu de nous faire suivre la prestation de l'artiste comme un récit, avec l'évolution de ses expressions et la naissance et la transformation de ses émotions, la multiplication des plans de quelques secondes restitue plutôt une succession d'instantanés disjoints. Il est légitime de se demander si ce principe esthétique d'accumulation disjointe ne déteint pas sur l'information, en devenant une figure de style : accumuler des histoires courtes, et donc coupées, en un bref laps de temps plutôt que dérouler un récit en continu.

Le modèle de l'histoire tronquée face aux contraintes socio-économiques

Le fait que le marketing des médias considère que la satisfaction du lecteur, de l'auditeur ou du téléspectateur augmente en fonction du nombre d'histoires qu'on lui fournit dans une même unité de temps favorise nécessairement la structure narrative du récit tronqué. Cela se voit de façon caricaturale dans l'émission « Vidéo-gag ». Chaque émission durant environ une heure, la coupure systématique de la fin des séquences permet de diffuser plus d'histoires. Si l'on définit la rentabilité de diffusion comme étant le nombre de récits à l'heure, la rentabilité est ainsi maximale. Plus sérieusement, Jean-Xavier de Lestrade, auteur du documentaire *Soupçons* cité précédemment, disposait de six cent soixante-dix heures de *rushes*. Voici ce qu'il dit dans une interview[1] : « [...] j'ai compris que si je voulais dépasser le stade de l'enquête et entrer dans la complexité des choses, je ne pourrais pas faire un film de 1 h 45. En discutant avec les monteurs, Sophie Brunet et Jean-Pierre Bloc, je suis arrivé à la conclusion que le bon format était huit épisodes de quarante-cinq minutes. » Restait à trouver une chaîne de télévision qui accepte un tel format. France 2 refusa, mais Canal Plus, après une première hésitation, finit par accepter. La même difficulté s'est rencontrée aux États-Unis. La chaîne HBO ayant tardé à répondre, l'auteur a travaillé avec ABC sur une version de deux heures. Cette exception ne fait que confirmer la règle : dès qu'il s'agit de présenter un récit suivi, le format classique de la télévision est inadapté.

Une forte contrainte pèse sur les médias : ils ne sont jamais assurés de la fidélité de leur public. J'entends par « fidélité » le fait de lire, écouter ou regarder régulièrement une rubrique ou une émission et de garder en mémoire les faits passés. Un téléspectateur allume la télévision à l'heure qu'il veut ou à laquelle il est disponible, pour la durée qu'il choisit. Il ne sera peut-être pas devant son poste le lendemain ou le même jour de la semaine suivante à la même heure. Par ailleurs, il ne conserve pas longtemps en mémoire la plupart des récits d'actualité. Les médias répondent à cette contrainte d'une double façon. D'abord, ils conçoivent des produits courts autosuffisants, qui sont en eux-mêmes des récits avec un début, un déroulement et une fin, ou plutôt une fausse fin, c'est-à-dire une fin provisoire transformée en fin définitive. Les feuilletons documentaires, communément appelés « docu-soaps », qui racontent la vie quotidienne de groupes ou d'individus, sont souvent découpés en épisodes qui peuvent être regardés comme un tout, indépendamment des autres. Le public doit pouvoir consommer le récit sans attendre une suite un autre jour et comprendre sans avoir vu les éventuels épisodes précédents. Faute de la certitude d'avoir une cible qui suit l'histoire, les médias ne sont pas motivés pour rendre compte de ce qui s'est passé après. Un quotidien local ou un journal télévisé régional raconte les manifestations violentes du personnel menacé par la fermeture d'une usine.

1. Propos recueillis par Emmanuelle Miquet, www.lefilmfrancais.com, 2004.

Faire le récit de la négociation qui a commencé quinze jours plus tard suppose que le lecteur ou le téléspectateur ait suivi le conflit et s'en souvienne. Quand le rapport sur l'accident de la Swissair de 1998 est sorti en 2003, six ans après les faits, la quasi-totalité du public avait oublié l'accident, et il n'y avait pas d'attente active pour connaître la fin de l'histoire. Cela ne signifie pas que le public des médias ne s'intéresse pas aux récits suivis, mais simplement que cet intérêt n'est pas spontané. Il faut lui donner les suites pour qu'il s'y intéresse. Il est plus que probable que des articles ou des émissions présentant les extraordinaires conclusions du bureau d'investigation sur l'accident de la Swissair n'auraient pas été boudés par le public. Le documentaire *Soupçons* n'a de sens que si le téléspectateur regarde les huit épisodes. La chaîne a fait le pari que le film serait suffisamment captivant pour accrocher sa cible pendant ces huit semaines. Pour adopter une structure narrative d'histoire suivie, elle a en quelque sorte supposé une fidélité qui n'était pas acquise d'avance. L'infidélité du public, en conduisant les médias à produire des récits courts et à ne pas donner la suite, favorise la structure narrative de l'histoire tronquée. Pour répondre au zapping de l'auditeur ou du téléspectateur, on construit des récits courts, sans suite, qui peuvent garder un sens, même dans un contexte de zapping.

Une troisième contrainte socio-économique vient du métier de journaliste lui-même. Pour qu'un journaliste assure le suivi d'une histoire, il doit disposer d'un minimum de ressources : avoir la possibilité d'attendre, de rechercher et d'accumuler de l'information avant de produire un papier. Paradoxalement, c'est parce que le réalisateur du documentaire sur les femmes de Wittstock (ex-RDA) était un fonctionnaire d'un studio étatique non soumis à la pression économique qu'il a pu prendre le temps de suivre pendant vingt ans leur destin quotidien. Le *narrative journalism* exige des moyens. « Il s'agit d'un journalisme d'hommes et de femmes qui ont du temps », explique Emmanuel Fournier dans le magazine *Sciences humaines*[1]. La structure narrative de l'histoire suivie nécessiterait un statut proche de celui du chercheur, disposant de

1. Emmanuel Fournier, « Quand le reportage devient littérature », *Sciences humaines*, n° 129, juillet 2002, p. 24.

temps et d'un revenu assuré. L'augmentation du nombre de pigistes rémunérés en fonction des articles fournis et la part importante des journalistes intégrés dans des structures hiérarchiques contraignantes[1] suffisent à démontrer que nous sommes loin de ce schéma. Un pigiste auquel on a demandé un papier sur la fermeture d'une usine ne peut raisonnablement investir de temps personnel non rémunéré pour enquêter sur ce que sont devenus les ouvriers licenciés.

CONSÉQUENCES DU MODÈLE DE L'HISTOIRE TRONQUÉE

Sans les suites, l'information perd toute sa substance. Le journaliste suisse Serge Michel, lauréat du prix Albert Londres en 2001, exprime cette idée dans l'ouvrage documentaire précédemment cité sur les émeutes des banlieues, en 2005 en France, et leurs suites[2] : « Pour avoir couvert des guerres et surtout des après-guerres, je sais bien que c'est quand tout se termine que tout commence. Je sais bien que plus un journaliste s'approche du front, plus il va accorder d'importance aux mensonges que lui débitent les combattants. La crise des banlieues n'a pas échappé à cette règle, raison pour laquelle il fallait attendre la fin de l'incendie pour travailler sérieusement. »

La suite en miettes de l'histoire

Une première conséquence de l'existence prédominante du modèle de l'histoire tronquée est que le lecteur, l'auditeur ou le téléspectateur qui veut connaître la suite des histoires doit la rechercher par lui-même. Il est en effet assez fréquent que le récit de la suite d'une histoire existe. Quand c'est le cas, cette suite se

1. Éric Neveu, « Profession : journaliste », *ibid.*, pp. 22-25.
2. S. Michel (dir.), *Bondy Blog*, *op. cit.*, p. 21.

trouve sur des supports médiatiques différents de ceux où figurait l'histoire initiale. Le public français désireux d'être informé des suites du crash de la Swissair de 1998 est obligé de consulter Internet ou des quotidiens américains pour accéder au rapport d'enquête de 2003. Même un documentaire suivi tel que *Soupçons* s'arrête au moment du verdict, et il faut aller sur les sites de divers médias pour savoir si les enfants de l'accusé, qui sont fortement présents dans le documentaire, ont réagi au verdict et où en est l'appel. Cela vaut aussi pour l'information de divertissement. Par exemple, une chanteuse, Amel Bent, arrivée en deuxième position au jeu « La Nouvelle Star », alors que le jury l'avait encensée, a débuté une carrière plus qu'honorable avant de connaître le succès. Mais pour connaître cette suite intermédiaire, il a fallu lire un article publié plusieurs mois après par l'hebdomadaire culturel *Télérama*[1].

Il faut souligner ici l'extraordinaire outil que représente Internet pour celui qui souhaite connaître la suite des histoires occultée par les médias, qu'il s'agisse d'information journalistique ou de divertissement. Les moteurs de recherche permettent de trouver les supports où figure la suite d'une histoire, lesquels sont différents des supports qui ont délivré l'histoire initiale. Sans Internet, les suites seraient totalement inaccessibles aux non-professionnels de l'information. Grâce à sa capacité de stockage, de mise en relation et de restitution des informations, Internet joue de fait un rôle de recomposition dans le temps des informations. Internet est beaucoup critiqué, à juste titre, pour la qualité potentiellement problématique des informations qui y sont diffusées. Il n'en reste pas moins que c'est le seul support qui permette de percer le mur du modèle de l'histoire tronquée.

La suite comme une nouvelle histoire

Dans l'information journalistique, une dimension du modèle de l'histoire tronquée est que, même lorsque des événements sont suivis, chaque épisode est livré de façon isolée comme une nouvelle

1. Cette artiste ayant percé, il est naturel que les médias s'y intéressent alors.

histoire, sans rappel des épisodes précédents. Le lecteur ou le téléspectateur qui n'a pas suivi ces événements dès leur émergence ignore évidemment tout de leurs tenants et aboutissants. C'est particulièrement vrai dans le cas de conflits nationaux ou internationaux qui s'étalent sur une longue durée. Lorsque des manifestations visibles de ce conflit surviennent de temps à autre, la presse les relate sans resituer ses origines, à quelques exceptions près.

Des histoires appauvries de leur complexité

Les suites à moyen et long terme d'une histoire comportent souvent des éléments d'information de la première importance, qui permettent une relecture enrichie du récit initial. Il est fréquent que se concentre dans la suite d'une histoire, voire dans son épilogue, ce qui lui donne son sens. Les acteurs mentent notamment plus à chaud qu'après coup, quand la poussière est retombée. Par ailleurs, la connaissance des suites aide à compenser au moins en partie la distorsion de la réalité que produit inévitablement tout récit. En coupant l'histoire, la structure narrative de l'information de masse nous prive de ces enrichissements produits par les suites et de ces confrontations entre le récit et ce qui est arrivé après.

En effet, c'est souvent la connaissance de la suite d'une histoire qui permet d'accéder à la complexité humaine et sociale qu'elle renferme. François Bizot, un ethnologue français, a vécu la « révolution » des Khmers rouges pendant la seconde moitié des années 1970, qui a été plus ou moins bien suivie par les médias. Lui-même a été fait prisonnier par les Khmers rouges, et il s'en est fallu de peu qu'il ne disparaisse. Trente ans après, *Le Monde* a eu l'idée de livrer une suite de l'histoire en l'interviewant sur son état d'esprit actuel à l'égard du tortionnaire Deuch entre les mains duquel il était passé. Deuch fut le responsable d'un grand centre d'interrogatoires et d'extermination du régime. Dans ce témoignage à la fois passionnant et terrible, François Bizot pose la question de la vraie nature du bourreau : « Le mécanisme d'identification avec les victimes est évidemment une bonne étape, mais il faut aller plus loin. Nous nous refusons à admettre l'humanité du bourreau. La justice internationale le conforte dans sa stature de monstre.

Il faudrait avoir le courage de dire autre chose que “l'ennemi, c'est l'autre”. Et s'ils n'avaient fait cela que parce qu'ils sont des hommes[1] ? » Qu'un des rares témoins occidentaux du massacre méticuleux d'un peuple s'interroge sur la nature humaine de l'horreur alors qu'il a failli en être lui-même la victime apporte une profondeur de réflexion qui enrichit considérablement la compréhension du mécanisme initial de cette histoire. Dans notre culture de l'histoire tronquée, en omettant d'interroger les François Bizot trente après le récit de leur tragédie, nous privons ces tragédies de leur infinie complexité.

Je vais donner un autre exemple de la grande richesse d'enseignements de la fin éloignée d'un récit. Bien qu'il ne s'agisse pas d'une production de la presse écrite, il montre bien ce que nous manquons lorsque nous n'allons pas au bout de l'histoire. Intitulé *Mémoires d'une juste*[2], ce témoignage raconte la vie d'Irene Opdyke, une jeune Polonaise qui a sauvé des juifs pendant la Seconde Guerre mondiale par des actions d'une audace et d'un courage extrêmes. Elle a notamment caché une dizaine de juifs pendant plusieurs semaines dans la cave de la maison qui abritait l'officier supérieur allemand dont elle était la gouvernante par réquisition. L'Allemand ayant fini par découvrir les clandestins, il proposa à sa gouvernante de garder le silence en échange d'une liaison avec elle, ce qu'elle accepta pour sauver ses amis. Dans les dernières lignes du récit, nous apprenons ce qui s'est passé après la guerre. L'officier supérieur allemand a été rejeté par ses compatriotes pour avoir entretenu une liaison avec une Polonaise — qu'ils pensaient consentante — pendant la guerre et a été privé de travail et de ressources. C'est finalement un couple parmi les juifs sauvés par la gouvernante polonaise qui a aidé l'officier allemand en subvenant régulièrement à ses besoins. Cette suite éloignée de l'histoire, qui ne figure que dans l'épilogue de l'ouvrage, est extraordinaire parce qu'elle souligne l'insondable complexité et le caractère infiniment imprévisible des interactions humaines. La fin éclaire d'un sens nouveau le corps de l'histoire, car la dette des juifs à l'égard

1. Francis Deron, « Bizot l'ethnologue se souvient de ses geôliers », *Le Monde*, 16 avril 2005, p. 3.

2. Irene Opdyke, *Mémoires d'une juste*, Paris, Ramsay, 2002 ; rééd. Le Livre de poche, 2004.

de l'officier n'est explicable que si nous comprenons que le bien et le mal sont jugés de façon totalement différente quand il s'agit de négocier des vies mêmes dans un contexte d'effondrement de toute norme.

Les clés perdues des histoires

Il n'est pas rare de trouver dans la suite lointaine d'une histoire, dans son épilogue, des clés pour la comprendre. C'est ce qu'illustre le témoignage *À marche forcée*, de Slavomir Rawicz [1]. Ce militaire polonais avait été fait prisonnier par les Soviétiques à la fin de la Seconde Guerre mondiale et envoyé dans un goulag en Sibérie. S'étant échappé avec des camarades, il parvint à marcher jusqu'en Inde, où il fut récupéré par l'armée britannique. Le récit est à peine croyable, car le groupe a parcouru des milliers de kilomètres sans aucune aide dans un environnement hostile, traversant des régions totalement inhospitalières (Sibérie, désert de Gobi, chaîne de l'Himalaya) avec un équipement plus que rudimentaire. Beaucoup ont mis en doute sa véracité, au motif qu'une ou deux descriptions géographiques ne correspondaient pas à la réalité. Une sorte d'investigation journalistique a été entreprise pour mettre au jour la vérité, sans parvenir à trancher. Il suffit en réalité de lire l'histoire jusqu'à son épilogue pour comprendre qu'elle est véridique. L'officier polonais, dans l'hôpital indien où il a été recueilli par les Anglais, se met à accumuler tous les morceaux de pain qu'il trouve ou qu'on lui fournit, alors qu'il peut manger à sa faim autant qu'il veut. Le personnel hospitalier ne parvient pas à le détacher de ce trouble obsessionnel compulsif. Cette ultime suite de l'histoire livre la clé qui prouve la vérité du récit : ce détail de l'accumulation obsessionnelle de pain ne peut avoir été inventé. Comment un homme qui peut demander autant de nourriture qu'il veut peut-il constituer de telles réserves de morceaux de pain ? La seule réponse possible est qu'il a réellement vécu l'histoire qu'il raconte. La nourriture, dans un milieu physiquement et humainement hostile,

1. Slavomir Rawicz, *À marche forcée : à pied du Cercle polaire à l'Himalaya (1941-1942)*, Paris, Phébus, 2002.

était le problème majeur, et marcher des semaines entières sans nourriture substantielle était quasi impossible. Si le Polonais a acquis une telle obsession de la nourriture, c'est qu'il a effectivement vécu ce qu'il dit.

Les longs fleuves des histoires charrient au bout de leurs cours des réponses aux énigmes que leurs sources ont fait naître. La structure narrative de l'histoire tronquée nous prive de ces clés ultimes.

VI

L'enfer de la vulgarisation

Selon *Le Petit Larousse*, la vulgarisation est l'action de mettre des connaissances techniques et scientifiques à la portée des non-spécialistes. Plus généralement, vulgariser, c'est rendre accessibles au grand public des connaissances et des idées. Ce chapitre traite de la vulgarisation au sens large, incluant, par exemple, les guides de voyage.

M'intéressant à de multiples domaines de la connaissance sans en être un spécialiste et ayant lu quantité de textes de vulgarisation et regardé de nombreux documentaires, j'ai pu maintes fois constater à quel point la vulgarisation était de faible qualité et entachée de silences et de bruits. De même que les structures sous-jacentes des informations pratiques et d'actualité sont constituées par le métalangage des modes d'emploi et le modèle de l'histoire tronquée, de même la structure sous-jacente de l'information vulgarisée est formée par ces silences et ces bruits.

LES SILENCES D'UNE VULGARISATION ESSENTIELLEMENT DESCRIPTIVE

La diffusion grand public des connaissances tend à être présentée à travers un mécanisme essentiel de réduction. Dans la vulgarisation d'un phénomène, l'information sur l'état du phénomène est privilégiée par rapport à l'information sur les processus expliquant le phénomène. Autrement dit, on décrit la situation, mais pas le mécanisme amont qui a conduit à cette situation. Les résultats de la boîte noire sont présentés, mais nous n'entrons pas dans la boîte noire.

Trois exemples de vulgarisation descriptive

Nous allons examiner en détail trois exemples de vulgarisation descriptive : les cyclones tropicaux, le pont cantilever du Firth of Forth, en Écosse, et l'effet obtenu en ajoutant du sel à de la glace.

Pour les cyclones tropicaux, voici la liste des douze ouvrages ou sites Internet grand public traitant de ce sujet qui nous serviront de référence : *USA Today* et Jack Williams, *The Weather Book* [1] ; *L'Encyclopédie visuelle* de *Libération* [2] ; Brian Cosgrove, *Comprendre la météo* [3] ; Jean-Louis Vallée, *Techniguide de la météo* [4] ; Christian Hinterseber, *Le Temps aujourd'hui et demain* [5] ; Time-Life, *Les Tempêtes* [6] ; Anne Debroise et Éric Seinandre, *Petit Atlas des phénomènes naturels* [7] ; Brian Cosgrove, *Le temps qu'il fera* [8] ; Microsoft, *Encarta* ; Météo France, site Internet ; *Météorologie. Guide visuel* [9] ; Lucien Dorize, *Le Climat, objet de curiosité et de polémiques* [10].

La façon dont les cyclones naissent est une information essentielle, au moins autant que leur structure et leurs trajectoires. Or la quasi-totalité de ces ouvrages développe la description des cyclones, mais bâcle l'explication de leur genèse. Aucun processus de formation n'est décrit. Une voire deux causes sont parfois rapidement

1. Jack Williams et *USA Today*, *The Weather Book*, « *An Easy-to-Understand Guide to the USA's Weather* », New York, Vintage Books, 1992.

2. *L'Encyclopédie visuelle* de *Libération*, *Le Comment du pourquoi. Réponses inédites à 130 questions impossibles*, Paris, First, 1994.

3. Brian Cosgrove, *Comprendre la météo*, Chamalières, Éd. Proxima, 2001.

4. Jean-Louis Vallée, *Techniguide de la météo*, Paris, Nathan, 2004.

5. Christian Hinterseber, *Le Temps aujourd'hui et demain. Guide pratique de météorologie marine*, Paris, Gallimard, coll. « Les Maritimes/Voiles », 1980.

6. A. B. C. Whipple et Time-Life, *Les Tempêtes*, Amsterdam, Éd. Time-Life, 1982.

7. Anne Debroise et Éric Seinandre, *Petit Atlas des phénomènes naturels*, Larousse, 2004.

8. Brian Cosgrove, *Le temps qu'il fera*, Paris, Gallimard, coll. « Les Yeux de la découverte », 1990.

9. Bruce Buckley, Edward J. Hopkins, Richard Whitaker, *Météorologie. Guide visuel*, Sélection du Reader's Digest, 2006.

10. Lucien Dorize, *Le Climat, objet de curiosité et de polémiques*, Paris, Ellipses Édition, coll. « L'Esprit des sciences », 2005.

évoquées. Il y a ainsi une énorme disproportion entre la longueur du texte consacré à la description des cyclones une fois formés – 90 % à 95 % du texte total – et la brièveté de celui dédié à leur genèse. L'album de Time-Life, *Les Tempêtes*, qui semble le plus complet sur ce sujet, s'étend longuement sur la structure des cyclones et leur évolution, mais ne donne pratiquement aucune information sur leur naissance. Seuls *L'Encyclopédie visuelle* de *Libération*, l'album de *USA Today*, le Larousse des phénomènes naturels et le livre de Dorize entrent véritablement dans une tentative d'explication de la genèse des cyclones. Dans deux cas de vulgarisation sur trois, on n'a donc pas l'explication. Le tableau I propose une vision synthétique de cette occultation.

Tableau I

L'explication occultée des cyclones dans des ouvrages grand public

Ouvrages	*Nombre de pages consacrées aux cyclones*	*Le texte entre véritablement dans l'explication de la genèse des cyclones*
The Weather Book (USA Today)	19	Oui
L'Encyclopédie visuelle (Libération)	2	Oui
Comprendre la météo	8	Non*
Techniguide de la météo	4	Non*
Le Temps aujourd'hui et demain	3	Non
Les Tempêtes (Time-Life)	19	Non
Petit Atlas des phénomènes naturels (Larousse)	2	Oui
Le temps qu'il fera	2	Non
Encarta	1	Non
Site de Météo France	2	Partiellement
Météorologie (Sélection du Reader's Digest)	2	Non*
Le Climat, objet de curiosité et de polémiques	1,5	Oui

* La genèse du cyclone est tout juste évoquée sans aucun développement

Dans le domaine de l'architecture, un grand nombre de livres de vulgarisation, de guides sur les ponts et de guides touristiques concernant l'Écosse parlent d'un pont extraordinaire, le Firth of Forth, qui franchit l'estuaire *(firth)* de la rivière Forth, dans la région d'Édimbourg *(voir figure 30)*. C'est un pont en acier qui a été construit entre 1882 et 1890.

Pont à structure cantilever

Figure 30. Pont du Firth of Forth

Source : *Royal Commission on the Ancient and Historical Monuments of Scotland.*

L'originalité de ce pont tient à sa structure cantilever, puisque c'est la plus grande structure de ce type au monde. Un cantilever, encore appelé « console », est une pièce qui tient en l'air en n'étant tenue que par une de ses extrémités. Une étagère fixée à un mur à l'aide d'une équerre est un cantilever. Dans un pont cantilever, chaque bras en surplomb à partir d'une pile est contrebalancé par l'autre bras en surplomb de l'autre côté de la pile. Ce principe est illustré à la figure 31, sur laquelle le bras gauche de chaque personnage est équilibré par son bras droit et inversement. Le cantilever constitue avec la poutre, l'arc et la suspension l'une des quatre structures fondamentales des ponts.

*Le bras gauche de chaque personnage
est équilibré par son bras droit*

Figure 31. Principe structurel du pont Firth of Forth
Source : *Engineering*, 1890.

Dans les innombrables présentations du Firth of Forth, cette explication n'est jamais donnée *(voir tableau II)*. Beaucoup parlent du pont sans même signaler qu'il s'agit d'un cantilever. Quand le mot « cantilever » est cité, sa structure n'est ni définie ni commentée. Ainsi, dans deux albums de vulgarisation sur les ponts destinés à des publics de langue anglaise, *Bridges*, de David J. Brown [1], et *The Creation of Bridges*, de David Bennett [2], ce pont est détaillé sur plusieurs pages, mais bien qu'il soit précisé qu'il s'agit d'un cantilever, le fonctionnement de cette structure n'est pas expliqué. Le seul ouvrage de vulgarisation dans lequel la structure en double cantilever du Firth of Forth est indiquée est l'album de David Macaulay, *Les Grandes Constructions* [3]. *L'Architecture et les Ingénieurs*, de Sylvie Deswarte et Bertrand Lemoine [4], parle du pont écossais sur deux pages et cite son caractère cantilever, mais se contente de publier la photo de la figure 31, sans aucun commentaire.

1. David J. Brown, *Bridges*, New York, Macmillan Publishing Company, 1993.
2. David Bennett, *The Creation of Bridges*, Londres, Aurum, 1999.
3. David Macaulay, *Les Grandes Constructions*, Paris, L'École des Loisirs, 2002.
4. Sylvie Deswarte et Bertrand Lemoine, *L'Architecture et les Ingénieurs*, Paris, Éd. du Moniteur, 1980.

Tableau II

L'absence d'explication du pont cantilever Firth of Forth dans les ouvrages grand public

Ouvrages	*Nombre de pages consacrées au pont*	*Mention qu'il s'agit d'un cantilever*	*Explication de la structure cantilever*
Bridges (album)	2	Oui	Non
The Creation of Bridges (album)	2	Oui	Non
Les Grandes Constructions (album)	4	Oui	Oui
L'Architecture et les Ingénieurs	3	Oui	Non
Guide Vert Michelin de l'Écosse	1/2	Oui	Non

Notre troisième exemple, l'effet du sel mélangé à de la glace, est devenu un lieu commun de la vulgarisation, puisqu'il est censé répondre à la question : « Pourquoi met-on du sel sur le verglas ? » Là encore, plusieurs réponses décrivent le phénomène, mais aucune n'explique le processus. Considérons les quatre textes de vulgarisation suivants : *The Weather Book*, de Jack William et *USA Today*[1] ; *Les Lois du monde. Notre environnement expliqué par la physique*, de Roland Lehoucq, Jean-Michel Courty et Édouard Kierlik[2] ; « Questions de science », une rubrique aujourd'hui disparue du site Internet du Centre de vulgarisation de la connaissance, Université Paris-Sud XI[3] ; et le chapitre consacré au sel du site Internet personnel du scientifique Pierre Laszlo[4].

Les quatre textes *(voir tableau III)* expliquent que le mélange

1. *Op. cit.*
2. Roland Lehoucq, Jean-Michel Courty, Édouard Kierlik, *Les Lois du monde. Notre environnement expliqué par la physique*, Paris, Belin, coll. « Pour la science », 2003.
3. http://www.cvc.u-psud.fr/
4. http://www.pierrelaszlo.net/science_writings/le_sel.htm.

eau-sel gèle à une température plus basse que zéro degré, mais seuls deux d'entre eux, *The Weather Book* et « Questions de science », prennent la peine d'entrer dans la boîte noire pour présenter le processus en amont. Ces textes décrivent les mécanismes de liaison entre les molécules modifiées par le sel et permettent de comprendre que le sel rend plus difficile le bon ordonnancement de l'eau, lequel forme la glace. Les auteurs du livre *Les Lois du monde* et Pierre Laszlo, qui sont pourtant des experts du sujet, laissent de côté l'explication pour le grand public.

Tableau III

L'explication filtrée du mélange sel, eau et glace pour le grand public

Support	*Nombre de pages consacrées au mélange sel et glace*	*Explication de l'effet du sel sur la formation de la glace*
The Weather Book (USA Today)	1/3	Oui
« Questions de science » (Centre de vulgarisation de la connaissance)	2	Oui
Site Internet de Pierre Laszlo	1/2	Non
Les Lois du monde (Belin)	2	Non

Nous pourrions citer bien d'autres exemples de domaines de la connaissance caractérisés par la propension à la vulgarisation descriptive et non explicative. Il en est ainsi de la météo quotidienne en France. La tendance générale est de présenter le temps qu'il fait ou qu'il fera et non ce qui l'explique. Le consommateur des médias est inondé de cartes remplies de soleils ou de nuages, mais il est rare qu'on lui parle de la formation du temps. Le site Internet de Météo France lui-même ne fournit pas les courbes de pression ni les fronts, qu'il réserve aux abonnés professionnels. La chaîne de télévision TF1 constitue une certaine exception puisqu'elle s'efforce de donner des explications — il n'est pas rare de voir des cartes comportant les centres de pression, leur rotation et les fronts. Nous voyons à l'œuvre un même type de vulgarisation descriptive dans le domaine des médicaments. Le dictionnaire de référence destiné au grand public se contente de donner des recommandations et la posologie des médicaments et ne dit rien de leur fonctionnement.

Autres aspects de la vulgarisation descriptive

Un autre aspect de la réduction de la vulgarisation à sa dimension descriptive est l'occultation du *pourquoi du pourquoi.* Par exemple, c'est devenu un lieu commun de la vulgarisation que d'expliquer le phénomène de la condensation : pourquoi de la buée se forme-t-elle sur une bouteille sortie du réfrigérateur ? Pourquoi le pont du Golden Gate, à San Francisco, est-il régulièrement plongé dans le brouillard ? Pourquoi une traînée blanche se forme-t-elle derrière les avions à réaction ? Les explications abondent pour faire comprendre que l'air refroidi ne peut plus contenir l'humidité, laquelle ressort en fines gouttelettes sur la bouteille, en brouillard au Golden Gate et en une traînée blanche derrière l'avion, mais on n'explique jamais le pourquoi du pourquoi : d'où vient l'air humide du Golden Gate et par quoi est-il refroidi (probablement par un courant maritime froid le long du littoral) ? Pourquoi l'humidité se condense-t-elle derrière les réacteurs et pas ailleurs (probablement parce que les particules éjectées par le moteur font office de noyaux qui facilitent la condensation) ?

D'autre part, la vulgarisation descriptive a tendance à occulter la façon dont un phénomène est utilisé. Par exemple, dans les textes sur les fractales destinés à des non-spécialistes[1], des applications sont citées, comme la compression d'image, mais sans explication, et il est impossible de savoir à quoi elles servent et comment on les utilise.

Un dernier aspect de la vulgarisation descriptive est son étendue. Elle occupe en effet une place nettement plus importante que la vulgarisation explicative. Quelques efforts remarquables de vulgarisation explicative méritent cependant d'être cités. La rubrique

1. *L'Express*, rubrique « Comment ça marche ? », et Xavier Labouze, Centre de vulgarisation de la connaissance, voir ci-dessus, n. 3, p. 168, « La dimension fractale », 6 mai 1999.

« Le comment du pourquoi » du journal *Libération*, qui a donné lieu à l'ouvrage *L'Encyclopédie visuelle*[1], a délibérément choisi de s'attaquer à la « boîte noire ». Par exemple, elle ne s'intéresse pas à la structure d'une feuille mais à la question « pourquoi tombe-t-elle ? ». Nous trouvons aussi dans cette rubrique une explication de la sélection naturelle à travers un graphique remarquablement bien conçu. Or il est très rare qu'un support de vulgarisation s'attaque à l'explication de la sélection naturelle. Un autre exemple de vulgarisation explicative est fourni sur les sites Internet du quotidien américain *USA Today* et de la chaîne de télévision The Weather Channel. Les différentes étapes du phénomène météorologique qui apporte de grandes quantités de neige sur l'est des Grands Lacs des États-Unis *(lake effect)* ou un blizzard sur le Nord-Est américain *(north'easter)* sont illustrées par des graphiques animés interactifs. Citons enfin l'ouvrage *Sables émouvants*[2]. Je l'ai choisi car là où la plupart des livres de vulgarisation sur les roches sont de bons exemples de ce que j'appelle les *accumulations descriptives*, cet ouvrage a pris le parti d'être explicatif. Ainsi explique-t-il pourquoi le sable gorgé d'eau cesse d'en rejeter quand on appuie dessus ou à quoi sert le ballast des voies de chemins de fer.

ORIGINES DE LA VULGARISATION DESCRIPTIVE

Vision d'un public hermétique

Sans doute beaucoup estiment-ils que la vulgarisation ne peut être que descriptive puisque le grand public est censé ne pas s'intéresser aux processus explicatifs et ne pas les comprendre. Pourtant, des expériences positives de vulgarisation explicative démontrent que l'occultation des processus n'est pas une fatalité. Outre les exemples de *USA Today* et de *Libération* cités précé-

1. *Op. cit.*
2. Jacques Duran, *Sables émouvants. La physique du sable au quotidien*, Paris, Belin, coll. « Pour la science », 2003.

demment, tous les ouvrages de vulgarisation, guides touristiques et sites Internet qui parlent des écluses ne manquent quasiment jamais d'en expliquer le fonctionnement de façon simple. *Le Petit Larousse* lui-même explique, au mot «écluse», son fonctionnement à l'aide d'un schéma. Pourquoi un public supposé intéressé par le mécanisme d'une écluse et capable de le comprendre serait-il hèrmétique aux processus explicatifs des autres domaines ?

D'une façon générale, on sous-estime l'attente du public à l'égard de l'explication amont d'un phénomène. Pour choisir leurs sujets, les journalistes de *Libération* se sont renseignés autour d'eux sur ce que les gens avaient envie de savoir. La demande qui en résulta n'était pas de décrire, mais d'expliquer. Le public n'attendait pas qu'on lui raconte les effets des cyclones mais qu'on lui dise comment ils naissaient.

À cette vision négative des attentes et des capacités du public s'ajoute l'idée enfouie, non pas que ce dernier ne puisse comprendre, mais qu'*il ne doive pas comprendre.* On considère que comprendre peut être dangereux ou déstabilisant. Le fait de ne pas donner d'explication sur le fonctionnement des médicaments repose sur l'idée que les patients pourraient mal les utiliser s'ils en savaient trop. La réclamation du huis clos pour la commission d'enquête parlementaire sur l'erreur judiciaire d'Outreau est en partie guidée par la considération que le fonctionnement de la justice est une affaire de spécialistes devant être traitée entre spécialistes.

Difficultés à expliquer la « boîte noire »

La prédominance de la vulgarisation descriptive par rapport à la vulgarisation explicative est largement due à la difficulté même de trouver les explications. Le journal *Libération*, dans son ouvrage *L'Encyclopédie visuelle*[1], le souligne en décrivant les conditions de cette tâche : «[...] astuce et persévérance. Qualités requises pour piocher dans les documents — parfois maigres — permettant de reconstituer l'histoire de la lumière de la luciole — quand allume-t-elle ses feux ? et avec quoi ? — ou la floraison des plantes [...].

1. *Op. cit.*

La clé du succès ? Le plus souvent, il faut dénicher le (la, les) spécialiste(s) du domaine à qui poser des questions de novice, bien décidé à percer quelques secrets. Nombreux sont ceux, chercheurs ou professeurs ou ingénieurs, [...] des grands organismes (CNRS, CNES, INSERM, INRA, CEMA-GREF...) qui nous ont ainsi aidés à nous sortir du labyrinthe dans lequel nous nous étions nous-mêmes engagés.» La pauvreté de la vulgarisation explicative a pour origine un problème scientifique : pour vulgariser, il faut accéder à la connaissance fondamentale et à ses experts, et ce n'est pas si facile. Le vulgarisateur n'est pas seulement un traducteur ; il doit aussi, d'une certaine façon, être un chercheur. Ce qui entraîne le corollaire que la recherche de l'explication pour vulgariser exige du temps et des compétences, autrement dit un coût élevé.

La vulgarisation explicative est largement dépendante du niveau de complexité du sujet considéré. Moins une question est complexe, plus on trouvera de vulgarisation explicative à son sujet. Inversement, plus elle est complexe, moins on trouve de vulgarisation explicative, et plus on rencontre en contrepartie de vulgarisation descriptive. En architecture, par exemple, les ouvrages de vulgarisation expliquent volontiers le principe de la clé de voûte et le mode de construction d'un arc grâce au cintre, mais se gardent bien d'expliquer celui du dôme de la cathédrale de Florence, qui présente la particularité d'avoir été construit sans cintre. Pour dénicher l'explication, il faut recourir à des ouvrages scientifiques [1].

On constate la même chose en météorologie. Plus un phénomène est complexe, moins il fait l'objet de vulgarisation explicative, et plus il fait l'objet de vulgarisation descriptive. Le brouillard, un phénomène assez facile à expliquer, est « une tarte à la crème » de la vulgarisation. Il n'existe pas un ouvrage ou support de météo grand public qui ne l'explique. Quand on en vient au cyclone, c'est différent. S'agissant des tornades, un mécanisme extrêmement subtil, on n'en trouve jamais d'explication dans les produits de vulgarisation.

Il en va de même en matière technologique. Nous sommes inondés d'explications sur le fonctionnement relativement simple des

1. Giovanni et Michele FANELLI, *Brunelleschi's Cupola*, Florence, Mandragora, 2004, et Mario SALVADORI, *L'Architecture, des pyramides aux gratte-ciel*, Paris, Pygmalion, 1983.

écluses, autre « tarte à la crème » de la diffusion des connaissances. Mais lorsqu'il s'agit de comprendre à quoi servent les supraconducteurs, les explications deviennent rares. En réalité, la diffusion des connaissances explicatives n'est pas fonction de l'intérêt ou de l'importance d'un sujet, mais de son niveau de complexité. Il existe ainsi quatre grands types de ponts : poutre, en arc, suspendus et cantilever. Ces structures sont aussi importantes les unes que les autres. Des ponts célèbres sont cantilever, comme le pont Mirabeau, immortalisé par Guillaume Apollinaire. Au substantif « pont », *Le Petit Larousse* (grand format, édition 2000) présente les différents types de ponts avec des illustrations. Les trois premiers, dont le principe est simple, sont décrits, mais le quatrième, cantilever, dont le mécanisme est plus complexe, n'est même pas cité.

La courbe illustrée à la figure 32 situe le type de vulgarisation (explicative ou descriptive) en fonction de la simplicité ou de la complexité du sujet.

Vulgarisation explicative et descriptive

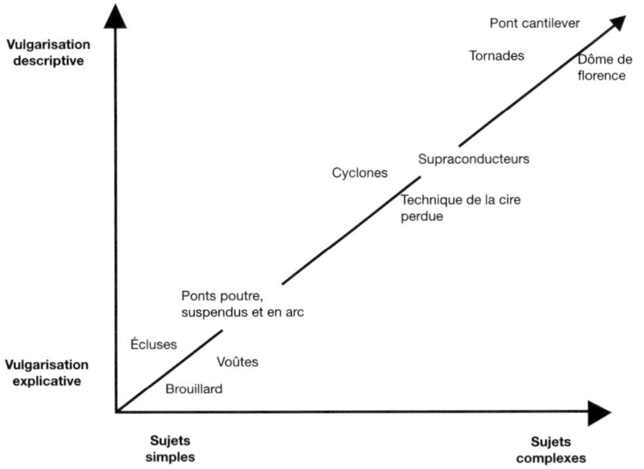

Figure 32. Type de vulgarisation en fonction de la complexité du sujet

Les supports

Chacun a en mémoire la célèbre formule « le message, c'est le médium » du sociologue canadien McLuhan. La forme audiovisuelle des médias dominants ne favorise pas la présentation des processus explicatifs. Les documentaires filmés sont généralement décevants en matière de diffusion des connaissances scientifiques. Ces dernières nécessitent des schémas et des « arrêts sur image » qui vont à l'encontre des ressorts d'un film. Par exemple, les documentaires sur l'architecture sont le plus souvent décevants : de belles images, beaucoup de descriptions, mais peu d'explications. L'écrit accompagné de schémas est bien mieux adapté à la présentation de processus explicatifs. L'audiovisuel souffre en outre d'une limite temporelle. Lorsqu'un intervenant à la radio ou à la télévision est limité par le temps, il se contente de présenter des faits, au détriment des explications. De par leur structure physique, les médias audiovisuels privilégient la vulgarisation descriptive, plutôt qu'explicative.

Curieusement, certaines fictions audiovisuelles ou théâtrales parviennent exceptionnellement à esquisser une vulgarisation explicative. La pièce de Noël Fenwick, *Les Palmes de M. Schutz*, sur la découverte de la radioactivité par Pierre et Marie Curie, fait véritablement comprendre le processus de découverte. Il en va de même du « docu-fiction » *L'Odyssée de l'espèce* réalisé sous la direction scientifique d'Yves Coppens. Paradoxalement, la fiction, qui implique un récit sur la durée, paraît capable de rendre compte de processus complexes.

En matière de support, ou médium, la prédominance actuelle de la photo sur le dessin n'est pas nécessairement le meilleur moyen d'expliquer un phénomène. Le dessin permet de sélectionner ce qui est important dans le foisonnement visuel de la réalité et d'insister sur certains aspects. Le meilleur support existant à notre connaissance pour expliquer la structure cantilever est un album rempli de schémas sommaires. Les albums de photos sont beaucoup moins explicatifs. Les nouveaux médias que sont Internet et les interfaces graphiques de l'informatique grand public pourraient favoriser la vulgarisation explicative et pas uniquement descriptive. Ces supports permettent en effet d'ajouter l'interactivité à l'écrit et aux schémas, comme l'illustrent l'explication animée interactive du phénomène El Niño sur le site Web de Météo France ou l'exemple cité précédemment du site de *USA Today* consacré à l'explication de phénomènes météorologiques complexes.

L'orientation d'un support vers la vulgarisation descriptive ou explicative ne dépend pas de son statut intellectuel. Des supports grand public sans vocation scientifique peuvent faire l'effort d'une vulgarisation explicative. Inversement, des supports au statut plus scientifique peuvent faire le choix d'en rester à une vulgarisation purement descriptive. Si *USA Today*, quotidien américain populaire, s'efforce d'expliquer la météo quotidienne, Météo France, organisation scientifique, décrit le temps qu'il fera sur son site grand public, mais ne l'explique pas. En revanche, la chaîne TF1, qui n'est pas réputée pour ses ambitions culturelles, s'efforce de présenter la météo de façon explicative. Le basculement d'un produit de vulgarisation vers la description ou vers l'explication est en fait aléatoire.

CONSÉQUENCES DE LA VULGARISATION DESCRIPTIVE : UNE CULTURE DE LA MAIN INVISIBLE

Une conséquence de la vulgarisation descriptive est de favoriser une culture de la main invisible. Cette main peut être perçue comme bénéfique — intervention positive d'une force surnaturelle — ou malveillante — croyance dans une force aveugle, comme dans le cas d'une épidémie. À force de voir les médias décrire sans expliquer, le grand public peut être tenté d'expliquer lui-même par des causes non scientifiques. On observe aujourd'hui, par exemple, une percée de l'idée du « dessein intelligent », ou créationnisme, qui considère que les fonctions complexes des êtres vivants proviennent de l'intention surnaturelle d'un dieu et non de la sélection naturelle. Or la sélection naturelle fait précisément rarement l'objet d'une vulgarisation explicative. Le processus et ses effets sont cités, mais pas expliqués. L'ouvrage de référence des apôtres du dessein intelligent souligne de façon caricaturale le manque d'explication puisqu'il s'intitule justement « La boîte noire de Darwin[1] ».

Le musée et mémorial de la Shoah d'Auschwitz-Birkenau offre une présentation remarquable de l'assassinat de masse planifié par les nazis. Le visiteur ne peut qu'être saisi d'effroi devant la mécanique d'élimination qu'il voit étalée sous ses yeux. En dépit de l'immense qualité du musée, il y manque cependant l'explication amont. Lorsque je l'ai visité, une jeune fille, visiblement désemparée et stupéfaite par ce qu'elle découvrait, a posé la question suivante à notre guide : « Mais alors, le commandant du camp, c'était un ami de Himmler ? » Ne comprenant pas comment on pouvait commettre des crimes d'une telle dimension, elle tentait de combler le manque d'explication par l'idée que cela ne pouvait avoir été réalisé que par un ami du diable, et non par un fonctionnaire discipliné, convaincu que les juifs étaient les premiers ennemis de l'Allemagne. Si l'on n'explique pas qu'un nourrisson juif était pour les SS un ennemi plus redoutable qu'un équipage de char russe ou américain et que le fonctionnement bureaucratique de l'organisation nazie pouvait conduire des hommes à faire ce qu'ils n'auraient jamais imaginé faire, le musée d'Auschwitz constitue un choc pédagogique — et sans doute est-ce déjà un acquis —, mais la pédagogie elle-même reste en retrait. Sur le monument d'Auschwitz, il est écrit : « Que ce lieu [...] soit à jamais pour l'humanité un cri de désespoir et un avertissement. » C'est assurément un cri de désespoir, mais plus de pédagogie explicative serait nécessaire pour qu'il soit aussi un avertissement.

On se lamente souvent des réactions irrationnelles du public vis-à-vis des crises sanitaires, mais force est de constater que la communication sur les problèmes de santé publique est généralement purement descriptive. Plus précisément, on indique ce qu'il faut faire ou ne pas faire, mais on n'explique pas pourquoi il faut accomplir ou ne pas accomplir tel ou tel acte. Plus de pédagogie sur les processus explicatifs pourrait probablement atténuer les croyances non rationnelles. Face à l'épizootie de grippe aviaire,

1. Michael BEHE, *Darwin's Black Box : The Biochemical Challenge to Evolution*, The Free Press, 1996.

nous avons vu dans les journaux télévisés un Premier ministre manger du poulet rôti midi et soir, mais peu ont expliqué le mécanisme de destruction des virus éventuels par la cuisson et les sucs digestifs. Lors d'une émission d'une radio nationale consacrée à la grippe aviaire, un auditeur a demandé à un expert s'il était dangereux de manger du poulet vacciné, craignant que la vaccination puisse introduire des virus. L'expert a répondu non, sans plus d'explication sur la façon dont fonctionne une vaccination. Citons aussi le cas de la campagne nationale « Les antibiotiques, c'est pas automatique », qui donnait des recommandations et non des explications sur la différence entre virus et bactéries et les phénomènes de résistance. Après cette campagne, 41 % des personnes interrogées déclaraient ignorer toujours la différence entre virus et bactéries [1].

Beaucoup estiment sans doute qu'il est illusoire d'espérer expliquer au grand public des mécanismes complexes. Mais, je le répète, certains le font, et avec succès.

LES SILENCES DE LA VULGARISATION IMPOSSIBLE

En dehors de la tendance à escamoter les processus explicatifs, la vulgarisation présente de vastes trous. Des pans entiers de la connaissance ne font l'objet d'aucune diffusion auprès du grand public ou échouent dans leur tentative de vulgarisation. Ces trous sont liés à des problèmes qui viennent de la science elle-même. Deux types de problèmes scientifiques conduisent à ces échecs de la vulgarisation : l'extrême complexité et le statut de la science. La science n'est pas un objet neutre posant uniquement des questions de traduction.

1. Patrick KLEIN, « Connaissances et perceptions des Français sur l'antibiothérapie à mi-parcours du programme », dossier de presse de la campagne d'information sur les antibiotiques, octobre 2005.

Le cas de la physique contemporaine

Tous les ouvrages de vulgarisation sur la théorie de la relativité présentent le grand classique de la lampe qui voyage dans un vaisseau spatial ou dans un train. Cela permet de montrer que le temps dans le vaisseau spatial doit ralentir si l'on veut que la vitesse de la lumière émise par la lampe — qui avance à grande vitesse — reste constante. Des dessins illustrent ce grand classique de façon satisfaisante. Dès qu'il s'agit d'aller au-delà, les phénomènes sont tellement complexes et tellement éloignés des perceptions ordinaires que la vulgarisation devient impossible. Ceux qui la tentent malgré tout finissent par buter sur cette complexité et glissent vers un discours hermétique. Par exemple, une recherche sur l'expression « trou noir » dans le moteur de recherche Internet Google donne, entre autres résultats, un texte affichant explicitement sa volonté de procéder à une vulgarisation sérieuse de ce sujet. Mais l'auteur avoue dès l'introduction son impuissance :

> [...] En relativité générale, il n'y a pas de gravitation en tant que force, mais seulement une affaire d'espace courbe, dans lequel les particules suivent généralement les géodésiques. Si l'on veut s'épargner de comprendre ça, on doit aussi renoncer à se faire des idées précises sur les trous noirs. [...] Il faut d'abord comprendre tout le reste (le champ de gravitation, ce qui « attire » les choses) pour pouvoir ensuite comprendre pourquoi rien ne peut sortir d'un trou noir. Sinon, c'est complètement absurde. Rien ne peut rendre compte d'une telle sorte d'impossibilité en dehors d'on ne sait quelle malédiction digne de Merlin l'enchanteur [1].

Il en va de même de la chimie du cerveau. Les interactions sont tellement complexes que tous les écrits qui tentent de les rendre accessibles échouent : soit le texte est simple, mais le processus est dénaturé, soit il respecte le fond, et il devient hermétique. C'est le cas, par exemple, des textes de vulgarisation sur le fonctionnement des antidépresseurs et des anxiolytiques sur le cerveau [2].

1. http://spoirier.lautre.net/vulgaris.htm.
2. « Les molécules du bonheur », *La Recherche*, hors série, 15 août 2004.

Le cas des grandes batailles

Les ouvrages de vulgarisation sur la stratégie militaire et les événements historiques que constituent les grandes batailles sont extrêmement décevants : on ne comprend pas vraiment ce qui s'est passé et pourquoi l'un des adversaires l'a emporté sur l'autre. Il est vrai que les batailles appartiennent à l'histoire événementielle, en l'occurrence « l'histoire bataille », et que leurs conséquences sont plus importantes que leur déroulement. On observe toutefois un renouveau de l'intérêt des historiens pour les batailles — « la nouvelle histoire bataille » —, car elles recèlent de multiples enseignements pour la compréhension sociale et humaine.

Considérons le cas de la bataille de Koursk, au cours de la Seconde Guerre mondiale, entre la Russie soviétique et l'Allemagne nazie. Ce fut la plus grande bataille de chars de l'histoire. Je n'ai jamais trouvé un seul texte expliquant vraiment cette bataille à des non-spécialistes : comment les combats de chars se déroulaient et pourquoi les Soviétiques ont finalement gagné. Par exemple, l'article sur la bataille de Koursk du livre *Les Grandes Batailles de l'histoire*[1] présente le contexte et les forces en présence, évoque l'existence de combats rapprochés de chars et conclut que les Russes ont battu les Allemands. Il n'explique pas comment. S'agissant de la bataille d'Austerlitz, dont le déroulement est pourtant réputé limpide et considéré comme le chef-d'œuvre stratégique de Napoléon, j'ai consulté de nombreux ouvrages grand public[2]. Aucun d'eux ne m'a permis de comprendre clairement et de façon pertinente le déroulement de la bataille. Les récits et schémas sont complexes et touffus, voire contradictoires. Dans le *Napoléon* de l'édition à bon marché Librio[3], ouvrage de vulgarisation de bonne qualité, la bataille est citée, mais pas décrite.

Nous pourrions multiplier les exemples, comme la bataille de Little Big Horn, aux États-Unis, en 1876, que les Américains

1. Sophie Chautard, *Les Grandes Batailles de l'histoire*, Levallois-Perret, Éd. Studyrama, 2005, pp. 258-262.

2. Notamment John Macdonald, *Les Grandes Batailles de l'histoire mondiale*, Paris, Albin Michel, 1985 ; S. Chautard, *Les Grandes batailles de l'histoire*, *op. cit.* ; et Nadeije Laneyrie-Dagen, *Les Grandes Batailles de l'histoire*, Paris, Larousse, 2005.

3. Éric Anceau, *Napoléon (1769-1821)*, Paris, Librio, 2004.

conduits par le colonel Custer ont perdue devant les Indiens; la bataille navale de Lépante, en 1571, entre la coalition chrétienne et les Turcs; ou celle de Midway, dans le Pacifique, entre les Américains et les Japonais, en juin 1942. La difficulté à vulgariser le déroulement des batailles tient à l'extrême complexité du sujet. Toute action humaine collective est complexe, mais, dans le cas d'une bataille, la difficulté d'accès à la connaissance est exacerbée par le nombre infini d'interactions humaines mises en jeu, l'enchevêtrement des niveaux microscopique et macroscopique, les effets techniques complexes, les retournements et imprévus, qui en sont le principe même, et ce sur une durée généralement infime à l'échelle du temps social. Fabrice, dans *La Chartreuse de Parme*, qui se retrouve au milieu de la bataille de Waterloo sans rien comprendre au déroulement des événements, en offre une belle parabole. Un historien militaire, Frédéric Chauviré, a montré l'extrême difficulté d'appréhender ce qu'on appelle la charge de cavalerie [1]. À la lecture de son article, composé de quarante pages de questions, on comprend toute la difficulté pour un historien de raconter des combats au grand public.

Le cas de la sociologie

La sociologie est une discipline qui porte sur des sujets complexes, mais qui produit un certain nombre de lois relativement simples, qui pourraient aisément faire l'objet d'une vulgarisation. Je pense à des lois telles que le paradoxe de Mancur Olson (l'individu rationnel n'a pas intérêt à s'associer à la production d'un bien collectif), l'effet du spectateur (on a d'autant moins de chances d'être secouru lors d'une agression qu'il y a plus de badauds), des mécanismes d'effets pervers (la décision produit des résultats contraires aux résultats voulus), l'effet de polarisation dans les discussions (le débat dans un groupe radicalise l'opinion dans le sens de la pensée dominante du groupe), le point focal de Schelling (la tendance à se mettre d'accord implicitement sur des chiffres ronds ou des

1. Frédéric Chauviré, « La charge de cavalerie, de Bayard à Seydlitz », *Nouvelle Histoire bataille*, Cahiers du CEHD, n° 23, Paris, ministère de la Défense, 2004, pp. 93-131.

compromis visibles), etc. Ces lois ne sont pas plus difficiles à présenter que les tartes à la crème de la vulgarisation que sont le fonctionnement d'une écluse ou le mécanisme de la voûte. Pourtant, la diffusion de la sociologie auprès du grand public est quasi inexistante. Le magazine *Sciences humaines* effectue bien une vulgarisation, mais elle n'est que partielle, sa cible étant plus le milieu intellectuel que le grand public. Il n'y a donc pas de revue de sociologie grand public à proprement parler, alors qu'il en existe en psychologie, ni de rubrique spécialisée dans la presse écrite ou d'émissions dans les médias. Cela vient à mon sens du statut de cette discipline, laquelle souffre de multiples maux. Divisée en orientations inconciliables, morcelée en micro-laboratoires, souvent exprimée dans des langages peu accessibles, même aux spécialistes des sciences humaines, elle est en outre peu valorisante socialement — le métier de sociologue est peu reconnu. Un journaliste responsable d'une émission culturelle hebdomadaire sur une radio nationale m'a confié un jour qu'il n'invitait jamais de sociologues en raison de leur langage trop hermétique, alors qu'il invite des historiens, des politologues, des psychologues, etc.

LES BRUITS DE LA VULGARISATION

En informatique et en télécommunications, on appelle « bruit » une perturbation indésirable qui se superpose au signal et aux données utiles dans un canal de transmission ou un système de traitement de l'information. J'appelle « bruit de la vulgarisation » des éléments qui viennent perturber les informations sans apporter de valeur ajoutée. Ce bruit de la vulgarisation comporte plusieurs dimensions.

Le bruit de la mise en scène

La vulgarisation s'accompagne souvent de l'idée qu'il faut embellir de façon radicale et adapter les informations pour atteindre et séduire un public rétif. Il n'est pas rare que cette mise en scène rende paradoxalement les informations illisibles ou peu lisibles. En voici quatre exemples :

1) Les camemberts et bâtons extravagants de *USA Today.* Ce quotidien américain a été créé en 1982 pour offrir aux lecteurs une présentation plus attrayante que celle de journaux tels que le *New York Times* ou le *Wall Street Journal.* Il est aujourd'hui mondialement connu pour ses graphiques colorés et imagés censés informer en divertissant. L'ennui est que l'intention est poussée tellement loin que ces graphiques en deviennent difficilement lisibles, comme le montrent les exemples de la figure 33. Les graphiques circulaires, communément appelés camemberts, deviennent les parois d'un berceau, une boule de cristal, une flaque d'eau et une bulle de bande dessinée ! Les bâtons des graphiques, appelés histogrammes, deviennent le carter d'une tondeuse à gazon ou la boisson sortant d'un verre !

2) Les plans de bataille en relief de l'album *Les Grandes Batailles de l'histoire mondiale* de John Macdonald [1]. L'idée de représenter les grandes batailles sous la forme de vues aériennes en relief part d'une bonne intention, mais le résultat est illisible, comme l'illustre l'extrait de la figure 34 concernant un affrontement de la guerre de Corée. Les soldats sont à peine visibles, et il est impossible de distinguer les adversaires. Toutes les planches sont ainsi faites. Sur celle de la bataille de Little Big Horn, on ne peut même pas distinguer les Indiens des soldats de l'US Army, qui sont autant de pattes de mouche.

3) Les illustrations de l'*Atlas de la philosophie* [2]. Chaque page de droite de cet atlas est accompagnée, à gauche, d'une planche en couleurs destinée à illustrer la pensée présentée. Les schémas, comme on peut s'y attendre, sont pour la plupart incompréhensibles. L'extrait particulièrement obscur de la figure 35 est représentatif de l'ensemble de l'ouvrage.

1. *Op. cit.*
2. Peter Kunzmann, Franz-Peter Burkard et Franz Wiedmann, *Atlas de la philosophie*, Paris, Le Livre de Poche, 1999.

Exemples de graphiques illisibles

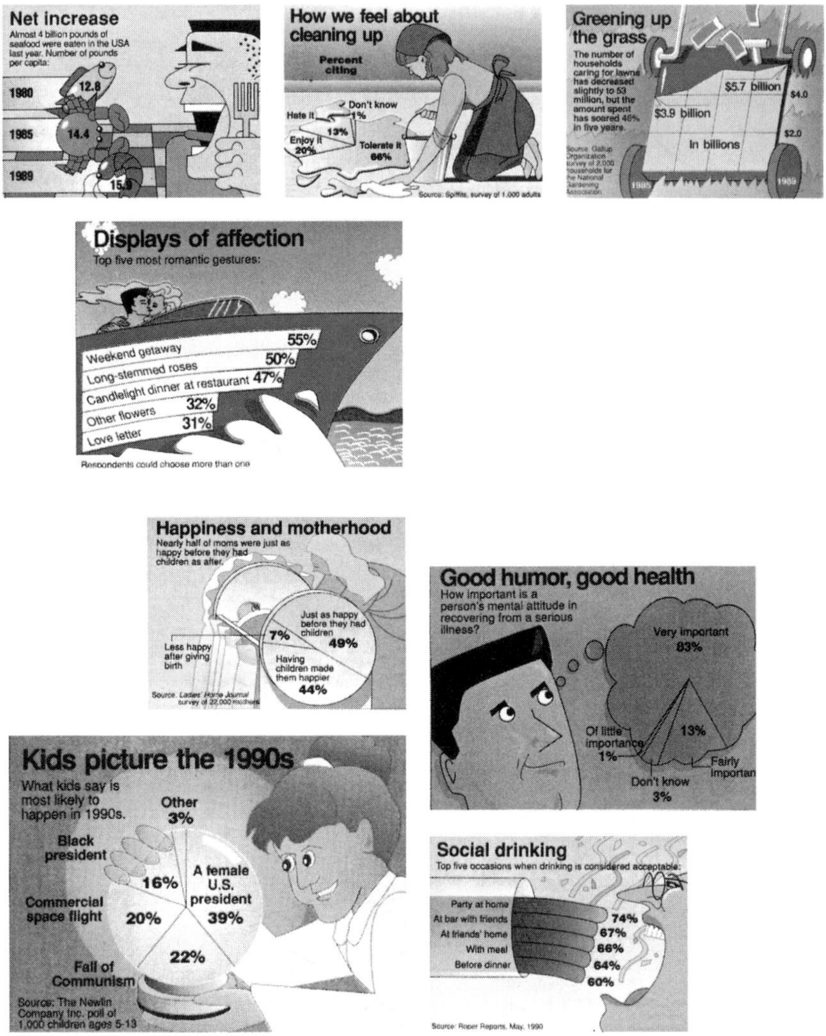

Figure 33. Camemberts et barres extravagants de USA Today

Source : Ellen Lupton et Abbott Miller, *Design Writing Research*, Londres, Phaidon, 1996.

Illustration illisible de la bataille du Hook (guerre de Corée)

Figure 34. Plan de la bataille en relief

Source : John MACDONALD, *Les Grandes Batailles de l'histoire mondiale*, Paris, Albin Michel, 1985.

Illustration peu éclairante de la philosophie de Husserl

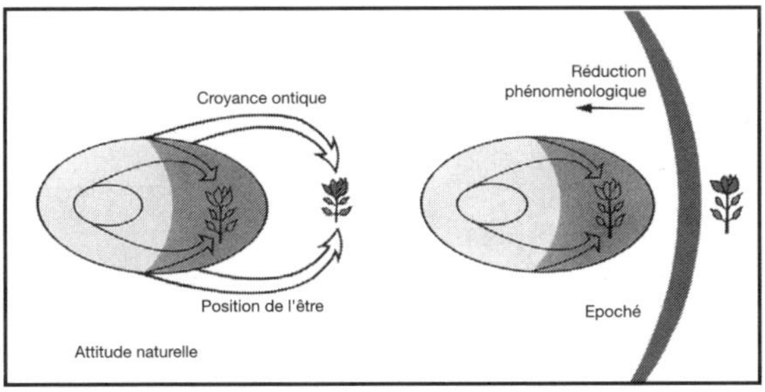

Figure 35. Illustrations d'un atlas de philosophie

Source : Peter KUNZMANN, Franz-Peter BURKARD et Franz WIEDMANN, *Atlas de la philosophie*, Paris, Le Livre de Poche, 1999.

4) Les albums d'architecture en trois dimensions de Ron van der Meer[1]. Il s'agit de constructions en papier qui se déploient à l'ouverture des pages. Au-delà de la prouesse, on peut se poser la question de la pertinence de cette présentation appliquée à des œuvres d'architecture, puisque la représentation en papier des voûtes, des contreforts gothiques ou des coques de l'Opéra de Sydney n'a rien à voir avec les structures réelles. Un jeu de construction pour enfants avec des cubes serait plus proche de la réalité architecturale.

Dans les premier, deuxième et quatrième exemples, on considère que la représentation en trois dimensions va rendre l'information plus accessible au grand public, car supposée moins abstraite. On retrouve cette idée dans beaucoup d'illustrations. C'est une illusion. La troisième dimension réduit l'information : les plans de bataille en relief perturbent la vision, les architectures de papier effacent les vraies structures, et les camemberts et bâtons en relief déroutent le lecteur.

Le bruit pur et simple

La vulgarisation n'échappe pas aux défauts de rédaction et d'illustration observés dans l'information technique grand public (modes d'emploi, signalisation, etc.). Le cas ordinaire de la figure 36 illustre le louable effort du *Dauphiné libéré* pour présenter de façon synthétique les territoires palestiniens. L'illustration comporte plusieurs défauts déroutants : les informations sont divisées en deux colonnes sans qu'on sache celles qui se rapportent à tel ou tel en-tête (Bande de Gaza et Cisjordanie) et celles qui concernent l'ensemble des territoires palestiniens. Que veut dire « 3 % du PIB » ? Un état ou une croissance ? On pourrait aussi comprendre que le PIB de Gaza représente 3 % de celui d'Israël. Le pictogramme associé est peu parlant — un serpent horizontal n'évoque pas spontanément un taux de croissance. Que veut dire « 27,5 % de la population active » ? On peut comprendre que 27,5 % de la population active

1. Cité par Peter Wildbur et Michael Burke, *Le Graphisme d'information*, Londres, Thames and Hudson, 2001, pp. 146-147.

des territoires palestiniens appartient à la Cisjordanie. Quant à « (est. 2004) », c'est une précision inutile formulée obscurément par rapport à l'indication simple qui serait « 2004 ». Le lecteur n'est pas supposé savoir que « est. » signifie « estimation ». De plus, l'information selon laquelle il s'agit d'une estimation ne lui apporte aucune valeur ajoutée au regard de l'approche synthétique de l'illustration.

Exemple de graphisme rempli de bruit

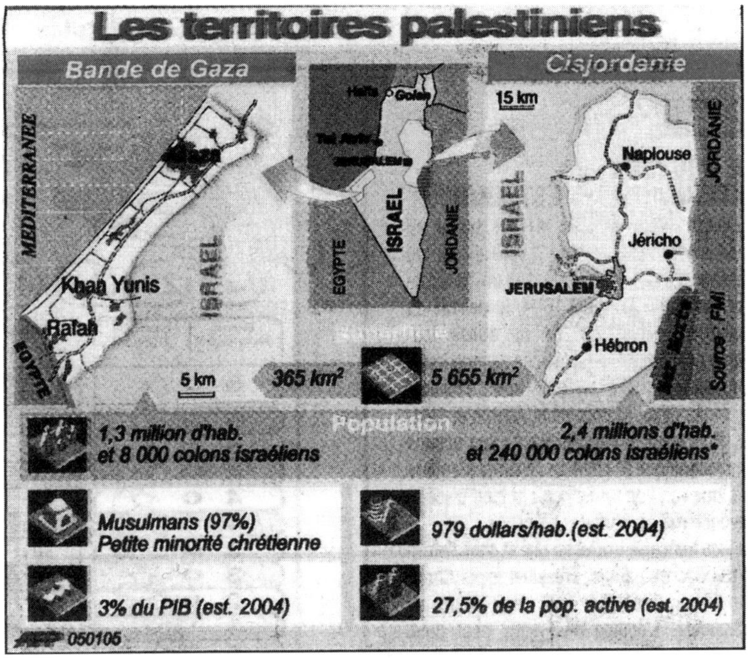

Figure 36. Illustration des « territoires palestiniens » parue dans Le Dauhiné libéré

Source : *Le Dauphiné libéré*, 9 janvier 2005, p. D4 (le caractère indistinct des traits et couleurs est représentatif de l'original).

Le bruit des unités de mesure

Les informations destinées au grand public sont souvent données dans des unités de mesure concrètes censées parler au public plus que les unités classiques que sont les tonnes, mètres cubes, kilomètres, etc. Mais ces unités concrètes n'ont la plupart du temps aucun sens. Pour en donner un exemple parmi d'autres, citons le cas du documentaire de National Geographic Channel, *Le Pont le plus long*, concernant le Honshu-Shikoku Bridge. Pour souligner la dimension des piles du pont, le commentaire déclare qu'elles pèsent tant d'avions Airbus — on est tenté de demander : avec ou sans le plein de carburant ? Comme le poids d'un Airbus ne représente rien pour le téléspectateur, cette information n'est que du bruit. Le commentaire précise ensuite que le coût de l'acier utilisé équivaut au financement de plusieurs équipes de base-ball *(sic)*. Le téléspectateur n'ayant aucune idée du coût d'une équipe de base-ball, ce n'est, là encore, que du bruit. Le commentaire pourrait aussi bien dire que l'acier a coûté autant que l'entretien de la reine d'Angleterre sur plusieurs années. Dans un autre registre, le guide touristique Voir consacré à l'Écosse [1] parle du pont Firth of Forth en Écosse, mais ne le décrit qu'à l'aide d'unités de mesure sensationnelles dénuées d'intérêt : le pont contient huit millions de rivets et la peinture représente une surface de cinquante-cinq hectares. Lors d'abondantes chutes de neige aux États-Unis, à l'est des Grands Lacs, un quotidien national a illustré la hauteur de neige accumulée — plus d'un mètre — en la comparant à la taille… d'un éléphant, avec schéma à l'appui du niveau de la neige atteignant le ventre de l'éléphant ! Les seules unités de mesure imagées pédagogiques que je connaisse sont la transposition du temps d'existence de l'univers sur une durée de vingt-quatre heures et, dans une moindre mesure, la tour Eiffel fréquemment utilisée pour mesurer les hauteurs, mais ces exceptions confirment la règle.

1. *L'Écosse*, Hachette, coll. « Voir », 2005, p. 69.

Le bruit de l'humour laborieux

L'humour est généralement considéré comme un moyen de mieux faire passer une explication, mais lorsqu'il alourdit le propos, il ne fait qu'ajouter du bruit inutilement. Quand *Libération* utilise des titres à sensation pour ses rubriques scientifiques plus que sérieuses[1], le clin d'œil est sympathique. En voici des exemples : « Les retraités de la Hague » pour le retraitement des déchets nucléaires, « Meurtres en série » pour l'action des antibiotiques, ou « S'éclairer au gaz » pour le fonctionnement des ampoules halogènes. De même, l'ouvrage *Les Lois du monde*[2] utilise des jeux de mots pour ses titres, qui peuvent être considérés comme des respirations du texte : « Réflexion sur la réflexion » pour la réflexion lumineuse, ou « Le fond de l'air effraie » pour la sensation de chaud et de froid.

On peut se poser la question de la valeur ajoutée de l'humour quand il devient laborieux. C'est le cas d'une photo destinée à illustrer le principe d'incertitude de Heisenberg — on ne peut à la fois connaître la vitesse et la position d'une particule — dans *La Physique quantique. Un guide d'initiation au monde subatomique*[3]. Un gendarme demande à un conducteur : « Savez-vous à quelle vitesse vous rouliez ? » Ce dernier répond : « Non, mais je savais exactement où j'étais. » C'est le cas aussi d'une fiche de vulgarisation qui explique la formation du brouillard comme le déroulement d'une recette de cuisine. Ces exemples de vulgarisation compliquent la compréhension plus qu'elles ne la facilitent.

L'absence d'efficacité des additifs

Les illustrations en trois dimensions, les images, les couleurs, les unités de mesure originales, l'humour, que je considère comme du bruit, sont des additifs censés favoriser la lecture et la compréhension. Les rares études sur le sujet semblent confirmer que les

1. *L'Encyclopédie visuelle* de *Libération*, *op. cit.*
2. R. Lehoucq, J.-M. Courty, E. Kierlik, *Les Lois du monde*, *op. cit.*
3. John Gribbin, *La Physique quantique : un guide d'initiation au monde subatomique*, Paris, Dorling Kindersley, Focus Sciences, 2003.

additifs compliquent l'information au lieu de la simplifier et constituent donc du bruit. Deux auteurs ont étudié les réactions de lecteurs devant les graphiques fortement embellis de *USA Today* et les mêmes graphiques reconstitués sans fioritures [1]. Leur conclusion est claire : les lecteurs préfèrent les graphiques sans embellissement, qu'ils trouvent plus accessibles. Ces spécialistes concluent que ces ajouts « gaspillent de l'espace pédagogique sur les plans physique et mental ».

Le bruit des explications disparates

Un autre aspect de la tendance à la vulgarisation descriptive est la présentation disparate des processus explicatifs. Dans les ouvrages et sites traitant des cyclones tropicaux cités en début de chapitre, nous constatons une certaine incohérence. Un cyclone ne « mange » pas tout à fait les mêmes constituants selon le texte de vulgarisation concerné. Les ouvrages qui entrent dans la « boîte noire » de la naissance des cyclones citent trois à six facteurs explicatifs. Ceux qui ne font qu'évoquer la genèse des cyclones n'en citent que deux, un ou aucun. Le pire est que ce ne sont pas toujours les mêmes facteurs ! Ainsi la correspondance n'est-elle pas évidente entre les six causes mises en avant par l'album de *USA Today* et celles du *Petit Atlas des phénomènes naturels.* Comme l'indique le tableau IV, le seul facteur commun cité dans dix des douze ouvrages est l'évaporation, ou la chaleur de l'eau, mais nous aurions pu le deviner.

1. John V. Dempsey et Anne-Marie Armstrong, « Simple Black and White vs. Embellished *USA Today* Charts », *COE Technical Report*, University of South Alabama, 1997, 3.

Tableau IV

Sélection des facteurs explicatifs des cyclones tropicaux selon les textes de vulgarisation

Ouvrages de vulgarisation parlant des cyclones	*Nombre de facteurs explicatifs cités de la genèse des cyclones*	*Liste des facteurs*
The Weather Book (*USA Today*)	6	– Évaporation – Convergence des vents de surface – Instabilité de l'atmosphère – Humidité en altitude – Stabilité en force et direction des vents régionaux – Haute pression en altitude
Petit Atlas des phénomènes naturels (Larousse)	6	– Évaporation – D'où refroidissement en surface – D'où forte condensation – D'où énergie et réchauffement – D'où dépression en surface – Et force de Coriolis
Le Climat, objet de curiosité et de polémiques	6	– Évaporation – Élévation de l'air chaud – D'où refroidissement – D'où condensation – D'où libération de chaleur – Et force de Coriolis
L'Encyclopédie visuelle (*Libération*)	3	– Évaporation – Convergence des vents en surface – Divergence de l'air en altitude
Comprendre la météo	2	– Évaporation – Convergence due à baisse de pression
Techniguide de la météo	2	– Évaporation – Force de Coriolis
Le Temps aujourd'hui et demain	1	Zones surchauffées
Les Tempêtes (Time-Life)	1	Vents en sens contraires (cisaillement)
Le temps qu'il fera	1	Évaporation

Encarta	0	Aucun
Site de Météo France	2	– Évaporation – Force de Coriolis
Météorologie. Guide Visuel (Sélection du Reader's Digest)	2	– Eau chaude – Force de Coriolis

Le bruit de la sélection chaotique des sujets et des composantes

Le bruit vient aussi de la sélection chaotique des sujets eux-mêmes et de leurs composantes. Un bon exemple est donné par les guides touristiques. Dès qu'elle sort des lieux communs repris par tous, la sélection devient totalement incohérente. Pour reprendre le cas du pont écossais sur l'estuaire de la rivière Forth décrit au début du chapitre, un ouvrage bien plus célèbre que nombre de porches d'église ou d'abbayes abondamment cités, le guide Vert Michelin *L'Écosse* de 1993 le cite, le décrit et le valorise, alors que le guide Visa Hachette *En Écosse* de 1994 ne l'évoque même pas, bien qu'il parle de l'estuaire de la rivière Forth. Ainsi, selon que le touriste est muni de tel ou tel guide, il passera à côté d'une grande œuvre ou au contraire sera conduit à l'observer. Il ne s'agit là que d'un exemple. La sélection chaotique des sujets est le fait de la vulgarisation en général.

La sélection chaotique affecte aussi les composantes. Prenons l'exemple de la tour de Hong Kong conçue par Norman Foster, l'architecte du viaduc de Millau. Il s'agit d'un gratte-ciel célèbre, dont les plateaux sont suspendus aux piliers externes à l'aide de suspentes visibles de l'extérieur, comme le tablier d'un pont suspendu. Nous pourrions nous attendre que les sites Internet qui évoquent cette tour signalent cette caractéristique principale, or c'est loin d'être le cas. Selon les sites, cette tour est celle qui a coûté le plus cher dans la ville, celle qui a été édifiée grâce à un échafaudage en bambou ou celle dont l'orientation a tenu compte des recommandations du bouddhisme. La majorité omet de signaler sa caractéristique principale.

Le bruit des accumulations

J'appelle « accumulation » une diffusion des connaissances effectuée à travers une présentation de quantité d'objets sans beaucoup d'explications. C'est ainsi que nous trouvons des ouvrages de photos de toutes les formes de nuages ou de tous les grands ponts du monde ou de tous les types d'hélicoptères, ou bien un dessin extrêmement précis d'un avion représentant une foule de détails sur ses différents composants, depuis les cadrans de la planche de bord jusqu'aux éléments du train d'atterrissage. Par exemple, *L'Atlas des hélicoptères*[1] présente deux cents types d'hélicoptères, avec des dessins d'un grand nombre d'entre eux décrivant pour chaque hélicoptère plus d'une centaine de pièces. Un documentaire sur la navette Challenger diffuse pendant de longues minutes son explosion en vol en montrant au ralenti et en gros plan la trajectoire de chaque petit morceau. On n'apprend rien de ce qui s'est passé. Ces accumulations donnent l'impression d'une grande quantité d'informations fournies, alors que l'information pertinente est relativement mince. La communication explicative est remplacée par une profusion d'objets et d'illustrations censée répondre à la soif d'information du public. J'y vois surtout du bruit. Ces accumulations sont *a priori* séduisantes, mais le lecteur ou le spectateur se trouve devant elles comme le collectionneur qui finit par ne plus savoir quoi faire de la quantité d'objets qu'il a accumulés. Les accumulations sont le travers fréquent de musées et d'expositions où la quantité d'objets est excessive, comme si en mettre le plus possible était un objectif en soi. Cela joue au détriment de la pédagogie. Il suffirait de diviser le temps moyen passé par visiteur par le nombre d'objets exposés pour se rendre compte qu'un visiteur n'a matériellement la possibilité de ne voir qu'une petite fraction de l'exposition.

1. Issy les Moulineaux, Éd. Atlas, 2002.

Le bruit involontaire des savants

Les savants eux-mêmes répandent involontairement du bruit lorsqu'une de leurs œuvres est diffusée auprès du grand public, alors qu'elle est rédigée sous une forme inaccessible à cette cible. Si l'œuvre est compréhensible par les spécialistes de la discipline, elle est quasi illisible pour le lecteur moyen. C'est la curieuse aventure qui est arrivée au linguiste Claude Hagège. Alors qu'il était invité, en 1985, par Bernard Pivot sur le plateau de l'émission littéraire «Apostrophes», sur France 2, pour parler de son livre *L'Homme de paroles*[1], sa joute oratoire avec l'humoriste Raymond Devos a enthousiasmé les téléspectateurs au point que son ouvrage est devenu un succès de librairie. Le même phénomène s'est produit avec Stephen Hawking. Sa performance éditoriale, en dépit d'un handicap particulièrement spectaculaire, a été médiatisée et avec elle son ouvrage *Une brève histoire du temps*[2], qui est devenu un best-seller. J'ai acquis ce livre à sa sortie et avoue bien humblement en avoir abandonné la lecture au milieu et n'en avoir compris qu'une toute petite fraction. Pour tous ceux qui ne possèdent pas une solide culture en physique fondamentale contemporaine, ce n'est que du bruit.

LE MODÈLE DU VIDE-GRENIER

Les trois ensembles de facteurs que nous avons analysés — les silences d'une vulgarisation essentiellement descriptive, les silences de la vulgarisation impossible et les bruits de la vulgarisation — forment une structure sous-jacente de la diffusion des connaissances. Dans les guides de voyage, par exemple, cette structure sous-jacente est clairement visible. On y trouve l'orientation nette vers la description au détriment de l'explication — les œuvres d'archi-

1. Claude HAGÈGE, *L'Homme de paroles. Contribution linguistique aux sciences humaines*, Paris, Fayard, 1986.
2. Stephen HAWKING, *Une brève histoire du temps*, Paris, Flammarion, 1989.

tecture sont décrites mais pas expliquées —, les lacunes et les bruits — mises en scène illisibles de l'information, accumulations, sélection chaotique des sujets, etc.

Plusieurs modèles ont été proposés pour caractériser la diffusion de l'information. Le premier est celui de la *seringue* : l'information de masse est absorbée par le public sans transformation ni résistance et s'imprime avec efficacité dans des esprits passifs. Le modèle de la seringue a été utilisé pour souligner le pouvoir des médias sur l'opinion. Ce modèle a toutefois été critiqué par des études qui ont montré que les récepteurs n'étaient pas aussi passifs qu'on le pensait et qu'intervenaient des médiateurs dans la formation de l'opinion.

Un autre modèle a été proposé sous le nom d'« ordre du jour », traduction imparfaite de l'expression anglaise *agenda setting*. Ce modèle signifie qu'en matière d'information politique, économique et sociale appartenant à l'actualité les médias ne disent pas ce qu'il faut penser, mais plutôt les sujets auxquels il faut s'intéresser. Autrement dit, les moyens de communication de masse exercent une influence sur le public, non en forgeant son opinion, mais par les sujets qu'ils mettent à l'ordre du jour. Quand on observe qu'il suffit qu'un sujet séduisant sorte sur un support de presse pour qu'il soit aussitôt repris par tous les médias, on ne peut manquer de conclure que le modèle de l'*agenda setting*, en dépit des critiques formulées à son égard, possède une part de pertinence.

À la différence de l'information d'actualité, la vulgarisation, au sens large que j'ai donné à ce terme, c'est-à-dire la diffusion des idées et des connaissances auprès du grand public, obéit non pas au modèle de la *seringue* ni à celui de l'*agenda setting*, mais à un autre modèle, que j'appelle *le modèle du vide-grenier* : on y trouve tout et n'importe quoi, de la bimbeloterie sans intérêt aussi bien que des perles, sans hiérarchisation, sans garantie de qualité, avec ces objets récurrents, véritables lieux communs de la vulgarisation, que sont le fonctionnement des écluses et des clés de voûte, équivalents des fers à repasser anciens ou des verres dépareillés. L'expression « vide-grenier » exprime tous les traits de la vulgarisation observés dans ce chapitre : la présentation disparate des explications, les trous dans certaines disciplines, les présentations peu efficaces, les accumulations, etc. Remarquons que je n'ai pas utilisé la métaphore du souk ou du bazar. En effet dans un souk, il y a un certain ordre : derrière la foule, les encombrements et le labyrinthe, on trouve des zones communes, des responsables, un contrôle, etc., toutes choses qui font cruellement défaut dans la vulgarisation.

Si la diffusion des connaissances auprès du grand public ressemble à un vide-grenier, c'est parce qu'il s'agit d'une activité spontanée, peu organisée, peu coordonnée. À l'opposé, la circulation professionnelle de la science et la diffusion de l'actualité politique, économique et sociale sont très organisées ; on y rencontre des institutions, des contrôles, des métiers spécialisés, des agences, des formations, des groupes puissants.

La conséquence de cette spontanéité est que le client de la vulgarisation est très mal servi. Il peut consulter une douzaine de textes de météorologie grand public sur un sujet tel que les cyclones et ne pas trouver ce qu'il recherche. Certains expliquent la formation des cyclones, d'autres pas, les explications divergent, etc. Pour comprendre un sujet, l'amateur doit, comme nous l'avons tous expérimenté d'une façon ou d'une autre, se comporter comme un scientifique, c'est-à-dire confronter les livres de vulgarisation et dégager l'information valable du bruit qui l'enrobe. Parfois, sa seule solution sera de consulter ce qu'il voulait éviter : la source scientifique elle-même.

VII

Vers une théorie de l'information ordinaire

LE MÉTALANGAGE DE L'INFORMATION ORDINAIRE

L'information ordinaire présente des structures linguistiques propres qui en font un véritable métalangage [1]. Celui-ci est particulièrement visible dans les aides, mais certaines de ses structures sont également présentes dans l'information et la vulgarisation. Les sections qui suivent décrivent ses traits principaux.

Un métalangage tendant à être idiot proof *et de ce fait déroutant*

L'ambition des aides écrites et graphiques, exceptionnellement orales, est de prendre l'utilisateur par la main, afin de le mener au bon résultat sans qu'il ait à réfléchir. L'idée est de faire en sorte que même un idiot ne puisse se tromper, d'où les termes *idiot proof*. Cela donne lieu à l'absence fréquente d'arguments dans les modes d'emploi — le client doit exécuter une série de tâches sans savoir pourquoi — et à la mise au point de logiciels « intelligents » qui, en essayant de deviner les intentions de l'utilisateur, le privent en fait de toute liberté. C'est aussi ce qui conduit à des itinéraires

1. Ensemble des règles de production d'un langage. On l'appelle « métalangage » parce que cet ensemble est lui-même un langage.

obligatoires, comme dans les magasins Ikea, imités par ceux des enseignes Conforama et Fly, et à la simplification à outrance des énoncés, qui ne veulent plus rien dire. Ce principe pousse enfin à schématiser de façon excessive les pictogrammes, alors qu'il a été démontré que les utilisateurs comprenaient mieux des pictogrammes composés de plusieurs dessins et relativement détaillés que des dessins uniques et épurés [1].

Comme l'utilisateur n'est jamais un idiot parfait et qu'il dispose d'une autonomie, la structure *idiot proof* de ce métalangage devient déroutante. Nous l'avons vu avec des consignes qui, faute d'explications, deviennent absurdes ou incompréhensibles [2]. Nous l'avons vu aussi avec les logiciels adaptatifs, qui enferment l'utilisateur dans un schéma incompréhensible pour lui [3]. Nous le voyons avec le client du magasin Ikea, qui, parvenu au terme du labyrinthe imposé, ne retrouve plus le rayon « salle de bains » où il a oublié de prendre un article. Nous le voyons aussi avec les téléphones portables munis de systèmes d'écriture qui devinent les mots : quelle difficulté quand il faut sortir du système pour écrire de façon traditionnelle un mot non reconnu ! Nous le voyons encore avec certaines simplifications qui compliquent le travail de l'utilisateur alors qu'une complexité bien tempérée lui faciliterait la vie. Un chercheur du centre de recherche de Microsoft a montré qu'un logiciel qui utilisait plusieurs icônes pour représenter des dossiers de hiérarchie différente — « dossiers », « chemises » et « sous-chemises » — était plus facile à utiliser, bien que le graphisme soit plus complexe, qu'un logiciel présentant une icône unique pour tous les niveaux de dossiers [4].

La structure linguistique de l'information journalistique ou ludique et de la vulgarisation épouse cette même idée d'une cible qui ne doit ni réfléchir ni comprendre. Le modèle narratif des histoires tronquées revient à priver les histoires de leur argument,

1. Par exemple, les usagers identifient plus facilement un théâtre à l'aide d'un pictogramme rassemblant plusieurs symboles de théâtre qu'à l'aide d'un pictogramme composé d'un seul symbole.

2. Voir ci-dessus, p. 74, l'exemple de l'ascenseur.

3. Voir ci-dessus, p. 55, le cas de Microsoft Office.

4. Jonathan GRUDIN, « Designing in the Dark : Logics that Compete with the User », *Proceedings of the CHI'86 Conference on Human Factors in Computing Systems*, New York, ACM, 1986, pp. 281-284.

puisqu'une histoire ne prend sens qu'à travers la continuité. De même, un des traits marquants de la vulgarisation est sa dimension descriptive au détriment de la dimension explicative.

Un métalangage dont la densité et la complexité sont induites par la commodité des produits

La commodité des biens de consommation techniques, c'est-à-dire la flexibilité, la miniaturisation, l'automaticité et la diversité de ces biens, se paie d'un langage volumineux et complexe. Plus la commodité est grande, plus le langage attaché à cette commodité est dense et difficile. Nous avons vu qu'il suffisait d'un bouton de moins sur une cafetière électrique pour que le nombre de mots de la notice double[1]. La simplicité a produit de la complexité. Nous avons aussi observé que la diversité extraordinaire des produits entraînait une inflation de mots. Il a également été souligné que les automatismes n'étaient pas neutres — il faut y entrer, en sortir et les gérer convenablement — et qu'ils nécessitaient un accroissement notable de la quantité et de la complexité de l'information.

En linguistique, l'hypothèse dite de Sapir-Whorf, du nom des auteurs qui l'ont soutenue, suppose qu'une langue détermine la façon dont ceux qui la parlent interprètent le monde réel. Une extension de cette hypothèse est l'idée d'un déterminisme entre une langue et son environnement. Ainsi la langue d'une population qui vit dans une nature en permanence glacée et enneigée comporte-t-elle beaucoup plus de mots pour désigner les différentes sortes de neige et de glace que les autres langues. Sans entrer dans les débats sans fin sur l'hypothèse de Sapir-Whorf et le déterminisme linguistique, soulignons simplement l'étroite correspondance entre la commodité croissante des produits et la densification du langage des aides écrites correspondantes. La commodité des produits a entraîné une explosion linguistique.

Dans le catalogue de Manufrance de 1958, trois mots différents désignaient les différents types de vélos : « populaire », «de précision» et « sport ». Dans celui de 1977, on trouvait également trois

1. Voir ci-dessus, pp. 62-63.

mots : « sport », « randonnée » et « tourisme ». Il en existe aujourd'hui au moins une dizaine. Le frein de parking automatique est certes confortable, mais cet automatisme nécessite une information à l'usager deux à trois fois plus importante que celle d'un frein de parking manuel.

La situation des consommateurs vis-à-vis de toute l'information technique à laquelle ils sont confrontés fait penser à celle des touristes qui font la route des vins en Bourgogne et se trouvent complètement dépassés par la densité et la technicité de l'information associée à la complexité de ce vignoble. La différence est que, si le langage du vin concerne une minorité de spécialistes et de passionnés, le langage des produits modernes, lui, concerne tout le monde.

Alors que la révolution industrielle s'est traduite par un mouvement de fond vers la standardisation — écartement des rails de chemin de fer, supports de stockage numériques universels, etc. —, on observe parallèlement un mouvement vers la dé-standardisation — diversification de l'information relative aux produits provoquée par la diversité linguistique des interfaces et la diversité des produits.

Un métalangage de nature à la fois juridique et didactique

Il est rare qu'un langage spécialisé joue sur deux registres à la fois. C'est pourtant le cas de la rédaction technique, dont les textes sont souvent motivés non seulement par le souci de guider l'utilisateur, mais aussi par des arrière-pensées de dégagement de responsabilité. Certains énoncés totalement évidents ne trouvent leur justification qu'à condition de connaître l'intention juridique cachée derrière l'intention informative.

Ce métalangage juridico-didactique fonctionne exactement comme un moulin à prières. Le but n'est pas de transmettre une information mais de pouvoir dire « c'était écrit », comme dans les *disclaimers*, ces décharges de responsabilité des éditeurs de logiciels : l'installation du logiciel n'est possible qu'après que le texte du *disclaimer*, qu'on déroule comme un moulin à prières, s'est affiché en entier, alors même que personne ne le lit. De plus, on ne découvre ces *disclaimers* qu'après avoir acheté le logiciel et qu'il n'est plus possible de le refuser.

Un métalangage de nature linguistique plus qu'ergonomique

Nous pourrions nous attendre qu'un langage destiné à aider des utilisateurs soit particulièrement ergonomique. Or, il présente plus les caractéristiques d'un code linguistique que celles d'un code ergonomique. Comme nous l'avons vu au chapitre I, le code des boutons est linguistique (arbitraire, ambigu, divers et complexe) et non ergonomique. Nous trouvons ces mêmes caractéristiques linguistiques fortes dans les modes d'emploi et autres aides. Par exemple, l'utilisation de mots différents pour désigner un même objet, alors que l'ergonomie préconise des termes uniques par objet, et l'emploi de connecteurs logiques imbriqués, alors que des « logigrammes » seraient plus ergonomiques, sont de nature typiquement littéraires. Nous observons aussi ces caractéristiques linguistiques dans l'univers des pictogrammes. Nous avons vu qu'un grand nombre d'entre eux n'étaient pas compréhensibles d'emblée et qu'ils devaient être appris. De ce fait, ce sont plus des idéogrammes que des pictogrammes. Certains fonctionnent exactement comme les signifiants d'une langue, qui prennent leur sens par des appositions avec d'autres — c'est une des observations principales de Saussure sur les caractères des langues. Par exemple, plusieurs pictogrammes indiquant les toilettes ne sont compréhensibles que s'ils sont assemblés par paire, celui indiquant les toilettes pour hommes rapproché de celui indiquant les toilettes pour femmes. Pris isolément, ils sont illisibles. Placés côte à côte, à la fois ressemblants et différents, ils suggèrent l'opposition mâle-femelle [1].

La plupart des pictogrammes ne sont compréhensibles que par rapport au contexte, comme les mots d'une langue. Nous n'avons quelque chance de deviner un estomac dans le pictogramme de gauche de la figure 17 *d* que si nous savons que nous sommes dans

1. Voir ci-dessus, p. 101, l'exemple de la figure 16 *e* : chaque dessin pris isolément n'évoque aucunement des toilettes, mais, côte à côte, à la fois semblables et dissemblables, ils suggèrent bien ce lieu.

une pharmacie. De même, nous ne devinerons un sac à dos dans le pictogramme de gauche de la figure 17 *e* que si nous savons que nous sommes sur le site d'une agence de voyages. Certains signes présentent même un arbitraire tel, au sens de Saussure, que le sens suggéré est le contraire du signifié, comme dans les langues. Par exemple, dans une commune de la banlieue parisienne, pour le tri sélectif des déchets, les poubelles non écologiques pour les déchets non recyclables étaient vertes et les poubelles écologiques grises (au bout de plusieurs années, ce code de couleurs a fini par être abandonné) !

Un métalangage en quête chaotique d'universalité

Les modes d'emploi et autres aides prétendent à l'universalité. Nous avons constaté que les schémas dont l'objectif était de s'abstraire des langues nationales étaient souvent peu compréhensibles ou nécessitaient le recours à des énoncés écrits. Si les notices sont traduites dans la langue des utilisateurs, ces traductions sont fréquemment approximatives et déroutantes, tandis que les mots affichés sur les écrans d'aide restent le plus souvent en anglais. Les pictogrammes ont l'ambition de constituer un langage universel, mais un nombre significatif d'entre eux sont incompréhensibles. Ceux qui sont apparemment lisibles ne sont en fait compris que d'une minorité — le pictogramme indiquant un théâtre aux Jeux olympiques de Munich, en 1972, illustré au milieu de la figure 19, n'était compris que par 16 % de ses destinataires.

Il n'existe pas de langue universelle des modes d'emploi et autres aides, contrairement à ce que proclament les apôtres d'un nouvel espéranto graphico-anglais. Le métalangage de la rédaction technique grand public est une auberge espagnole peuplée de dessins imprécis, de traductions fantaisistes, de pictogrammes énigmatiques et de termes anglais plus ou moins connus. En accompagnant la marée de la grande consommation universelle, la tour de Babel, loin de s'effriter, se consolide.

Un métalangage fortement perturbé par des intentions esthétiques

Les aides écrites, graphiques (schémas et pictogrammes) et sémiologiques (interfaces homme-machine) sont des actes non seulement d'écriture, mais aussi plastiques. De ce fait, ces actes d'écriture donnent la possibilité d'exprimer des intentions esthétiques. Nous observons nettement ce souci esthétique dans les aides, mais il se fait souvent au détriment de leur lisibilité. Cette remarque s'applique parfaitement à l'univers des pictogrammes. La consultation des catalogues de pictogrammes montre que les graphistes qui les ont dessinés ont recherché autant un résultat esthétique que la lisibilité : des courbes harmonieuses, des traits originaux, un style surprenant. Ainsi la stylisation des silhouettes masculines et féminines de nombre de pictogrammes indiquant des toilettes publiques relève-t-elle plus de la quête esthétique que de la recherche de la lisibilité. De même, le code des boutons, qui forme un système de signes, est fortement marqué par des préoccupations esthétiques, au risque de compliquer la lecture de ce code. Sur une cafetière électrique, une simple touche est plus esthétique qu'un bouton rotatif à positions multiples, mais la belle touche unique recouvre plusieurs significations, qui sont plus difficiles à comprendre qu'un bouton rotatif. Le tableau de commande des sièges de la nouvelle classe affaires d'une grande compagnie aérienne est une réussite esthétique : les multiples boutons constituent un bas-relief ovale constellé de pièces harmonieuses, mais c'est un vrai casse-tête pour le passager. Même les modes d'emploi, à travers leur logistique, manifestent une forte volonté esthétique. Si ces derniers ne sont pas embarqués dans les produits et si les inscriptions en clair sur les interfaces sont réduites au minimum ou absentes, c'est parce qu'il ne faut pas polluer le design des produits par la présence d'écritures. L'entreprise Apple, qui a été célébrée autrefois pour son effort en matière d'interfaces, fait aujourd'hui l'objet de louanges dans le domaine de la prise en compte des attentes des utilisateurs, non pour la lisibilité de ses aides, mais pour ses innovations esthétiques (utilisation des couleurs et de matériaux translucides dans le *hardware*). La mode consistant à disposer des enjoliveurs sur les moteurs des véhicules des particuliers (entre le capot et le moteur) produit un résultat agréable pour le regard, mais complique la tâche de celui qui veut accéder aux différentes parties de l'engin.

La destruction esthétique de la lisibilité s'étend à toute l'information ordinaire, en particulier à la vulgarisation, pour laquelle l'embellissement systématique des illustrations s'effectue au détriment de la lisibilité. Nous trouvons la même tendance dans l'information audiovisuelle de divertissement, où le montage d'une succession de très courtes séquences relève d'un code esthétique altérant le suivi des histoires.

Un métalangage involontairement source de comique

Il est rare, voire unique, qu'un langage produise involontairement, par sa structure même, des textes drôles. C'est le cas du langage des modes d'emploi et autres aides. Nous avons cité plusieurs exemples d'énoncés comiques involontaires. Cela vient de trois des caractéristiques de ce métalangage. L'effet comique tient à sa structure *idiot proof*, qui, à force de supprimer tout argumentaire, crée du non-sens. Il est en outre issu de la structure à la fois juridique et didactique du métalangage, qui, en exagérant les précautions, produit un comique de l'absurde. Il tient enfin aux traductions sans queue ni tête et aux mélanges de langues.

Le potentiel comique de ce métalangage est si fort qu'un périodique informatique a pu créer une rubrique reproduisant chaque mois une dizaine d'énoncés involontairement humoristiques extraits d'aides sur écran adressés par les lecteurs. Le comique est tellement constitutif de ce métalangage qu'il en devient prédictible. J'ai acquis récemment un agenda électronique d'une grande marque réputée et me suis dit que, si mes prédictions étaient exactes, j'avais des chances de découvrir un énoncé comique dans la notice. Cela n'a pas manqué. Au chapitre « Comment faire pour éviter d'endommager l'écran du Pocket PC ? », nous pouvons lire, en tête des recommandations : « Ne vous asseyez pas sur le Pocket PC. »

Le seul autre métalangage qui produise des énoncés inconsciemment drôles est celui des enfants. Mais le métalangage des aides écrites est tout sauf nourri à la source de l'innocence.

Le métalangage à travers un exemple : « Ne pas actionner l'alarme en cas d'incendie dans le tunnel. »

Pour illustrer concrètement le fonctionnement de ce métalangage des aides, prenons une information anodine, affichée sous forme de consigne dans les trains suisses à crémaillère des Alpes vaudoises : « Ne pas actionner l'alarme en cas d'incendie dans le tunnel. »

1) Nous y trouvons la dimension *idiot proof*. En considérant l'usager comme un incapable et donc en excluant toute explication, on parvient à un énoncé absurde. Comment comprendre qu'il ne faille pas déclancher l'alarme si un incendie se déclare dans un tunnel ? En fait, c'est le frein de secours qu'il ne faut pas actionner. Comme l'énoncé paraît dénué de sens, il y a toutes les chances pour que des passagers actionnent l'alarme en cas de feu dans un tunnel !

2) Nous constatons la complexité informationnelle liée à la commodité. En effet, le bouton déclenche électroniquement à la fois l'alarme et le frein, d'où sa complexité d'utilisation dans un tunnel. Le problème n'existerait pas avec une alarme sonore séparée et un frein manuel.

3) Nous trouvons la dimension juridique. L'énoncé servira d'argument en cas de recours.

4) L'énoncé est plus linguistique qu'ergonomique. Le mot « alarme », qui désigne aussi le frein, est totalement ambigu et crée une difficulté de compréhension.

5) La recherche chaotique d'universalité est exemplaire. Il s'agit là sans doute d'une traduction, puisque la consigne est également donnée en allemand et en anglais et que, dans ces deux dernières formulations, le mot « alarme » est remplacé par « frein ». Les anglophones et les germanophones comprennent donc mieux.

6) Ce métalangage est involontairement source de comique. La consigne absurde fait sourire, car elle semble vouloir dire qu'il ne faut pas réagir en cas d'incendie dans un tunnel.

LA RÉPONSE DES UTILISATEURS : LES CONSEILLERS OFFICIEUX D'USAGE

Le « mendiant de Bercy »

Et pourtant, ça marche ! En dépit de la qualité plus que médiocre des modes d'emploi et indications, les machines à laver tournent, les téléphones cellulaires n'arrêtent pas de sonner, les imprimés se ramassent à la pelle, les pictogrammes finissent par diriger les foules, les photocopieuses chauffent, les chauffe-serviettes aussi, les meubles en kit prennent forme, et il arrive même que des magnétoscopes enregistrent correctement la bonne émission. Comment expliquer ce résultat ? Bien sûr, l'usage dégradé et l'apprentissage chaotique constituent une partie de la réponse. Mais l'explication principale est fournie par un mécanisme sociologique : une fraction des usagers se transforment en experts improvisés qui aident les autres. Nous voyons ainsi émerger un nouveau rôle social majeur : celui de *conseiller officieux d'usage.*

Une illustration emblématique de ce nouveau rôle est le « mendiant de Bercy ». Cet homme sans emploi, habillé simplement mais proprement, se place tous les jours à proximité des distributeurs de tickets de transport de la station Bercy du métro parisien, et observe discrètement les usagers utiliser les distributeurs. Fréquemment, un usager reste perplexe, hésite, ne sait comment s'y prendre ou se trompe. Le mendiant s'approche alors et lui propose avec tact de l'aider. Une fois l'opération terminée, la personne secourue offre spontanément quelques pièces à son mentor d'un jour — le porte-monnaie, et pour cause, n'est pas loin —, qui peut s'en aller guetter l'arrivée de son prochain client. Ce mendiant vit toute l'année de ce travail officieux de conseiller d'usage.

Dans les familles, le nombre de ceux qui lisent les modes d'emploi est extrêmement restreint. Un membre de la famille, exceptionnellement deux ou trois, typiquement le jeune fils ingénieur, l'oncle bricoleur, la sœur débrouillarde, le mari dévoué, devient officieusement le préposé aux modes d'emploi pour le reste de la famille. C'est lui qui se plonge dans le décryptage de la notice, y revient, essaie l'appareil, lui qui explique à la belle-mère le fonctionnement de son magnétoscope, forme l'épouse au maniement de son nouveau téléphone cellulaire, aide le fils à comprendre le schéma d'installation des barres de toit du véhicule, rédige une notice simplifiée de la machine à laver à l'intention de la femme de ménage et accourt pour aider la fille à comprendre la programmation du four.

Ce rôle de conseiller officieux d'usage se retrouve dans les groupes d'amis, les communautés de voisinage, les rassemblements éphémères. Quantité de tranches de vie illustrent ce phénomène : un ami nous raconte avoir acheté un abonnement à Internet sans connaître la procédure d'installation jusqu'à ce que son voisin, « qui s'y connaît en informatique », vienne le dépanner ; une épouse se plaint au cours d'un dîner des lourdes factures de téléphone cellulaire de son mari qui n'est pas parvenu à configurer le blocage automatique du clavier, qu'un convive averti s'empresse de régler aussitôt ; un passant donne des conseils à son prédécesseur dans la file d'attente d'un distributeur ; une secrétaire affiche une note manuscrite à côté du photocopieur pour aider ses collègues ; un habitué d'un restaurant aide les autres à déchiffrer la carte incompréhensible ; le passager d'un avion explique à son voisin qu'il faut inscrire un nom d'hôtel dans la case « host » de l'imprimé des services d'immigration ; une personne, « dont le cousin travaille comme technicien chez Renault », explique à ses voisins de table étonnés la différence entre un régulateur de vitesse et un limiteur de vitesse, que ce cousin lui a apprise.

Un immense réseau de conseillers d'usage informels s'est ainsi constitué afin de compenser la qualité défectueuse des aides écrites et graphiques de toutes sortes. Sans un tel système d'expertise parallèle, il serait tout simplement impossible d'utiliser les biens et services de consommation. L'Afrique est le continent où le taux de progression de l'équipement en téléphones cellulaires est le plus élevé du monde[1]. Cette expansion n'aurait pas été possible

1. Philippe BERNARD, « Les Africains s'approprient le téléphone portable pour en faire un facteur de progrès », *Le Monde*, 8 octobre 2005.

sans la constitution d'un vaste réseau d'aide informelle diffusant la compréhension du fonctionnement des appareils.

Le développement de la fonction de conseiller officieux d'usage

Ce rôle de conseiller officieux d'usage se développe fortement sur Internet. Les groupes de discussion permettent de poser des questions auxquelles des internautes compétents répondent bénévolement. Une armée d'experts informels se mobilise et se tient à la disposition de ceux qui en ont besoin. Des forums fleurissent autour du choix des tétines pour bébés, de la façon d'installer une imprimante ou de l'utilisation d'une colle spéciale. J'ai vécu moi-même de nombreuses situations dans lesquelles des solutions m'ont été fournies par des correspondants anonymes dans des forums, alors que les informations officielles étaient muettes ou obscures. Confronté à la fuite d'un chauffe-eau, à une fiche technique sans utilité pratique et à un plombier me parlant doctement de « groupe de sécurité » et de « réducteur de pression », j'ai finalement déniché toutes les explications dont j'avais besoin dans des groupes de discussion sur Internet — ce qui m'a permis de comprendre que l'offre du plombier d'ajouter un réducteur de pression était inutile ! Quand nous voulons savoir comment procéder à des calculs simples avec le tableur Excel, l'aide en ligne du logiciel se révèle particulièrement complexe, pour ne pas dire hermétique. Il est plus simple de saisir la question dans un moteur de recherche et de se diriger vers des groupes de discussion au sein desquels des internautes ont placé des réponses rédigées de façon efficiente — c'est ainsi que j'ai trouvé comment calculer une durée à partir de dates. Désorienté en face d'un modem ADSL non compatible avec un nouvel ordinateur, j'ai posé la question sur le Web dans le forum « Comment ça marche ? », et j'ai obtenu la bonne réponse en moins d'une demi-journée, après avoir passé beaucoup plus de temps, en pure perte, à appeler le centre d'assistance du fournisseur d'accès et à me rendre dans sa boutique.

Nous voyons poindre aujourd'hui une forme d'aide humaine et individualisée dans le système économique principal pour répondre à ce besoin de conseillers d'usage. Les services d'assistance personnelle au fonctionnement des ordinateurs familiaux se développent de façon exponentielle. Dans les entreprises, les dirigeants ont généralement droit à l'intervention d'un assistant spécialisé quand ils rencontrent un problème informatique, tandis que le personnel n'a accès qu'à la *hot line* automatisée, désincarnée et lointaine. Devant le mécontentement du personnel, ces mêmes entreprises ont dû compléter la *hot line* par des services d'assistance de proximité avec des personnes en chair et en os. Dans les aéroports, le personnel affecté aux bornes d'enregistrement automatique se retrouve dans la situation cocasse de devoir aider des voyageurs désemparés en les accompagnant de A à Z dans l'utilisation de ces bornes. La borne d'enregistrement en libre-service est transformée de fait en comptoir classique d'enregistrement avec hôtesse…

Une évolution extraordinaire est en cours. De nombreux fabricants, prestataires ou magasins de bricolage se sont rendu compte de l'efficacité de l'immense réseau des conseillers officieux d'usage et en sont venus eux-mêmes à s'appuyer sur lui en créant des groupes de discussion d'utilisateurs sur leurs sites Internet officiels. Il est désormais fréquent de trouver plus facilement la solution à un problème dans ces forums que dans les aides officielles. Nous sommes en train d'assister à une forme d'institutionnalisation de l'entraide à l'égard de l'information ordinaire.

Une nouvelle dimension sociologique

Ce système d'entraide s'accompagne de formes inédites de sociabilité. Dans les familles, les rares moments de convivialité entre grands-parents et petits-enfants sont peut-être ceux où ces derniers viennent les aider à déchiffrer la notice du magnétoscope. Des voisins ne se parlent que lorsqu'il s'agit de s'entraider à installer une imprimante. Des passants ne s'adressent la parole que pour dialoguer sur le fonctionnement d'un distributeur. Cette convivialité est d'autant moins négligeable que la transmission d'un savoir sur le fonctionnement d'un outil ou la recherche en commun de la résolution d'une énigme d'usage est beaucoup plus chargée d'implications qu'une discussion sur le temps qu'il fait ou des considérations de café du commerce. L'aide d'autrui sur l'utilisation d'un bien est un don qui produit du lien social. Il y a plus de lien social entre le mendiant de Bercy et ses clients reconnaissants qu'entre un mendiant qui tend la main dans la rue et les passants. La pauvreté des aides écrites et graphiques, en obligeant les utilisateurs à s'entraider, est un inducteur de lien social. Nous pouvons en voir comme une parabole dans les avions de ligne. Lorsque l'appareil atteint son altitude de croisière et que les écouteurs sont distribués, une sorte d'agitation conviviale envahit la cabine. Les passagers se tournent les uns vers les autres pour savoir où brancher la fiche, comment sélectionner le canal ou régler le volume. C'est souvent l'occasion de faire connaissance avec son voisin. Quand le film commence, cette bulle de convivialité éclate, et chacun se referme dans son univers. La bulle de convivialité se déploie à nouveau au moment où l'avion entame sa descente et que sont distribués les imprimés des services d'immigration : « Vous pensez que c'est là qu'il faut mettre le numéro de passeport ? » « Est-ce moi qui signe ici ou la douane ? » « Connaissez-vous notre numéro de vol ? » Le spectacle fait penser à une messe au cours de laquelle les fidèles, isolément plongés dans la prière, sont tout à coup invités par l'officiant à se tourner les uns vers les autres pour s'adresser des messages de paix.

Les sciences humaines ont depuis longtemps observé que la diffusion des idées et des innovations n'était pas homogène dans la population. En sociologie de la communication, il a été constaté que les messages véhiculés par la presse ne se diffusaient pas de façon directe, mais qu'ils étaient filtrés, pondérés et démultipliés par des leaders d'opinion intermédiaires. De même, en sociologie de l'innovation, il a été établi que des avant-gardistes jouaient le rôle d'essayeurs, de démonstrateurs et de promoteurs des nouveaux produits. Nous retrouvons ce niveau intermédiaire en sociologie des aides ordinaires. Pour assurer la bonne transmission des aides techniques permettant l'usage des biens de consommation, un réseau peu visible de conseillers officieux d'usage, de « mendiants de Bercy », se met en place de façon spontanée.

LE *BLUES* DU CONSOMMATEUR

Une fois identifiée l'émergence spontanée de conseillers officieux d'usage, une question reste en suspens : l'existence ou non d'une réaction structurée à l'égard des problèmes de l'information ordinaire.

Une étonnante absence de protestation, de défection ou de loyauté au sens de Hirschman

Nous nous référons dans cette section à la célèbre problématique d'Albert Hirschman[1], *« exit, voice and loyalty »*. Devant la non-qualité d'un produit, les consommateurs ont trois options : la protestation, la défection (ils vont chez le concurrent) ou la fidélité malgré tout. Tout au long de cet ouvrage, nous avons parcouru l'inventaire de la très médiocre qualité de l'information ordinaire. Si nous appliquons le modèle de Hirschman, les destinataires de cette information devraient soit protester, soit faire défection, soit afficher leur loyauté.

Nous n'observons pas de protestation en matière d'information ordinaire. Comme nous l'avons vu au chapitre I, la plupart des utilisateurs des toilettes du TGV Paris-Lille se trompent radicalement de boutons quand ils veulent obtenir de l'eau ou du savon, au point d'user le métal, mais, apparemment, personne ne se plaint. Les propriétaires de magnétoscopes qui n'utilisent leur équipement que pour lire et abandonnent la fonction enregistrement parce que l'interface est trop complexe ne se regroupent pas dans des associations de défense. Je ne connais pas non plus de mouvement de protestation contre la qualité déplorable des modes d'emploi ou contre l'absence de suite des histoires dans l'information journalistique et ludique.

1. Albert Hirschman, *Défection et prise de parole*, Paris, Fayard, 1995 (édition originale en anglais, 1970).

Pourquoi une telle absence de prise de parole des consommateurs lésés par l'information ordinaire ? Je pense que c'est précisément la nature linguistique de l'information ordinaire qui conduit les utilisateurs à ne pas protester : nous pouvons protester contre la mauvaise qualité d'un produit, mais nous ne protestons pas contre la qualité du langage ou d'une langue [1]. Nous ne pouvons pas dire qu'une langue est de meilleure qualité qu'une autre. Nous nous disons que nous allons essayer de l'apprendre ou que nous allons essayer de comprendre, ou alors nous abandonnons la communication, mais nous ne mettons pas en cause la valeur de la langue elle-même. Le langage des boutons peut n'être qu'un mauvais sabir, nous respectons un sabir. Imaginons un instant que sur cent mille propriétaires de magnétoscopes, quatre-vingt mille constatent que la fonction « enregistrement » n'est pas disponible sur leur appareil à cause d'un défaut. Ces consommateurs feraient aussitôt entendre leur voix, d'une façon ou d'une autre (courriers, associations, etc.). Revenons maintenant à la réalité : parmi les propriétaires de magnétoscopes, des milliers n'utilisent pas la fonction « enregistrement » parce que l'interface est incompréhensible et se contentent de la fonction « lecture ». Le résultat est exactement le même que si la fonction « enregistrement » était défectueuse. Pourtant, ils ne protestent pas et restent sans voix. C'est qu'ils considèrent l'interface inaccessible non comme un produit ou une partie du produit, mais comme un code linguistique et qu'on ne peut mettre en cause la qualité d'une langue. Il en va de même d'un mode d'emploi illisible : celui qui ne le comprend pas s'accusera plus volontiers d'incompétence qu'il n'incriminera son auteur.

Une raison de l'absence de protestation tient à la difficulté de définir la qualité de l'information ordinaire. À supposer qu'un lecteur estime qu'un mode d'emploi ou un ouvrage de vulgarisation est de mauvaise qualité, comment peut-il le démontrer ?

Je ne pense pas non plus qu'on puisse parler de défection, deuxième réaction possible devant la non-qualité selon Hirschman. Les consommateurs ne rejettent pas *a priori* un produit pour acheter un produit concurrent dans lequel l'interface serait meilleure,

1. Les minorités qui souffrent d'être soumises à une langue qui n'est pas la leur luttent politiquement contre la langue dominante mais ne mettent pas en cause la qualité de la langue elle-même.

parce qu'il leur est très difficile d'évaluer une interface sans la pratiquer et qu'ils s'intéressent aux fonctions (utilité) des appareils, et non à l'accès à ces fonctions (utilisabilité). Je ne connais pas d'usager qui choisisse tel téléphone mobile plutôt que tel autre parce que la touche pour allumer l'appareil est verte et porte l'indication « yes » plutôt que rouge avec l'indication « no ».

Enfin, on ne peut pas dire que les consommateurs manifestent une véritable loyauté, dernière des réactions possibles à la non-qualité. Le moins qu'on puisse dire est que les manifestations de mauvaise humeur à l'égard de la qualité exécrable des modes d'emploi et des interfaces homme-machine ordinaires ne traduisent pas une adhésion.

L'anxiété face à l'information

Pour rendre compte de la réaction des usagers et clients de l'information ordinaire, on peut parler d'un véritable *blues* du consommateur, fait à la fois d'inconfort psychologique et d'anxiété. Ce *blues* constitue une forme de non-adhésion ou de consommation perturbée. C'est l'automobiliste qui ne peut faire autrement que de se rendre à une pompe à carburant automatique et qui y va, anxieux de savoir s'il va comprendre son maniement. C'est la Japonaise âgée, ne connaissant pas l'anglais, qui doit utiliser les toilettes d'un avion de ligne et qui s'y rend, préoccupée par sa difficulté à saisir les informations en anglais et une interface qui lui est étrangère. C'est l'usager qui téléphone au service client et qui découvre avec une immense déception que la voix est celle d'un automate et qu'il va devoir appuyer sur des touches pour comprendre comment utiliser les touches de son appareil. C'est ce client d'une boulangerie, perplexe devant la profusion des types de pains proposés. La question de la boulangère : « Qu'est-ce que je vous sers ? » le met dans l'embarras. Il ne peut lui répondre : « Du pain ! » sous peine de passer pour un imbécile, ni demander le catalogue et encore moins dire à la boulangère : « Que proposez-vous ? » C'est l'acquéreur d'un bien électronique dont le plaisir est gâché par la découverte du livret d'explications de trois cents pages qu'il va devoir assimiler…

Dans tous ces exemples, le stress est provoqué soit par l'impossibilité d'obtenir ou de comprendre l'information nécessaire, soit par la charge mentale qu'induit cette même information, parce qu'elle est trop lourde, trop dense, mal organisée, mal présentée ou absente. Il s'agit d'une anxiété légère, diffuse. Ce n'est pas pour autant une phobie, et elle ne provoque pas de dépression nerveuse.

Ce modèle de réaction, constitué d'une absence de protestation associée à une défection silencieuse et accompagnée d'un inconfort psychologique, n'est pas réservé à une tranche intellectuellement modeste de la population. Nous pouvons l'observer dans tous les milieux, y compris chez ceux qui ont suivi des études supérieures de haut niveau et même chez les scientifiques.

Les manifestations du blues *du consommateur*

Un premier signe d'inconfort du consommateur est *l'utilisation dégradée ou partielle* des produits : utiliser le magnétoscope uniquement pour lire des cassettes, ne se servir que de la fonction « appeler » et « recevoir » du téléphone cellulaire, effectuer toujours le même programme sur la machine à laver le linge, etc. L'usage partiel des fonctions d'un produit peut aller très loin. La plupart des consommateurs n'utilisent que le dixième, voire le centième des potentialités de leurs biens électroniques. Le programmateur du chauffe-serviette pour la température, l'heure et la durée est rétrogradé à l'échelon d'interrupteur, le radio-réveil-thermomètre-indicateur des phases de la lune redevient une simple horloge, et la plaque chauffante intelligente retourne à l'état de résistance rudimentaire et pataude.

L'utilisation dégradée s'étend aussi à l'information ordinaire en général. C'est, par exemple, l'écoute d'une oreille distraite ou goguenarde des interviews de quelques secondes ou des micro-trottoirs, le fait de profiter de la projection de diapositives illisibles en réunion pour faire son courrier, etc. La télévision qu'on laisse allumée sans la regarder vraiment, comme un bruit de fond ou une animation visuelle, est le stade ultime de l'emploi dégradé de l'information ordinaire.

Un deuxième signe d'inconfort est le taux d'échec exorbitant.

Le ratio d'erreur dépasse largement les pourcentages préoccupants mais minoritaires qu'on évoque habituellement pour parler d'erreur. Quand, dans les toilettes du TGV Paris-Lille, les usagers se trompent systématiquement pour ouvrir l'eau ou obtenir du savon au point d'user la tablette en métal « jusqu'à la corde », cela signifie que le pourcentage d'erreur est proche de 100 %.

Un autre signe d'inconfort est le temps d'accès aux produits ou aux services. Il faut lire et relire le mode d'emploi à chaque utilisation. Il faut comprendre la diversité des produits proposés avant d'en choisir un, etc.

Une conséquence des longs temps d'accès et des taux élevés d'erreur est la *file d'attente technologique*, encore un signe d'inconfort. La file d'attente est un phénomène inhérent aux sociétés humaines. Traditionnellement, elle résulte d'une pénurie : elle est économique, que la rareté soit provoquée par une guerre, une catastrophe, une crise économique, un manque de personnel aux caisses, aux guichets, etc. À la place de la queue de pénurie, nous voyons poindre la queue technologique. La file d'attente technologique est une queue qui se forme devant un appareil électronique ou un service parce que les usagers ou clients mettent du temps à gérer correctement l'information nécessaire et commettent des erreurs. Le chroniqueur anglo-américain Bill Bryson peste dans *American Rigolos* sur les files d'attente qui se forment dans les cafés Starbucks en raison de l'immense diversité des types de cafés proposés [1]. Lors de l'élection présidentielle française de 2007, des queues se sont formées dans les bureaux de vote équipés d'une urne électronique du fait des difficultés rencontrées par les électeurs.

Le *blues* du consommateur, qui n'est ni une protestation construite et explicite ni une défection claire, entraîne une conséquence économique majeure : puisqu'il n'y a pas de protestation et que la défection n'est que silencieuse, la pression sur les producteurs d'information ordinaire est très faible, et il y a peu de chances pour que ceux-ci corrigent les dysfonctionnements. Les concepteurs qui font des efforts ne sont pas récompensés, et l'immense majorité de ceux qui ne font pas d'efforts n'est pas sanctionnée par

1. Bill Bryson, *American Rigolos, chroniques d'un grand pays*, Paris, Payot, coll. « Petite Bibliothèque Payot », 2003, pp. 335-337.

les consommateurs. Seules éclatent parfois quelques bulles isolées traduisant le potentiel de mécontentement ou de satisfaction des consommateurs, tel le plébiscite populaire pour un produit dépouillé et simple qui arrive sur le marché comme le véhicule Logan de Renault, dont le succès est dû non seulement à son prix, mais aussi à l'absence d'interfaces compliquées, ou pour un reportage qui tranche sur les modèles dominants.

L'UTILISATEUR IGNORÉ DANS LA CONCEPTION DE L'INFORMATION

La mauvaise qualité des interfaces et des aides tire son origine pour une large part dans la non-prise en compte de l'utilisateur au stade de la conception.

« Alors là, vous m'épatez vraiment ! Réussir à faire des modes d'emploi comme-ceux là sans jamais avoir vu les produits, ça relève de l'exploit. » Ce témoignage de satisfaction d'un producteur à son agence de rédaction technique, que cette agence diffuse sur Internet comme argument publicitaire, n'est malheureusement pas une plaisanterie. Le rédacteur conçoit effectivement des modes d'emploi sans voir le produit et s'en glorifie. Il s'agit sans doute d'un cas extrême, mais il est symptomatique des façons de faire de la production des interfaces et des aides. L'utilisateur final est tellement absent de ce système qu'une agence de rédaction technique peut se vanter d'écrire des modes d'emploi sans voir les produits.

La prise en compte défaillante de l'utilisateur dans la conception des interfaces et des aides est liée à différents facteurs. Une tendance répandue considère les aides écrites et graphiques comme des variables de second ordre. Alors que des processus rigoureux sont mis en œuvre pour la conception et la fabrication du produit, l'étape de conception des interfaces graphiques et des notices est négligée. Dans telle entreprise, par exemple, la rédaction du mode d'emploi est confiée à un stagiaire inexpérimenté et placée hors du processus de contrôle de la qualité.

Cette négligence de l'utilisateur est spécifique aux biens de grande consommation. Les interfaces et aides écrites et graphiques font l'objet de beaucoup plus d'attention dans les environnements professionnels, et l'on n'accorde pas la même attention ni les mêmes ressources dans la rédaction des procédures de pilotage d'un avion de ligne que dans celle d'une notice de machine à café domestique. Les aides écrites, graphiques et matérielles ne sont pas considérées comme un enjeu véritable pour les produits grand public.

La taille et l'organisation des entreprises jouent également un rôle. Dans les grandes firmes, il existe tellement de départements et fonctions spécialisés et de sous-objectifs qu'il est impossible de prendre en compte de façon ferme et coordonnée l'utilisateur final[1]. Même lorsqu'un spécialiste de l'usage est inséré dans le processus de conception, son intervention est souvent trop cloisonnée et trop tardive. Il ne travaille pas avec l'ingénierie, et son avis est entendu à un moment où il n'est plus possible d'apporter des modifications substantielles. Autre facteur, la culture professionnelle des acteurs qui conçoivent les produits fait qu'ils ont du mal à se mettre à la place des utilisateurs et, presque inconsciemment, ils privilégient leur propre langage. Nous avons vu que les professionnels préféraient les explications obscures, mais qui respectent les habitudes de style et de vocabulaire du métier, à un texte clair s'éloignant des canons rédactionnels de la profession. Un juriste a du mal à accepter qu'une règle soit présentée sous la forme d'un « logigramme » plutôt que d'un jeu de phrases associées par un système compliqué de conjonctions. Un ingénieur trouve naturel de prévoir une ou deux touches permettant de programmer des résultats plutôt qu'un bouton rotatif à positionner sur chaque résultat désiré.

Pointons enfin une certaine vision du marketing qui considère que la prise en compte excessive de l'utilisateur bloque l'innovation, parce que ce dernier ne sait pas vraiment ce qu'il veut et a tendance à reproduire des solutions conservatrices. La philosophie de Sony[2], par exemple, n'est-elle pas, selon les mots de son fondateur

1. C'est la thèse d'un spécialiste des interfaces graphiques, Jonathan Grudin, « Systematic Sources of Suboptimal Interface Design in Large Product Development Organizations », *Human Computer Interaction*, 6, 2, 1991, pp. 147-196.

2. Informations tirées de Simon Tsang, « Feel Factor », Fairfax Digital, 2 août 2003, www.theage.com.au/articles/

Masaru Ibuka, de « toujours faire ce qui n'a jamais été fait avant » ? Comme l'a déclaré le président honoraire de Sony, Akio Morita, « si vous menez des enquêtes auprès du public pour savoir ce dont il pense avoir besoin, vous serez toujours en retard dans notre monde ». Cette philosophie de l'ingénierie instinctive ne favorise pas la prise en compte des utilisateurs dans la production des aides. Dès lors qu'on ne veut pas écouter le consommateur au moment du design des produits, on ne l'écoute pas non plus pour la conception des interfaces matérielles, graphiques et écrites qui font intimement partie du produit.

Il serait exagéré de dire que l'avis de l'utilisateur est systématiquement oublié dans la conception des interfaces et des aides. Il existe des contre-exemples, mais leur rareté est une illustration *a contrario* du problème. Un bon contre-exemple est fourni par la conception d'une interface de télévision par Nokia Consumer Electronics avec l'aide du cabinet IDEO, qui s'est spécialisé dans la prise en compte radicale des utilisateurs [1]. Cette prise en compte s'est déroulée selon un processus dont il faut souligner deux éléments essentiels. D'abord, la connaissance de l'usage réel a été poussée très loin. Une petite dizaine de ménages de types différents ont été observés dans chaque pays européen à leur domicile. Cela a permis de concevoir divers systèmes d'interfaces et d'aides écrites, qui ont chacun été testés auprès de ces ménages. L'autre dimension à souligner est l'étroite coopération entre les concepteurs travaillant chez Nokia et les spécialistes de l'usage de l'agence IDEO. Ces derniers sont intervenus très tôt dans le processus d'ingénierie, et des ingénieurs de Nokia ont été formés par IDEO pour mener eux-mêmes les expériences avec les usagers. Cela les a conduits à un mécanisme d'aide de réglage des chaînes par écran tactile plutôt que par l'association d'une télécommande et de l'écran. Un autre contre-exemple est fourni par le travail de Philippe Mallein, en France, et son approche appelée CAUTIC (conception assistée par l'usage pour les technologies, l'innovation et le changement), qui vise à introduire la sociologie de l'usage au

1. Alison Black, Oliver Bayley, Colin Burns, Ilkka Kuuluvainen, John Stoddard, « Keeping Viewers in the Picture : Real World Usability Procedures in the Development of a Television Control Interface », *Conference Companion*, CHI'94, Boston, 24-28 avril 1994, pp. 243-244.

cœur de l'ingénierie. Ces expériences montrent le chemin qui reste à parcourir.

La prise en compte d'un homo informatus *abstrait*

L'ignorance du récepteur observée dans l'information technique est également constatée dans l'information ordinaire culturelle, c'est-à-dire l'information journalistique ou légère et la vulgarisation. La prédominance du modèle de l'histoire tronquée sur l'histoire suivie dans l'information journalistique ou ludique et de la vulgarisation descriptive sur la vulgarisation explicative se fonde sur des *a priori* et des idées préconçues quant aux attentes des lecteurs et des spectateurs. Mais qui a décrété que les lecteurs préféraient ne pas connaître la suite d'un récit ou le pourquoi d'un phénomène ?

L'absence de connaissance réelle de la cible est remplacée par une représentation abstraite. De la même façon qu'on a inventé un *homo economicus* théorique qui réagit de façon idéale mais qui ne correspond pas à la réalité, on a conçu une sorte d'*homo informatus* irréel, qui sert de référence pour la conception de l'information ordinaire. Cet *homo informatus* présente notamment les caractéristiques suivantes : il exécute les instructions sans désirer les comprendre, il préfère les graphismes lourdement embellis aux graphismes simples, il prend un immense plaisir à suivre une succession de récits courts sans jamais connaître la fin, il attend qu'on lui décrive les phénomènes sans se soucier du pourquoi, etc. Quand on prend la peine d'interroger ou de solliciter le client réel de l'information — chose rare —, ce n'est pas l'*homo informatus* abstrait qui se dessine, mais une cible totalement différente : plutôt satisfaite qu'on lui raconte la suite de l'histoire — comment comprendre autrement le succès de la téléréalité ou du journalisme de récit ? —, qu'on lui explique le pourquoi du comment et qu'on lui présente des graphismes épurés — une enquête a montré que les lecteurs préféraient du texte à des tableaux et des tableaux simples à des tableaux embellis [1].

1. Voir le chapitre VI.

Plus généralement, la mauvaise qualité de l'information ordinaire vient d'une absence d'empathie du fabricant de l'information envers sa cible, d'un manque d'attitude *one to one*, de personne à personne, comme le dit le marketing de pointe, qui vise la personnalisation des produits et des services. L'incapacité des producteurs d'information ordinaire à se mettre à la place des récepteurs est souvent extraordinaire. Quand nous lisons certains modes d'emploi, quand nous pratiquons certaines interfaces, nous ne pouvons que nous demander si les auteurs comprennent eux-mêmes ce qu'ils écrivent et si les concepteurs essayent eux-mêmes les interfaces qu'ils créent. Désirant acheter un enregistreur à disque dur pour télévision dans une grande surface spécialisée d'envergure nationale, j'ai demandé au vendeur des renseignements sur la facilité d'utilisation de certains modèles et notamment si l'interface graphique était bien conçue. Il m'a regardé avec des yeux ronds et a fini par me répondre qu'il ne connaissait pas le sujet *(sic)*. Il faut souligner que ce défaut d'empathie vis-à-vis de la capacité de réception de l'autre est une caractéristique universelle et qu'il n'est pas réservé aux producteurs professionnels d'informations ordinaires (rédacteurs de modes d'emploi, concepteurs d'interfaces, presse, etc.). Il s'observe aussi chez le grand public. Quand des passants expliquent un itinéraire à un automobiliste perdu, quand une ménagère décrit une recette de cuisine à une amie, quand un cadre présente à ses collègues des diapositives qu'il a rédigées, c'est fréquemment de la « bouillie pour les chats [1] ». Il existe fondamentalement une incapacité humaine à informer, qui constitue comme la racine des problèmes de l'information ordinaire.

1. Cela n'exclut pas l'existence de conseillers officieux d'usage, fraction de la population douée pour la compréhension et la pédagogie.

LE LANGAGE NÉ POUR COMMUNIQUER, NON POUR INFORMER

La mauvaise qualité de l'information ordinaire tient à la nature même du langage humain, qui s'est construit pour communiquer, non pour informer, qui s'est développé pour permettre aux hommes de se lier, non pour donner des informations techniques. Le langage est un outil remarquable pour les interactions humaines, mais il n'est pas adapté à l'information ordinaire.

L'émergence de la complexité du langage

Les spécialistes du langage[1] se sont longuement penchés sur sa complexité, une de ses caractéristique les plus étonnantes. Si nous considérons le langage humain avec un certain recul, nous avons l'impression qu'un esprit malin lui a jeté un sort pour le rendre le moins « ergonomique » possible. Cette complexité provient principalement de deux composantes de sa grammaire : la récursivité et l'ambiguïté. La récursivité désigne la possibilité de combiner à l'infini des éléments, comme dans la phrase : « Alain lui a dit que Pierre pense que Marie aime que Jean pense à Brigitte. » L'ambiguïté résume le fait qu'un même mot peut avoir des sens différents. Par exemple, le mot « aimer » signifie être amoureux, aimer un ami, aimer un gâteau, aimer lire. La récursivité et l'ambiguïté ont donné naissance à d'autres éléments de la complexité du langage : l'*argumentation* et le *récit.* À la question de l'étonnante complexité du langage, des linguistes ont proposé plusieurs réponses qui se rejoignent toutes et que je résumerai ainsi : le langage a émergé chez les humains pour leur permettre de se lier et non pour informer.

Cette première caractéristique du langage, la *récursivité*, qui produit l'enchâssement des phrases, a rendu possible la communication

1. Je présente ici de façon résumée des thèses sur l'émergence du langage. Que les spécialistes me pardonnent cette présentation abrégée de leurs raisonnements.

fine entre les hommes. Nous le voyons clairement avec le créole comparé au pidgin[1]. Le pidgin est une langue «petit nègre», un protolangage, qui ne possède pas de grammaire. Les Français et les Japonais qui dialoguent en un anglais international rudimentaire parlent une sorte de pidgin. En revanche, le créole est une véritable langue. C'est un pidgin qui s'est enrichi d'une grammaire. Les linguistes se sont demandé comment cette grammaire du créole avait pu naître de façon spontanée, puisqu'elle n'est pas issue d'une autre langue. Ils ont fait l'hypothèse que les enfants des esclaves livrés à eux-mêmes avaient été conduits à créer une grammaire parce que le pidgin rendait impossibles les interactions fines nécessaires à l'établissement de véritables relations humaines. Le créole, c'est un peu comme si des Français et des Japonais, ne disposant que d'un vocabulaire anglais réduit pour communiquer, mais condamnés à vivre durablement ensemble, inventaient une nouvelle grammaire pour établir les échanges nécessaires à leur vie en commun.

De même, l'*ambiguïté*, autre caractéristique du langage, a été un atout dans les relations humaines. Dan Sperber et Gloria Origgi[2] estiment que l'ambiguïté du langage a constitué un avantage dans la sélection naturelle en ce qu'elle a permis des interactions entre groupes. Avec des codes précis, dénués d'ambiguïté, donc rigides et fermés, ces interactions n'auraient pas été possibles.

La troisième dimension de la complexité du langage, l'*argumentation*, qui est le produit de la récursivité et de l'ambiguïté, a joué aussi un rôle décisif dans les relations sociales. C'est la thèse de Jean-Louis Dessalles[3], qui considère que le langage a apporté dans la sélection naturelle l'avantage de l'argumentation — à travers la conversation — et non celui de l'information : «Le langage ne sert pas à transmettre des informations utiles.» Toute conversation, activité qui occupe une partie essentielle du temps éveillé de l'hu-

1. Alain Kihm, «Les langues créoles», *in* Jean-Marie Hombert (dir.), *Aux origines des langues et du langage*, Paris, Fayard, 2005, pp. 390-425.

2. Dan Sperber et Gloria Origgi, «Pourquoi parler, comment comprendre ?», *in* J.-M. Hombert (dir.), *Aux origines du langage*, *op. cit.*, pp. 236-253.

3. Jean-Louis Dessalles, «Aux sources du langage», *Sciences humaines*, «Les grands dossiers», n° 1, décembre 2005, pp. 44-49; *Aux origines du langage*, Paris, Hermès, 2000; «Les beaux parleurs : un paradoxe de l'évolution», *Cerveau et Psycho*, n° 4, 2003, pp. 16-17; «Nous parlons car nous sommes une espèce politique» (interview), *Libération*, 21-22 juillet 2001.

manité, est construite autour d'une argumentation — improbabilité ou paradoxe, par exemple. Une conversation sans problématique tombe à plat. Il cite l'expérience d'un lapin lâché dans une rue de Paris, qui déclenche des conversations parce qu'il y a une problématique et des arguments à la clé : pourquoi est-il là ? d'où vient-il ? à qui appartient-il ? En revanche, si je dis : « Les voitures ont quatre roues », cela ne lance aucune conversation. L'interlocuteur, surpris de ne pas voir de problématique, va même chercher une argumentation : « Pourquoi dis-tu ça ? » L'importance de l'argumentation est également mise en lumière dans les travaux d'Oswald Ducrot [1], qui considère que l'argument est structurellement constitutif de la langue. Un énoncé sans argument n'a pas de sens ou, plus précisément, ne permet pas de conclure. L'argumentation dans la conversation est un atout en ce qu'elle permet aux hommes de vérifier la qualité des interlocuteurs, de choisir des alliés, de se présenter en leader, de séduire et en définitive de former ce qui constitue la puissance humaine : des coalitions. Nous le voyons bien quand nous comparons, par exemple, un groupe de Français qui s'entretiennent dans leur langue maternelle, d'une part, et un groupe de Français et de Japonais qui discutent dans un anglais « petit nègre », d'autre part. Le premier développe une connivence, base d'une vraie coopération, alors que le second reste artificiel et improductif. La fonction du langage est politique et non technique.

Dernière dimension de la complexité du langage, le *récit*, produit par la récursivité et l'ambiguïté, a également été un puissant moteur de la constitution des sociétés humaines. Bernard Victorri [2] souligne la complexité du langage (récursivité, ambiguïté) comparée à l'efficacité opérationnelle et à la simplicité de la langue « petit nègre » (protolangage). Pour lui, cette complexité a rendu possible un fondement de la société : le récit. Celui-ci nécessite effectivement une grammaire complexe, dont la récursivité et l'ambiguïté. Victorri estime que le récit est ce qui a permis l'organisation des hommes en sociétés. Par les représentations distanciées qu'il produit, le récit élimine ou réduit les rapports de violence. Le langage

1. Voir le chapitre II.
2. Bernard Victorri, « Les mystères de l'émergence du langage », *in* J.-M. Hombert (dir.), *Aux origines des langues et du langage, op. cit.*, pp. 212-231.

ne s'est donc pas constitué pour le raisonnement, qui est apparu bien après le récit dans l'histoire de l'humanité.

Ces thèses ne sont pas contradictoires avec la pensée de Ludwig Wittgenstein, philosophe du langage. Quand il voit le langage comme un jeu aux règles fluctuantes, potentiellement mal comprises — comme un jeu de ballon plus ou moins spontané —, il dit d'une certaine façon que la pratique du langage établit une relation plus qu'elle ne transfère de l'information.

En résumé, ce sont donc bien les éléments constitutifs de la complexité du langage — la récursivité, l'ambiguïté, l'argumentation et le récit — qui ont permis aux êtres humains de développer leur sociabilité.

Une complexité du langage inadaptée à l'information

Si le langage, qui s'est développé pour permettre aux hommes de se lier, n'a pas été structurellement conçu pour informer, il n'est donc pas un outil adapté à l'information ordinaire. Reprenons les quatre dimensions du langage afin de démontrer leur inadaptation à l'information.

La *récursivité* (combinaison de phrases), bien adaptée aux échanges nuancés d'une conversation ou d'un récit, devient un inconvénient majeur dans une prescription technique telle qu'un mode d'emploi. Dans une conversation ou un récit, le contenu familier et l'apprentissage permanent des interactions permettent de se retrouver dans la récursivité suivante : « Il adore cette maison, qu'il a achetée à l'endroit où est né son grand-père, qu'il n'a pas connu. » Il y a pourtant un enchâssement de quatre propositions. En revanche, on se perd facilement dans une combinaison de phrases destinée à une prescription. J'en ai donné des exemples au chapitre II, notamment celui-ci : « Vous devez remplir une déclaration communale si vous devez remplir une déclaration préfectorale et même si vous ne devez pas remplir une déclaration préfectorale, vous devez néanmoins remplir une déclaration communale si vous relevez d'une de ces trois conditions... » *(Voir figure 12.)*

L'*ambiguïté*, adaptée à des échanges nuancés dans une conversation, est également un inconvénient majeur dans un mode d'emploi. Considérons les messages parlés d'un guidage par satellite (GPS) de véhicules de particuliers. Lorsqu'il s'agit de prendre une voie en biais à droite, le système annonce : « Dans 200 m, serrez à droite, puis serrez à droite. » Le premier « serrez à droite » signifie qu'il faut se placer sur la file de droite, et le second qu'il faut prendre la sortie de droite. L'ambiguïté dans cette information pratique est totalement déroutante. Quand le système annonce « serrez à droite », nous ne savons pas s'il faut se mettre simplement sur la file de droite ou emprunter la première sortie qui se présente à droite. Le membre de phrase entamé par « puis » est également embarrassant. Est-ce aussitôt ou bientôt ?, et quand ? Or, si ces expressions et cette articulation sont utilisées non plus dans une prescription technique, mais dans une conversation ou un récit, cela ne pose aucun problème. Imaginons un interlocuteur racontant à ses amis un accident : « Le camion s'est mis à serrer à droite, alors mon copain a serré à droite, et il est parti dans le fossé. » L'ambiguïté de l'expression « serrer à droite » et l'imprécision temporelle ne sont pas du tout gênantes. Elles constituent même un avantage, car les interlocuteurs peuvent visualiser différemment la configuration de l'événement, en restant tous émus et intéressés par l'histoire. Le locuteur pourrait même enrichir son récit : « C'est pas lui qui a serré à droite sa copine, c'est le camion qui l'a serré à droite. Du coup ils ont serré à droite dans le fossé. » Cet enrichissement est produit grâce à la complexité grammaticale (« c'est pas lui qui, c'est… ») et le jeu de mots sur « serrer » qui deviennent un inconvénient dans l'information technique ordinaire comme le guidage.

L'*argumentation*, autre pilier du langage, est considérée dans l'information ordinaire comme un parasite. Il faut simplifier au maximum et ôter tout besoin de réfléchir, comme nous l'avons vu avec les modes d'emploi et autres aides, dans lesquels il est fréquent qu'on n'explique pas pourquoi telle action est prescrite. Nous avons vu également que c'était une source de comique, comme dans l'exemple des ascenseurs du chapitre II. Le rêve des concepteurs d'interfaces homme-machine est l'appareil sophistiqué que l'utilisateur fait marcher sans aucune explication, c'est-à-dire sans argumentation. Le défaut d'arguments est aussi un axe fort de la vulgarisation. Comme nous l'avons montré au chapitre VI avec l'exemple des cyclones tropicaux, les phénomènes et les faits ont tendance à être présentés mais non expliqués. On pense que le public n'attend et n'est prêt à recevoir que de la description. C'est la nature même du langage, fondée sur l'argumentation, qui se montre incompatible avec l'information ordinaire, laquelle vise l'absence d'argumentation. Il y a donc un divorce profond entre la structure plate de l'information ordinaire — notices non expliquées, interfaces homme-machine (IHM) *idiot proof*, histoires tronquées, vulgarisation descriptive — et le langage.

Le dernier élément fondamental du langage, le *récit*, est nié par la rhétorique de l'information ordinaire. J'ai montré au chapitre V que l'information journalistique et l'information de divertissement étaient majoritairement soumises au modèle narratif de l'histoire tronquée par opposition à celui de l'histoire suivie. Le récit étant coupé, il perd la qualité de récit. On tend même à supprimer tout récit pour lui substituer une recette, comme dans cet exemple de vulgarisation où la formation du brouillard est expliquée non comme un processus, mais comme une recette de cuisine. Quand l'information journalistique ou de divertissement détruit le principe du récit, quand on explique un phénomène par une recette de cuisine et non une histoire, on s'oppose au langage, qui est construit sur l'idée même de récit. En s'opposant au langage, qui fait si intimement partie de l'essence de l'homme et de la société, l'information ordinaire s'oppose à ce qui structure la conscience humaine et sociale.

On trouve dans la vie courante des exemples simples qui montrent l'antinomie entre les caractéristiques du langage et l'information ordinaire. Les mêmes personnes qui racontent brillamment une histoire ou animent une conversation deviennent totalement confuses quand il s'agit de décrire le trajet à suivre pour se rendre à une destination. Leurs aptitudes en matière de récursivité, ambiguïté, argumentation et récit les rendent maladroites quand il s'agit de délivrer une information technique. La complexité du langage les rend socialement influentes mais techniquement confuses.

Voici un dernier exemple qui démontre que la complexité du langage est inadaptée à l'information technique. Quand des individus effectuent un classement administratif, l'ambiguïté et la richesse du langage humain les conduisent à établir des intitulés de dossiers trop vastes ou trop étroits ou imprécis, ce qui aboutit à des difficultés pour retrouver des documents, alors qu'un vocabulaire rigide et pauvre serait beaucoup plus opérationnel.

Nous avons vu au chapitre I que les interfaces homme-machine ordinaires possédaient les mêmes caractéristiques que le langage (combinaisons, ambiguïté) et que cela déroutait les utilisateurs. Les concepteurs, qui sont inconsciemment marqués par les structures du langage humain, reproduisent ces structures dans les interfaces. Or cette grammaire, efficace dans une conversation ou dans un récit, devient un défaut dans des systèmes de touches. Leur maniement n'est ni une conversation destinée à séduire ni un récit.

LE SACRIFICE DE LA LISIBILITÉ POUR L'ESTHÉTIQUE

Aux quatre caractéristiques du langage évoquées précédemment — récursivité, ambiguïté, argumentation, récit —, il convient d'en ajouter une cinquième, la dimension esthétique. Comme les autres dimensions fondamentales du langage, celle-ci joue contre la compréhension de l'information ordinaire.

La dimension esthétique du langage

Depuis sa naissance jusqu'à aujourd'hui, le langage n'a cessé d'être marqué par le désir des hommes de lui donner une dimension esthétique. Nous le voyons dans l'écriture, avec les hiéroglyphes aux formes stylisées, dans la calligraphie arabe et chinoise, jusqu'aux graphismes de l'Art nouveau et de l'art contemporain. Nous le voyons aussi dans l'expression orale, à travers le rythme et les harmonies de la poésie.

Cette tendance a été généralement contrôlée afin que l'esthétique ne prenne pas le pas sur la compréhension. La nouvelle graphie

« caroline », apparue peu après l'avènement de Charlemagne, traduit la volonté d'apporter le plus de clarté possible à l'écriture. De même, la calligraphie chinoise vise en son principe à être belle autant que claire. Il est toutefois arrivé dans l'histoire du langage que la pulsion esthétique s'exerce au détriment de la compréhension. Cela s'est notamment manifesté dans l'écriture, où les cas d'intention décorative détruisant la lisibilité ne sont pas rares, à l'image de la calligraphie arabe, des « monocondyles » énigmatiques des colophons de l'époque byzantine et postbyzantine, des « logogrammes » du poète et dessinateur belge Christian Dotremont (1922-1979) ou des graffitis modernes. Cette illisibilité au sens large apparaît aussi dans l'expression orale. À l'opéra, par exemple, la musique l'emporte sur la compréhension du texte.

Le sacrifice de la lisibilité

Le fait que le langage puisse être rendu hermétique pour des raisons esthétiques n'est pas dû à une faillite du langage lui-même. Ce dernier véhicule en ce cas d'autres messages mais retrouve son rôle dans la communication : les belles calligraphies islamiques illisibles expriment des intentions mystiques ; les logogrammes de Christian Dotremont provoquent une émotion picturale, et le texte incompréhensible d'un opéra devient une musique dans laquelle les spectateurs communient.

Le problème surgit quand le langage devient hermétique dans l'information ordinaire pour des raisons esthétiques, car le but premier de cette information est de délivrer une information. Le lecteur d'un pictogramme attend de le comprendre et non d'être ému par d'abstraites arabesques. L'exemple extrême et symbolique de cette tendance est celui des affiches hippies présentées au chapitre IV. La déformation des lettres est telle que nous ne nous rendons même plus compte qu'il s'agit de caractères de l'alphabet. Pourtant, il ne s'agit pas de tableaux abstraits, mais d'affiches destinées à informer des clients potentiels. Cet exemple n'est pas isolé. Nous trouvons d'autres représentations de lettres déformées illisibles dans des graphismes commerciaux qui recherchent l'originalité et l'innovation.

Un cas répandu de destruction esthétique de la lisibilité est celui des innombrables pictogrammes. Nous avons observé qu'un grand nombre étaient incompréhensibles. La principale raison de leur faible lisibilité vient de ce que les dessinateurs cherchent à faire preuve autant d'originalité esthétique que de clarté. Beaucoup de pictogrammes semblent sortir plus de l'imagination débridée de dessinateurs voulant se distinguer que de celle de graphistes visant la compréhension et l'ergonomie.

Les modes d'emploi n'échappent pas à la recherche esthétique au détriment de la lisibilité. L'absence de modes d'emploi affichés sur les biens de consommation, la réduction des notices sur les produits à la taille de timbres-poste, l'écriture sur les emballages en lettres minuscules transparentes ont toutes pour origine la volonté de ne pas ternir le design par une écriture trop lisible. Dans un magazine sportif, par volonté d'originalité, les instructions pour pratiquer tel sport étaient données de la droite vers la gauche et du bas vers le haut, c'est-à-dire dans le sens exactement inverse de la lecture. Les interfaces homme-machine ordinaires sont tout autant dénaturées par des intentions esthétiques. Si les boutons rotatifs à positions multiples deviennent rares, alors même qu'ils sont plus lisibles qu'une touche unique multifonction, c'est parce qu'ils sont beaucoup moins esthétiques. Nous pourrions multiplier les exemples. Sur les appareils portables, les écrans miniaturisés par souci de design deviennent très peu lisibles. L'agencement et la forme des touches sont conçus fréquemment à partir de critères esthétiques, et non dans un dessein de lisibilité de l'interface.

La vulgarisation au sens large n'échappe pas à la prédominance du principe esthétique sur le principe de lisibilité. Alors que des schémas à deux dimensions peuvent être plus compréhensibles que des représentations en relief, les secondes ont tendance à être préférées aux premiers par les producteurs parce qu'elles sont réputées plus belles. Une enquête peut bien révéler que les lecteurs apprécient plus les graphiques sobres aux graphiques embellis — représentations en trois dimensions, couleurs, déformations ludiques, etc. —, il n'empêche que ces derniers pullulent. Les conférenciers qui font des présentations à l'aide de vidéo-projections ne peuvent s'empêcher d'ajouter des couleurs et des effets esthétiques divers aux conséquences désastreuses sur la lisibilité.

L'information ordinaire devient ainsi un empire de signes qui refuse de s'afficher comme univers de sens. Ce constat contredit la thèse de l'ergonome Donald Norman, selon laquelle l'esthétique favoriserait l'usage : « L'esthétique est importante, écrit-il, car ce qui est attractif fonctionne mieux[1].» Le cas des pictogrammes montre au contraire que l'esthétique du dessin brouille le message. Dans le cas des interfaces homme-machine avec le moins de touches possible, l'esthétique accroît la charge mentale et, dans celui des emballages et du design extérieur, elle dissimule l'information nécessaire.

PERSPECTIVES

Quel langage pour l'information technique?

Bien que le langage ait émergé pour permettre aux hommes de se lier entre eux et non pour communiquer des informations techniques, nous l'utilisons pour cette dernière activité. Dans les univers professionnels, cela pose des problèmes, mais, compte tenu des enjeux, un grand soin est apporté aux aides techniques. Nous en voyons des exemples dans les communications de la navigation aérienne, où tout est fait pour enlever au langage les gènes de sa complexité — répétition systématique des messages, termes standards, par exemple —, ou dans la rédaction des fiches de poste sur les chaînes de montage d'automobiles. En revanche, dans l'information ordinaire, sur laquelle on investit peu, l'inadaptation du langage à l'information s'étale avec force, comme le montrent les nombreux exemples cités dans les trois premiers chapitres de ce livre.

Peut-on concevoir un langage qui serait adapté à l'information technique ordinaire? Il existe des tentatives, comme celle de L. N. Landa, qui propose de remplacer la récursivité — un des

1. Donald NORMAN, *The Design of Every Day Things*, New York, Basic Books, 2002, cité par Achille WEINBERG, « Nous sommes tous des ergonomes », *Sciences humaines*, n° 181, avril 2007.

piliers de la complexité du langage humain — par des « logigrammes » *(voir la figure 12)*. Landa estime qu'un « logigramme » peut être compris par un enfant venant tout juste d'apprendre à lire. Cela reste à vérifier. Citons aussi les signes de codes tels que le code de la route, dont on a cherché à enlever toute ambiguïté — autre pilier de la complexité du langage humain —, mais au prix d'un énorme investissement en formation et en contrôle. L'illustration graphique (schémas, pictogrammes), quant à elle, cherche à s'affranchir du langage, mais nous avons vu qu'elle était souvent obscure. Enfin, une tentative du monde professionnel pour créer un nouveau langage a vu le jour sous le nom de *management visuel*, dont les enseignements valent aussi pour l'information ordinaire. Conçu à l'origine par Toyota, le management visuel consiste à transmettre de l'information par des faits incontournables ou des signes puissants. L'information est tellement éclatante qu'il est quasi impossible de ne pas la percevoir et de ne pas la suivre. En voici des exemples : arrêt de la chaîne de montage en cas de défaut, accompagné d'un coup de klaxon et d'un gyrophare visible de partout ; réduction des stocks d'en-cours pour faire ressortir les dysfonctionnements autrement noyés par l'abondance des pièces intermédiaires ; « détrompeurs », qui rendent impossible un mauvais montage. Les concepteurs du management visuel ne font pas confiance au langage pour la transmission des informations techniques et le remplacent par l'exposé saillant des faits. Il existe dans l'information ordinaire des formes de management visuel, comme les signaux incontournables que constituent les sirènes et gyrophares des véhicules de secours, les ralentisseurs de toutes sortes sur les chaussées ou ces « détrompeurs » que sont les vis qu'on ne peut enlever avec un tournevis ordinaire. Lorsque le management visuel est omniprésent, comme dans une usine Toyota, nous assistons à une sorte de mort du langage humain.

Le *récit*, mode naturel de raisonnement, est prôné par certains pour diffuser l'information ordinaire. La meilleure façon d'expliquer le nœud de chaise est d'assimiler la corde à un serpent qui sort d'un puits, tourne autour d'un arbre et y retourne [1]. Les auteurs de l'ouvrage de vulgarisation *L'Encyclopédie visuelle* ont considéré

1. B. Victorri, « Les mystères de l'émergence du langage », art. cité.

que la meilleure solution pour présenter les explications était de concevoir chaque sujet comme un récit, ce qu'ils ont fait.

L'amélioration des aides écrites, graphiques ou orales, de l'information journalistique et de la vulgarisation pourrait passer par plus d'*argumentation*. Jean-Louis Dessalles imagine même des machines capables d'argumenter [1], c'est-à-dire des aides sur ordinateur prenant en compte le besoin d'argumentation de l'homme et de son langage.

Quoi qu'il en soit, l'amélioration de l'information ordinaire suppose une transformation profonde du langage. Il ne s'agit pas simplement d'être plus clair, plus bref et moins technique ; il faut aussi introduire de l'argumentation, ce qui nécessite des textes plus explicites mais plus longs [2].

L'information ordinaire et Internet

Internet change-t-il les caractères de l'information ordinaire que nous avons identifiés ? La réponse est non. Tous les éléments constitutifs de la mauvaise qualité de cette information sont également présents sur Internet. Les modes d'emploi reproduits sur le Web ou en ligne sont aussi difficiles à comprendre ; la vulgarisation n'y est pas plus argumentée ou dénuée de bruits ; il n'y a pas plus d'histoires suivies ; schémas et pictogrammes y sont affectés des mêmes défauts, etc. Contredisant la célèbre formule de MacLuhan — « Le message est le médium » —, le passage sur Internet de l'information ordinaire ne change pas les caractéristiques des messages, bien qu'il s'agisse d'un nouveau médium.

Les seules différences entre l'information ordinaire imprimée ou audiovisuelle et celle disponible sur Internet tiennent à la *quantité* de l'information disponible — et cette différence est fondamentale — et à la possibilité qui en découle d'élargir le réseau des conseillers officieux d'usage. Sur le Web, la quantité d'informations

1. Jean-Louis Dessalles, « Des machines capables d'argumenter », *in* Jean Vivier (dir.), *Psychologie du dialogue homme-machine en langage naturel*, Paris, Europa Productions, 1996, pp. 117-126.

2. Voir, au chapitre II, l'exemple du mode d'emploi des ascenseurs et celui de la lettre administrative plus compréhensible grâce à un texte plus argumenté et plus long.

disponible est en effet telle qu'en dépit de sa mauvaise qualité générale nous pouvons y trouver une information satisfaisante. C'est uniquement une question statistique : les grands nombres permettent l'exception. Prenons l'exemple très simple des recettes de cuisine. Nous souhaitons réaliser un plat chez nous, et nous ne disposons que d'une recette de cuisine imprécise et confuse trouvée dans un livre. En lançant une requête sur Internet à l'aide d'un moteur de recherche, nous obtenons plusieurs dizaines de recettes du même plat. La grande majorité d'entre elles seront d'aussi mauvaise qualité que celle dont nous disposons, mais, sur le nombre, nous en trouverons au moins une ou deux bien rédigées, claires, complètes et pédagogiques. Les grands nombres augmentent les chances d'obtenir satisfaction. Il en va de même du modèle narratif de l'histoire tronquée. Une recherche sur Internet reproduira dix ou cent fois la même histoire coupée, mais il y aura des chances que, quelque part, un récit rapporte ce qui est arrivé après — dans un journal en ligne, un forum de discussion, un blog, un article de recherche ou un rapport officiel. En matière de documentation technique, Internet permet aussi de dépasser le voisinage ou la famille pour trouver un conseiller officieux d'usage susceptible de nous aider. Bien entendu, les moteurs de recherche sont essentiels dans ce processus. Sans eux, la quantité astronomique d'informations serait inexploitable.

Les nouvelles technologies de l'information n'augmentent pas la qualité de l'information, mais accroissent sa quantité dans des proportions considérables. Plus les messages sont nombreux pour un même sujet, plus nous avons de chances de trouver un message clair et pertinent. La qualité est ainsi une retombée indirecte de la quantité. S'il est vrai qu'il y a de plus en plus de bruit, il y a tellement d'informations que nous pouvons retrouver du sens : grâce à Internet, il est envisageable de trouver la suite d'une histoire ou les causes d'un phénomène. Internet est peut-être une immense décharge, mais avec des pépites, qu'il est possible de dénicher. En revanche, l'intelligence collective créée par Internet est spécifique et limitée : c'est plus une bibliothèque qu'un cerveau. Grâce au Web, nous accédons, par exemple, à une grande bibliothèque de recettes de cuisine, mais il y manque le cerveau capable de construire une synthèse des meilleures recettes.

Des signes de changement?

Nous constatons aujourd'hui, de façon éparse et timide, des signes de prise en compte de la mauvaise qualité de l'information ordinaire. Les opérateurs de téléphonie mobile se mettent à proposer des appareils simplifiés : suppression des services connexes, affichage des informations en toutes lettres (« batterie pleine », par exemple), touches dédiées et non multifonctions [1]. J. D. Power, un organisme influent qui évalue la qualité des véhicules, a récemment introduit, à côté de la non-qualité classique (pannes, casses, etc.), une nouvelle catégorie de défauts : les défaillances de conception, comme la complexité d'un tableau de bord. BMW, classé en deuxième position pour la qualité classique (fiabilité), arrive ainsi dernier sur le critère ergonomique dans la catégorie des véhicules de luxe [2]. En France, le 29 décembre 2005, le Conseil constitutionnel a pour la première fois déclaré inconstitutionnel un texte de loi pour la seule raison qu'il était illisible de par sa complexité [3]. Nous voyons même apparaître des campagnes de publicité mettant l'accent sur la facilité d'utilisation d'un produit ou la qualité du service d'aide aux utilisateurs.

Pour autant, il serait bien optimiste de penser que ces exemples annoncent une révolution de l'information ordinaire. Ces cas restent extrêmement minoritaires, et les facteurs humains, sociaux et économiques conduisant à la mauvaise qualité de l'information ordinaire ne sont pas prêts de disparaître, s'ils le peuvent un jour.

1. Michaëla Bobasch, « Le mobile dans son plus simple appareil », *Le Monde*, 13 juin 2006.

2. David Welch, « How do you turn on the #@! &% air », *Business Week*, 19 juin 2006 : *« J. D. Power study finds luxury cars like Mercedes and BMW overloaded with complexity »* (« L'étude de J. D. Power montre que les voitures de luxe telles que les Mercedes et les BMW sont surchargées de complexité »).

3. Philippe Manière, « Révolution au Palais-Royal », *Enjeux*, février 2006.

Issue locale et issue globale

La rage d'être abscons est profondément ancrée dans la nature humaine. Né pour assurer la conversation et raconter des histoires, le langage n'est pas adapté à l'information. De surcroît, l'ancestrale pulsion esthétique brouille l'écriture et le graphisme d'information. La rage d'être abscons est aussi une résultante directe de l'action des forces économiques : les monopoles ne sont pas incités à améliorer les interfaces homme-machine ni la documentation technique ; la concurrence pousse les entreprises à créer des interfaces originales que les consommateurs sont obligés d'apprendre ; la multiplication et l'enrichissement des produits accroissent la charge mentale des utilisateurs ; les consommateurs protestent contre la mauvaise qualité des produits, mais pas contre celle de l'information… Profondément enracinée dans la nature humaine comme dans celle du système économique, la rage d'être abscons jouit d'une immense inertie.

Deux issues semblent néanmoins se dessiner, une locale et une globale, qui peuvent d'ailleurs se combiner. Localement, nous avons vu que la mauvaise qualité de la documentation technique et du graphisme d'information incitait les individus à s'entraider. Les interfaces ordinaires, les modes d'emploi, le graphisme d'information sont devenus des sujets permettant d'engager la conversation ou de renforcer les liens. Peut-on y voir l'émergence de solidarités locales autour du problème de l'information ordinaire, des sortes de villages, éphémères sans doute, mais réels ? L'information ordinaire repasserait par ce qui est à l'origine du langage : la conversation. Globalement, nous avons constaté qu'Internet apportait des réponses, non par la qualité globale des informations que nous y trouvons, mais par leur quantité gigantesque, qui permet d'obtenir celle dont nous avons besoin, ainsi qu'en étendant ces réseaux locaux. Yahoo ! a lancé récemment une expérience. Il s'agit d'un nouveau service de recherche sur Internet utilisant la faculté de la communauté des internautes à coopérer. « Cette innovation, écrit Stéphane Foucart dans un article du *Monde*, permet de formuler une question en langage naturel — et non plus à l'aide de mots clés. Chaque requête est mise à l'encan sur l'interface proposée par Yahoo !, et les internautes qui s'estiment en mesure d'y apporter une réponse ou des éléments de réponse le font publiquement [1]. » Quel que soit l'aboutissement de cette expérience, elle peut être considérée comme un symbole des voies émergentes, à la fois locales et globales, de l'information ordinaire. En particulier, il est symptomatique qu'elle mette en œuvre dans les questions et les réponses le style de la conversation.

L'homme moderne égaré dans l'enfer de l'information ordinaire se dirige ainsi vers deux issues, son voisin et Internet, le village et la planète, l'explication personnalisée, grâce aux relations locales, et l'information pertinente, grâce à la quantité.

Après le développement de la société moderne, qui nous a affranchis des contraintes physiques, est venu le grand débat public sur la qualité de ce développement : qualité des produits, qualité de l'environnement, qualité de vie. À quand le grand débat public sur la qualité de l'information ordinaire qui l'accompagne ?

1. Stéphane Foucart, « Yahoo ! fait appel aux internautes pour contrer Google », *Le Monde*, 15 juin 2006.

LISTE DES FIGURES

LISTE DES TABLEAUX

DU MÊME AUTEUR

LA GRÈVE FROIDE, Paris, les Éditions d'Organisation, 1981 ; 2e édition, Paris, Octarès Éditions, 1994.

LES DÉCISIONS ABSURDES. SOCIOLOGIE DES ERREURS RADICALES ET PERSISTANTES, Paris, Gallimard, Bibliothèque des Sciences humaines, 2002 ; Folio essais, 2004.

BIBLIOTHÈQUE
DES SCIENCES HUMAINES

Volumes publiés

CLAUDE ADDAS : *Ibn' Arabī ou la quête du Soufre Rouge.*

RAYMOND ARON : *Les Étapes de la pensée sociologique.*

RAYMOND ARON : *Études politiques.*

RAYMOND ARON : *Penser la guerre, Clausewitz,* I *et* II.

RAYMOND ARON : *Introduction à la philosophie de l'histoire.*

MARC AUGÉ : *Génie du paganisme.*

ÉTIENNE BALÁZS : *La Bureaucratie céleste.*

JEAN BAUDRILLARD : *L'Échange symbolique et la mort.*

ÉMILE BENVENISTE : *Problèmes de linguistique générale,* I *et* II.

AUGUSTIN BERQUE : *Le Sauvage et l'artifice.*

AUGUSTIN BERQUE : *Du geste à la cité. Formes urbaines et lien social au Japon.*

JACQUES BERQUE : *L'Égypte. Impérialisme et révolution.*

JACQUES BERQUE : *Langages arabes du présent.*

ROGER CAILLOIS : *Approches de l'imaginaire.*

ROGER CAILLOIS : *Approches de la poésie.*

ROGER CAILLOIS et G.-E. VON GRUNEBAUM : *Le Rêve et les sociétés humaines.*

GENEVIÈVE CALAME-GRIAULE : *Ethnologie et langage : la parole chez les Dogon.*

ELIAS CANETTI : *Masse et puissance.*

MICHEL CHODKIEWICZ : *Le Sceau des saints.*

JACQUELINE DELANGE : *Arts et peuples de l'Afrique noire.*

PHILIPPE DESCOLA : *Par-delà nature et culture.*

MARCEL DETIENNE : *L'Invention de la mythologie.*

MARCEL DETIENNE : *Apollon le couteau à la main.*

GEORGES DEVEREUX : *Essais d'ethnopsychiatrie générale.*

WENDY DONIGER : *Siva. Érotique et ascétique.*

HUBERT DREYFUS ET PAUL RABINOW : *Michel Foucault, un parcours philosophique.*

DANY-ROBERT DUFOUR : *Les Mystères de la trinité.*

GEORGES DUMÉZIL : *Mythe et épopée,* I, II, *et* III.

GEORGES DUMÉZIL : *Idées romaines.*

GEORGES DUMÉZIL : *Fêtes romaines d'été et d'automne,* suivi de *Dix questions romaines.*

GEORGES DUMÉZIL : *Les Dieux souverains des Indo-Européens.*

GEORGES DUMÉZIL : *Apollon sonore* et autres essais.

GEORGES DUMÉZIL : *La Courtisane et les seigneurs colorés* et autres essais.

GEORGES DUMÉZIL : *L'Oubli de l'homme et l'honneur des dieux.*

GEORGES DUMÉZIL : *Le Roman des jumeaux* et autres essais.

GEORGES DUMÉZIL : *Mythes et dieux de la Scandinavie ancienne.*

LOUIS DUMONT : *Homo hierarchicus. Essai sur le système des castes.*

LOUIS DUMONT : *Homo aequalis. Genèse et épanouissement de l'idéologie économique,* I.

LOUIS DUMONT : *Homo aequalis. L'idéologie allemande,* II.

LOUIS DUMONT : *La Tarasque.*

A. P. ELKIN : *Les Aborigènes australiens.*

E. E. EVANS-PRITCHARD : *Les Nuer.*

E. E. EVANS-PRITCHARD : *Sorcellerie, oracles et magie chez les Azandé.*

CLAUDINE FABRE-VASSAS : *La Bête singulière. Les juifs, les chrétiens et le cochon.*

ANTOINE FAIVRE : *Accès de l'ésotérisme occidental,* I *et* II.

JEANNE FAVRET-SAADA : *Les Mots, la mort, les sorts.*

MICHEL FOUCAULT : *Les Mots et les choses. Une archéologie des sciences humaines.*

MICHEL FOUCAULT : *L'Archéologie du savoir.*

MICHEL FOUCAULT : *Dits et écrits,* I *à* IV.

EVELYN FOX KELLER : *Le Siècle du gène.*

EVELYN FOX KELLER : *Expliquer la vie. Modèles, métaphores et machines en biologie du développement.*

PIERRE FRANCASTEL : *La Figure et le lieu.*

NORTHROP FRYE : *Anatomie de la critique.*

J. K. GALBRAITH : *Le Nouvel État industriel* (nouvelle édition).

J. K. GALBRAITH : *La Science économique et l'intérêt général.*

MARCEL GAUCHET : *Le Désenchantement du monde.*

MARCEL GAUCHET ET GLADYS SWAIN : *La Pratique de l'esprit humain. L'institution asilaire et la révolution démocratique.*

CLIFFORD C. GEERTZ : *Bali. Interprétation d'une culture.*

E.-H. GOMBRICH : *L'Art et l'illusion.*

NATHALIE HEINICH : *L'Élite artiste. Excellence et singularité en régime démocratique.*

CLARISSE HERRENSCHMIDT : *Les Trois Écritures. Langue, nombre, code.*

LUC DE HEUSCH : *Pourquoi l'épouser?* et autres essais.

LUC DE HEUSCH : *Le Sacrifice dans les religions africaines.*

J.-ALLAN HOBSON : *Le Cerveau rêvant.*

GERALD HOLTON : *L'Imagination scientifique.*

GERALD HOLTON : *Science en gloire, science en procès. Entre Einstein et aujourd'hui.*

SIR JULIAN HUXLEY : *Le Comportement rituel chez l'homme et l'animal.*

M. IZARD ET P. SMITH : *La Fonction symbolique. Essais d'anthropologie.*

FRANÇOIS JACOB : *La Logique du vivant.*

PIERRE JACOB : *De Vienne à Cambridge.*

ABRAM KARDINER : *L'Individu dans la société.*

LUCIEN KARPIK : *Les Avocats entre l'État, le public et le marché, XIIIe-XXe siècle.*

LUCIEN KARPIK : *L'Économie des singularités.*

ROBERT KLEIN : *La Forme et l'intelligible.*

THOMAS S. KUHN : *La Tension essentielle. Tradition et changement dans les sciences.*

PAUL LAZARSFELD : *Philosophie des sciences sociales.*

EDMUND LEACH : *L'Unité de l'homme* et autres essais.

ANDRÉ LEBEAU : *L'Engrenage de la technique. Essai sur une menace planétaire.*

CLAUDE LEFORT : *Les Formes de l'histoire. Essais d'anthropologie politique.*

MICHEL LEIRIS : *L'Afrique fantôme.*

MAURICE LÉVY-LEBOYER ET JEAN-CLAUDE CASANOVA : *Entre l'État et le marché. L'économie française des années 1880 à nos jours.*

BERNARD LEWIS : *Le Langage politique de l'Islam.*

GILLES LIPOVETSKY : *L'Empire de l'éphémère.*

IOURI LOTMAN : *La Structure du texte artistique.*

ERNESTO DE MARTINO : *La Terre du remords.*

HENRI MENDRAS *et alii* : *La Sagesse et le désordre : France 1980.*

HENRI MENDRAS : *La Seconde Révolution française, 1965-1984.*

ALFRED MÉTRAUX : *Religion et magies indiennes d'Amérique du Sud.*

ALFRED MÉTRAUX : *Le Vaudou haïtien.*

CHRISTIAN MOREL : *Les Décisions absurdes. Sociologie des erreurs radicales et persistantes.*

WILHELM E. MÜHLMANN : *Messianismes révolutionnaires du tiers monde.*

GUNNAR MYRDAL : *Le Défi du monde pauvre.*

MAX NICHOLSON : *La Révolution de l'environnement.*

ERWIN PANOFSKY : *Essais d'iconologie.*

ERWIN PANOFSKY : *L'Œuvre d'art et ses significations.*

KOSTAS PAPAIOANNOU : *De Marx et du marxisme.*

DENISE PAULME : *La Mère dévorante.*

MARIA ISAURA PEREIRA DE QUEIROZ : *Carnaval brésilien. Le vécu et le mythe.*

KARL POLANYI : *La Grande Transformation.*

PHILIPPE PONS : *D'Edo à Tōkyō.*

PHILIPPE PONS : *Misère et crime au Japon, du* XVIIe *siècle à nos jours.*

ILYA PRIGOGINE ET ISABELLE STENGERS : *La Nouvelle Alliance : métamorphose de la science.*

VLADIMIR JA. PROPP : *Morphologie du conte.*

VLADIMIR JA. PROPP : *Les Racines historiques du conte merveilleux.*

HENRI-CHARLES PUECH : *En quête de la gnose,* I *et* II.

ISABELLE QUEVAL : *S'accomplir ou se dépasser. Essai sur le sport contemporain.*

GÉRARD REICHEL-DOLMATOFF : *Desana. Le symbolisme universel des Indiens Tukano du Vaupès.*

LLOYD G. REYNOLDS : *Les Trois Mondes de l'économie.*

ALAIN ROGER : *Court traité du paysage.*

PIERRE ROSANVALLON : *Le Moment Guizot.*

GILBERT ROUGET : *La Musique et la Transe.*

MARSHALL SAHLINS : *Âge de pierre, âge d'abondance.*

MARSHALL SAHLINS : *Critique de la sociobiologie.*

MARSHALL SAHLINS : *Au cœur des sociétés : raison utilitaire et raison culturelle.*

MARSHALL SAHLINS : *La Découverte du vrai Sauvage* et autres essais.

MEYER SCHAPIRO : *Style, artiste et société.*

CARL SCHMITT : *Théologie politique, 1922-1969.*

DOMINIQUE SCHNAPPER : *La France de l'intégration. Sociologie de la nation en 1990.*

DOMINIQUE SCHNAPPER, HENRI MENDRAS et alii : *Six manières d'être européen.*

JOSEPH A. SCHUMPETER : *Histoire de l'analyse économique : I. L'âge des fondateurs, II. L'âge classique, III. L'âge de la science.*

ANDREW SHONFIELD : *Le Capitalisme d'aujourd'hui.*

OTA ŠIK : *La Troisième Voie.*

GÉRARD SIMON : *Kepler astronome astrologue.*

MICHEL STRICKMANN : *Mantras et mandarins. Le bouddhisme tantrique en Chine.*

LUCIENNE STRIVAY : *Enfants sauvages. Approches anthropologiques.*

GLADYS SWAIN : *Dialogue avec l'insensé,* précédé de *: À la recherche d'une autre histoire de la folie, par* Marcel Gauchet.

ERNST TROELTSCH : *Protestantisme et modernité.*

VICTOR W. TURNER : *Les Tambours d'affliction.*

THORSTEIN VEBLEN : *Théorie de la classe de loisir.*

YVONNE VERDIER : *Façons de dire, façons de faire.*

YVONNE VERDIER : *Coutume et destin. Thomas Hardy* et autres essais.

LOUP VERLET : *La Malle de Newton.*

NATHAN WACHTEL : *Le Retour des ancêtres. Les Indiens Urus de Bolivie, XXe-XVIe siècle. Essai d'histoire régressive.*

MAX WEBER : *Confucianisme et Taoïsme.*

MAX WEBER : *L'Éthique protestante et l'esprit du capitalisme* suivi d'autres essais.

MAX WEBER : *Histoire économique. Esquisse d'une histoire universelle de l'économie et de la société.*

MAX WEBER : *Sociologie des religions.*

EDGAR WIND : *Art et Anarchie.*

PAUL YONNET : *Jeux, modes et masses. La société française et le moderne, 1945-1985.*

PAUL YONNET : *Huit leçons sur le sport.*

PAUL YONNET : *Systèmes des sports.*

PAUL YONNET : *Travail, loisir. Temps libre et lien social.*

PAUL YONNET : *Famille I. Le recul de la mort. L'avènement de l'individu contemporain*

Composition Qualame.
Achevé d'imprimer
par l'Imprimerie Floch
à Mayenne, en octobre 2007.
Dépôt légal : novembre 2007.
Numéro d'imprimeur : 69507.

ISBN 978-2-07-077940-6 / Imprimé en France.

142340